真簡單，這樣就成為

紫微斗數專家

紫微生活網創辦人
吳孟龍◎著

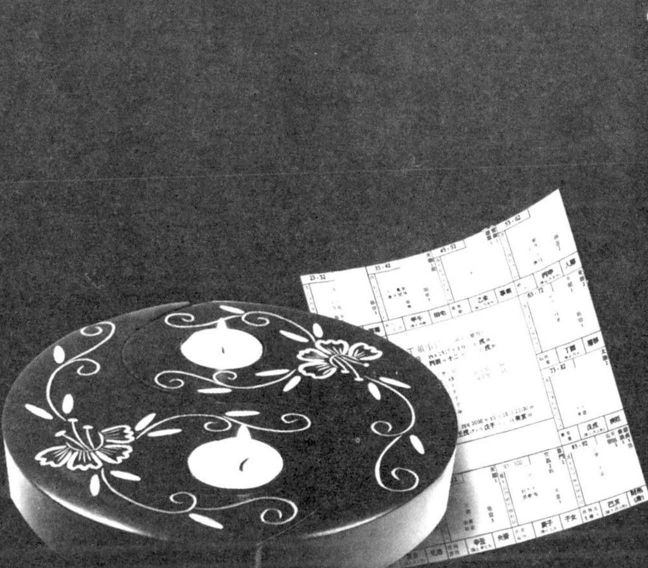

序　窺天人之際，窮機運之變

「老師，我想和朋友合夥開店做生意，不知道適不適合？」

「老師，能不能幫我看看我的真命天子何時出現？」

「老師，我的小孩未來求學順不順利？」

「老師，……」

林林總總的問題常圍繞我左右，而為這一個個憂慮或期盼的面孔找尋生命的可能出路，是我的工作之一。

個人的求學生涯是，在台灣完成高中學業之後，自佛羅里達大學始，以迄荷蘭大學，在接受中西教育陶冶後，強烈感受到只有紫微斗數這個老祖宗的學問，可以真正把所有綜合性知識，舉凡市場行銷、金融、醫學、心理學等，涵蓋其中。

紫微斗數又稱「紫斗」、「斗數」，細探紫微斗數之文字內涵如下：紫微，指「紫微星」；斗，指「計算」。統合而言，是指一種富於邏輯、推理性的演算定數。

本書各章為敘述方便及行文簡潔，書中皆簡稱「紫斗」。筆者個人已接觸這門學問將近三十年，雖然紫微斗數只是少數人所了解的隱學，但神奇的呈現當事人個性、生命發展情況的事實，屢屢在命盤中得到精準的驗證。

撰述此書，主要是了解有些人對「紫微學」所抱持「望之欣羨，卻又過度恐懼」的心情。因此本人在二〇〇六年八月出版第一本書——希望解碼，用漫畫的方式開啟初學者興趣之後，再針對想深入研究的讀者，提供更實用的自修性書籍。希望讓更多有興趣，但無適當管道的學習者，透過簡單的引導，輕鬆進入紫微斗數學習的殿堂。

此外，透過書籍、網站及在大學或社區教育推廣下，能讓更多人接觸這門學問。書中有關「命運的河流」、「個性光譜」等說法，都是首創，期望能在論述上，更加凸顯紫微斗數的學問中，所展現出來的共通性與個別性。

紫微斗數雖是一門古老學問，但現代人學習紫微斗數的意義及價值，對於本身生活及生命助益卻很大，尤其是現代社會，快速的變遷讓人對未來常感迷茫，在慌亂懵懂、無知惶恐的情緒下，往往造成決定失當、下錯判斷的遺憾，甚者因心理上的空虛而讓許多居心不良者有機可趁。尤其女性在面對生命中的不安全感、不確定性時，在情感脆弱時被誤導、受騙，新聞報導中屢見不鮮，令人不忍。

本書希望讀者可以掌控自己生命主導權，尤其是鼓勵婦女多走出家庭之外，建立自己的興趣及能力，透過學習紫微斗數的客觀邏輯性，對自身性格及先天環境等條件有更清楚的認知及體悟，進而發揮心理諮商的積極功能，在一個人對自己生命處境有所迷惑困頓時，透過命盤詮釋而能有心理上調整的彈性，重新思索自己的人生閱歷，定位自己的生命重心。

最後非常感謝我的義父游旭儀，數十年的鼓勵及教導，李蓮雅老師的幫忙編輯校稿；盡量以最簡單的文字圖案，表達複雜的觀念，希望有更多人投入「紫微學」的論述及研究行列，可以在未來具備自利利人、助人助己的能力，在個人及親友生命上發揮輔導的積極作用。

吳孟龍　970417

企業界感言

吳孟龍老師在娜路彎大酒店的紫微斗數演講中，當場推算即席的數個案例，其細膩度，讓上千觀眾當場嘖嘖稱奇、大開眼界，見證了紫微斗數的神術！

最大五星級度假飯店
娜路彎大酒店及杉原度假旅館
林炎煌　董事長

吳孟龍老師的紫微斗數對於企業用人等方面，確有異於常人的獨到見解！

良機實業集團
910元創業，現年營業額約46億
全亞洲水塔王　張廣博　董事長

吳孟龍老師對於紫微斗數有獨到見解，令人佩服。

和泰興業集團　蘇一仲　董事長

（關係企業：合泰及國都汽車、日本Best等等）

紫微課程學員心得分享

上課案例篇

太神奇了，一個人的身高幾公分，竟然可以從一張命盤看出來，而且零誤差。命理真的是可數位化的，上了吳老師的紫微斗數課，真的感覺到老師深厚的功力。他謙虛的說：「要學的還很多，教學相長，大家一起努力！」

有一天上課，學生提出一個案例，吳老師不出三秒鐘，馬上敬告案例的當事人，他以平和的語氣說：「疾病有千百種，這個案例要相當注意大腸癌，可進一步檢查家族史。」當場學生馬上回應：「就是大腸癌且家族是有的。」當場同學們一片無聲……比西醫健檢還厲害！

兩岸是不會戰爭的，從一位將軍夫人之命解析。一位率直爽快的學生，提出一個女命，待磁鐵排好命盤後，吳老師在白板寫上：「因夫而貴。」而且說道：「官位不小喔！」這位學生說：「先生是現任將軍。」吳老師笑笑：「從命盤看透視她先生，未來是不打戰。將軍不打戰，兩岸自然沒戰爭。」天啊！紫斗看國家大事！

上課的主題是外遇，學生競相提出案例來考考老師。一堂課下來約有數十張，時間很紮實，要如何從一張紙去分辨，誰有誰沒有？如何發生？如何解決？吳老師甚至指出：「這張命盤的父親有外遇，非母親，而且第三者的素養不高，臉很白。但不用擔心，不會有私生子。」結果，答案驚訝全場。好處是——學生也學到了！

上課時，老師意外的看到一張命盤的父母有狀況，他說：「小心父母親被倒帳！」學生很憂心的說：「是啊！因工程款被欠八十幾萬，實在困擾很久，不知怎辦？」吳老師看了看，好像一休和尚，摸摸頭：「有了，找家中最大的女長輩去要！可要回一部分，但無法全拿。」隔一星期後，課堂上該學生說果真請祖母去要回來。

鐵齒到信任篇

很鐵齒的我，總認為「命運」是自己掌控的，碰到什麼就會提出挑戰性的問題。被親算過後，才知吳老師很「數位化」及「數字化」，不只個性上的敘述，不會流於一般的模擬兩可，連發生年分都會指出；每一課堂上，帶來更多的樂趣，且驚訝連連！

長久以來，對「命理」這門學問，一向抱著「強烈存疑」的態度。直到朋友太多人體驗了百術之王——紫微斗數，才好奇的上了吳老師的課，自己才知紫微斗數應用之廣，好處多多，成為人生一大樂趣，封閉的人是無法體會的。

一開始是有著90%的疑惑去上課，後來因為吳老師非常鼓勵學生，勇於表達自己的問題及想法，使我更能面對分辨命理上的是非，百分之百完全免除恐懼，增加很正面的力量。

上課回應篇

吳老師常講：「經驗是科學的前趨！學無止境！」他又常鼓勵：「老師不會藏私，因為紫斗遲早會成全球顯學之一，如學英語、針灸及西醫等，早學早好，一輩子的事，自用他用兩相宜！」

親自上課比到處去買書看還有效，很多問題的盲點及系統化，還是需要當場師生互動、反應及解惑，不會被誤導一生，省下不少時間及金錢，這才是真正的命運是掌握在自己手上！

命理及紫微斗數市面的理論甚多，能用「現場實例」演算的師資，幾乎找不到，吳老師就是此類難得且謙虛的研究學者，是我一輩子請益的對象。

因紫微斗數的眾多奧秘，實非短期的課程就能道盡，但吳老師很負責任的把原則、原理及相關案例圖解說明，連小星有時也會影響一生，都說明的很清楚，同學們都意猶未盡。

他見解獨特，上課才發覺，紫微斗數的重要性，大大的超乎我的想像。我每一次的進步，覺得過去學的幾十年的命理，全部白學了，太值得了！

一張命盤就等於一個人的自傳？甚至一家人的家族史？上完整年的課程，每次看親友命盤，都好像中了大樂透一樣，對自己人生的自信心大增，真的逐漸改變了我及親友們，邁向更美好的未來！

信任，帶來新幸福。資訊是因先了解，才產生信任。吳老師上課的幽默，把命理分析變成有趣及實用的工具，打破所有的迷信與迷思，體會到好幾頓的「頓悟」及醍醐「灌頂」。現在不是「敬而遠之」，而是「近而用之」！

命理是牽涉很多的跨領域知識，如數學、心理學、中醫、西醫及生活哲學，吳老師很希望學生能應用它，自己也多充實各方學問，長期引導自己的親友，會收到不錯的效果，這樣的期望，使得學生們個個很像活菩薩。

上吳老師的課很輕鬆、很好玩，而且收穫良多，他用生活上的常理對照命理，以客觀的角度去分析個性、人際互動的情形，甚至中醫的理論。下次有機會還要繼續上。

紫氣東來照我身，微睹知著蒙此恩，斗星瑤光預吉兆，數奇命蹇及防真。

紫微斗數應用篇

紫微斗數在行銷上，很容易和客戶聊到生活上的問題，可幫客戶看一下，增加對客戶的瞭解，信任增加，事情當然就很容易成交。吳老師上課常說：「懂多少，講多少，過分渲染，會傷害自己的誠信。」

紫微斗數在教育上，更瞭解學生，更能引導學生潛能，在教學上事半功倍。吳老師上課常說：「要依學生的人生高峰期，來做職場規劃。」說的真好，真高興來上課。

紫微斗數在人際上，才是全世界唯一能落實「適才適性」的學問。情緣密笈之運用之深度及廣度，非常精彩，非語言可表達，不來上課，哪知其變化無窮，奧妙之處！

紫微斗數在選舉上，不少政要及企業主找過吳老師。其中一位數一數二的有錢民代，提供其生辰，吳老師也提供一些策略，要他如何用人，方位上如何佈局，一席話省掉數千萬。果真高票當選！

很高興當選全國最年輕的民代——27歲，媒體的報導，使我責任加重。很感謝吳孟龍老師的指導，選前時，他一排命盤，臉上泛起微笑告知：「你人生第一次參選，準高票當選，但仍要踏實去做！」吳老師花了不少時間，建議我如何開出政見及佈局等等。開票後，四位候選人的比例是：58：23：15：4。後三位候選人總和還輸我，我果真高票當選！再次感謝吳老師，一句話抵千金！

台東市「里長伯」

余政維

目錄

第一章

打開命運偵測器

一、「明日智慧」學，學「明日智慧」

——紫斗學問之妙

大抵而言，資訊或有古今的分別，智慧卻沒有時空的差異。紫微斗數的定數有其規則可循，但是如何詮釋，就有因時制宜的必要。因此為讓老祖宗的智慧在現代同樣可資應用，不至於因為古今事物觀點不同，而誤以為紫微斗數只適用於古代，因此紫微斗數需要進一步現代化。

運用現代人更多元及宏觀的角度，重新再審視紫微斗數所呈現的各種資訊意義是必要的；此外，由於排個人命盤時為求精準及效率性，結合電腦協助紫微斗數演算之便是筆者所推廣的理念。（紫微生活網www.ehope.com.tw讀者可自行加入會員，並在個人網站上免費列印命盤。）

不可諱言的是，隨著時代與文化觀點的不同，古今詮釋紫微斗數的觀點和說法有很大差異，而且也必須有所差異，因為古代視為「刑剋」夫、妻、子的說法，凸顯當事人中強弱勢的對立態勢，也讓關係衝突、分裂。其實，這個性質如用現代定義來看，正是所謂「個性不合」，再廣義的說法便是「個性有差異」。

後世的解釋較宏觀完整，顧及到不同的個體存在的意義和價值，做為一個解釋人文社會現象的學問來說，這樣的調整才能更公平。不同的用字遣詞產生不同的觀感，使用得當可以發揮助人的威力，使用不當則有誤導別人產生不良影響的可能。

筆者推廣紫斗教育的原因之一，主要也是深感於天下最昂貴的東西，除了時間之外，莫過於與個人有關的資訊，如果人人皆可以對自己相關的資訊有所明瞭並掌握，在生命中就能發揮更主動積極的力量，足以趨吉避凶。

也因此，做為我們生活、生命中重要的個人資訊來源，我們認同紫斗足以形成一門學問，如同物理學、心理學、風水學等，因為做為一門學問，應該至少符合下述幾個條件：具有放之四海皆準的原則性，有自成一門專業的邏輯理論，可經得起時間考驗而可長可久，以及該學問不只是一種短暫或資訊的消長變化，而是一種智慧的傳承和累積。由上述各點來看，「紫斗學」實當之無愧。相對的，所謂「姓名學」就因為無法符合嚴謹的定義而不成為一種可長可久可驗證的「學問」。

透過紫斗中個人命盤的呈現，道盡每個人的生命密碼，除了推算當事人之外，還可以旁及關係人生命軌道變化。例如，筆者曾經幫甲君做命盤診斷時，推知幾年後祖母可能有乳癌的發生，但是當事人不信，因為當時不但沒有這樣的身體狀況，而且生活規律，甚至還有運動習慣，後來兩年後，甲君驚訝的打電話給筆者說的確有此印證。活生生的例子在許多著作及網站中皆斑斑可考。

其實，就人生的心理階段發展來說，少年時可能年輕氣盛，對很多事物充滿質疑批判，不輕易相信；中年時歷練成長，知道保持理性觀察，半信半疑；老年時懂得對生命更謙卑，反而覺得沒有什麼不可信。事實上，每個人對自己的生命都會想有更多主導權，不管瞭不瞭解或相不相信，至少透過紫微斗數的智慧，可以為自己的生命做一觀照，甚至是比對印證。

大體而言，人的生命週期性，每個階段的發展重點都有不同，對應於紫斗中的十二事項宮及十年大限，在個人生命發展中可以做為一個很好的指南針功用，以及「事後諸葛」的驗證作用。

圖示如下：

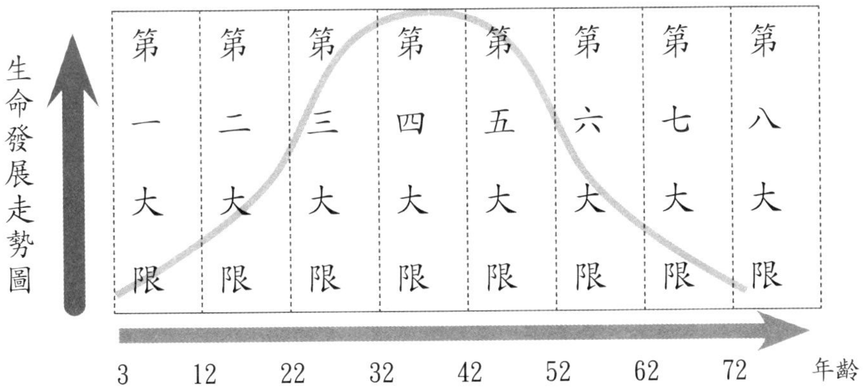

兒童	青少年	成年期	成年中期	成年晚期	老年
14歲前	15-22	22-34	35-45	46-60	60歲以上
被照顧	嘗試自立	戀愛期	為人父母	小孩離去	鰥寡疾病

誠如甘迺迪總統所說的：個人是社會的縮影，社會是個體的放大。個人的生命脈動脫離不了和群體的關係，而紫微斗數所涵蓋的範圍非常廣博，不僅可看出當事人的狀況，甚至旁及所有與其接觸的對象及互動關係，可以說個人和群體生命脈動的趨勢都呈現於命盤中，無所遁形，一般而言，可分：

十二事項宮（與個人生命相關的十二大項類別）		
自己	個性	命宮
	健康	疾厄宮
	事業	遷移宮、官祿宮
	理財	財帛宮、田宅宮、福德宮
他人（關係人出生年）	人際關係	兄弟宮、夫妻宮、奴僕宮
	父母	父母宮
	孩子	子女宮

二、誰爲我導航?!
——坊間預測工具大評比

對於未來，一般人本能的想去探索與追求更好的發展。從古至今，在社會上普遍常用的幾種諮詢對象大概可以分類為下列幾種，從諮商過程及結果，我們可以分析其優缺點如下表：

（一）傳統顧問業分析

	感情婚姻	工作事業	企業顧問	金融保險	生育教育	心理導師
參與人員	婚姻顧問 親朋好友	人力銀行 親朋好友	如麥肯錫 專業管理	財經顧問 保險業者	父母老師 補習班	宗教人員 心理醫師
優點	容易配對	資訊易找	實務經驗	產品知識	教導方法	引用他人， 成功模式， 安撫人心。

缺點	結果
無法告知何人在何時為最佳拍檔。	頻繁介紹，反而怨偶愈來愈多。
公司發展／工作態度無法瞭解。	雇主／雇員雙方頭痛，常有意外。
主管／配合廠商的忠誠度無法掌握，用人無法精確。	異動頻繁，策略無法順利執行。
客戶的理財特質及未來財富的起伏無法預知。	客戶常流失／分散戶頭。
無法預測人生高峰期，而從小因材施教。（個性及潛能）	學非所用，浪費一生，無法適才適性的發展。
因人而異，無法一體適用，無法告知何時陽光再現。	自我心靈按摩，無策略可言，預期心理無法管理。

透過這些專家依據多年所學的理論或累積的經驗值，也許可以幫當事人在面對自己的課題時，有一些概念或方向可資參考，然而，回歸到源頭，這一切提供的都是外圍的輔助力，幫當事人釐清處境的工具，真正最後在解決問題時，還是得由當事人自己實際面向的感受和思考所決定。而且，最大的問題是——上述專業人員有良莠不齊的可能，所以如將絕大部分的資料來源和決定權掌握在對方手裡，對自己無異是冒險且傷害自己權益的事。

因此，與其請人諮商，不知對方功力如何，倒不如自己深入研究——然而要真正取代上述專家的能力，由自己全盤主導，需費一番時日和苦心不可，因而在當事人面對的課題具有急迫性處理的需要時，恐怕緩不濟急。因此一般人在面臨自己的生命課題或預測未來的工具上，除了透過一些身邊親友或專業顧問的意見外，主要還可能透過坊間提供的多樣化管道諮詢和引導。

從古至今，能夠做為個人預測未來的指引工具，在坊間目前較盛行的有紫斗、手面相、八字、易經卜卦、神鬼通靈、西洋占星、塔羅、檢測頭髮及皮指紋、摸骨、鐵板神算等等，如果以精準性、實用性及便利性做判準，大致可以分析如下：

※（二）各種預測工具分析基礎比較：

排名榜	世界性	科學性（統計性）	有用程式	推理細膩	全盤性（長遠性）
1．紫微斗數	第一名	第一名	上億	第一名	第一名
2．八字	第二名	第二名	幾十萬	第二名	第二名
3．易經	第三名	第三名	幾十萬	第三名	第三名
4．姓名學	最後一名	無法	無	最後一名	最後一名

5．鐵板神算	是	尚未	幾十萬	是	是
6．風水地理	是	尚未	幾萬	是	是
7．手面相	是	尚未	幾萬	是	是
8．通靈	是	無法	無法	是	無法
9．西洋星座	是	無法	幾萬	無法	無法
10．塔羅牌	是	無法	數千	無法	無法
11．測字	無法	無法	無	無法	無法
12．皮指紋	是	是	兩千多	無法	無法
13．其他	無法	無法	無	無法	無法

大致來說，這些預測個人生命發展的工具，它們的分析方式主要可以分為幾類：

1．藉由「動機」來判斷：

指念頭、動機。一個人一剎那的起心動念，心思所前往的方向，像塔羅牌、卜卦、易經、測字、鐵板神算、神鬼通靈等都屬於此類。但看「念」字由今、心二字合成，心到哪裡，禍福就到哪裡。然而

「念」常常因個人心情際遇隨時轉變，如以此做預測時的線索就失之變化不定，沒有規則性可循。

2．以「生辰」資料做判斷：例如紫微斗數、八字、西洋占星等等。

這些個人基本資料的部分具有不會改變的特質，在做為分析判斷的工具時，較為穩定而可以掌握其規則性。

3．以「形體」觀察結論做判斷：透過手面相、摸骨、看人外觀行走或皮指紋、風水等，這是透過觀察人、物形體所獲得的結論。

從上述來看，只有以「生辰」資料做為判斷的工具，較可以提供一個穩定性高而可以判準的依歸。大體天地之間有其自然運行的規則性，諸如四季的變化、潮汐的起落、月盈月缺、人類的生老病死的循環等等，即便人類長期的經濟發展現象也如此。如果可以抓到其中循環的規則性，就可以順應趨勢，甚至更積極而準確性的預測下一個階段發展，因此這一類的預測工具較能為人信服且有其實用性。

此外，坊間很多人都相信姓名學，事實上姓名學的變動性大，且沒有規律可以依循，沒有放諸四海皆準的通則，拿來做為預測工具，基本上是不適合的。再者，運用神鬼或者宗教力量來做為個人預測時的依據也所在多有，但其中也有難以擺脫令人質疑的問題。畢竟宗教是人創造出來的，透過世間諸多動機及教義良善的宗教，無非是要培養個人的自信心，歸根究柢來說，就是心理學中「力量理論」的呈現——讓人們透過崇拜偶像或者特定東西以獲得心理上穩定的力量，慰藉其不安。

事實上，心理上的力量除了外求，往內求也是可以建立的。筆者曾聽過某宗教住持說過寺裡的裝設之所以要金碧輝煌，無非為了吸引信眾，之後以利施行教化，但筆者對此頗不以為然。尊敬不應藉由「著相」才能產生，像二〇〇六年諾貝爾和平獎得主，孟加拉窮人銀行創辦人尤努斯就是一個例子，因為一種大愛的動機所規劃出來的銀行信用借貸制度造福了許多窮人，這種偉大的行為自然實至名歸，贏得更多尊敬。

因此，如果再以「生辰」資料做為分析基礎的工具來細看，可能只有紫微斗數和八字是較為可信的，這也是目前社會上學習人口佔大多數的兩種——然而，相比之下，就預測精準度及實用範圍來看，紫微斗數更是技高一籌，在清朝時就有號稱「天下第一神數」的美稱。

三、「天下第一神術」！

——紫斗解人生奧秘

	紫微斗數	VS	八字
排列組合方式約	26萬		58萬
搭配的計算	可再透過父母出生年及利害關係人而看出其互動關係可以看得更「全面」		同生辰八字者有23萬人（常涉及共盤性的解析）只能看出「個人」
學習難易度	有些專有名詞可望文生義，且紫微的時間判定比八字更精準，紫微可看出方位及房宅，八字則無。		加入五行觀念較不易學

(1)紫斗約「26萬」可能組合的推論過程是：

全世界人口總數：至2007年7月約有66億7000萬人

時間循環：60甲子＊365天＊12時辰＝262,800

註：本書採古人六十年一甲子為一循環，一個時辰等於兩小時的說法推算。

6,670,000,000／262,800＝25,380　故約2.5～2.6萬人共享一張命盤

(2)一個人一生中有多少事件發生的可能數量：

以平均壽命80歲＊365天＊12時辰＝350,400事件

註：古時以2小時為一個時辰，如以2小時做為一事件發生的單位時間，較能具體表現事件內涵性，例如開刀。事件有延續性時，應分先跟後（前面熱絡，後面冷淡；反之亦然。此時應視為不同事件）。

(3)紫斗的推算可再透過關係人的搭配而衍生以下這麼多變化：

26,280萬＊42（父親18～60歲）＊42（母親18～60歲）＊60＊2（男女）＝55,629,504,000

結合「個人生辰」約26萬張命盤、「父母出生年」及「利害關係人出生年」約8,000萬種可能，可以衍生出近「556億」種排列組合的可能性！

由此看來，透過紫斗可以呈現這麼龐大而複雜的數量背後衍生的各種可能，再對應觀照到我們的人生及真實世界裡的各種現象，實是其他預測工具在因應解釋龐大人口數的情況時所不能及，因此的確值得深究、判讀。

註：就統計學上來說，有1／100的說法。意即比率越小越趨近真實。市面上有用生肖、三合去做婚配，其實不盡情理。因為人是人，非動物也。用生肖年相對應失之粗糙；再者，2個人／12種生肖＝1／6，碰到的機會太大。如有推論車禍發生的情況，以一個活到85歲者為例：

1／85代表某一年發生車禍，1／85＊1／12＝1／1,010代表某一月分發生，推論起來，發生的機率就真實許多。

四、破解「歧」門「鈍」甲術！

——關於「改運」的大迷思！

透過上述種種角度的分析後，筆者懇切地希望，如果當事人在遇到生命的困境或者茫然的階段，想透過坊間一些方式預測未來時，必須更加謹慎小心考察，確信該專家的誠信和功力，切勿貿然進行民間所謂「改運」或者過度相信誇大效果的諮詢，以免勞民傷財，得不償失。尤其風水之說，雖有其根據，但與個人命運何為因果實難定論，因為人生本有高低起伏的週期，與風水的關係恐怕未必能密切相關。像筆者認識一位先生是921受災戶，在地震中一無所有，可是後來經由政府補助及個人努力，目前經商有成，事業蓬勃發展。

有時人在低潮時，做了改名或者其他方式，之後境遇好轉，看來似乎是跟這個舉動有關，但有時即使不透過這些方式，運勢也可能即將好轉，但當事人卻因為當時未能理性思考，以致誤以為跟這些做法有關。這樣將變成過度執著於工具，變得迷信而有被誤導的危險。筆者認為唯有自己具備客觀性邏輯思考的能力，才能對自己的生命握有最大的主導權。

就個人命運的走勢而言，本就有高低起伏，「改」個人命運的說法是較為誇大的，但並非完全無法「變」，有時是可以透過一些方式而的確有「調整」的可能。切勿相信有些誇大不實的說法，因為改也只是有限度的調整，這些工具的功效其實是有限的。

例如一個學生的程度最好時也只能考上私立學校，可是透過一些「調整」是有機會考上更好的私立學校，然而比較不可能是考上完全超乎其平常表現的學校。

人生旅程如比喻成一條河流，總有曲折的境遇發展，在人生低潮時常有尋求協助和諮詢的情況，尤其如遇重大事件，不免有「思變」的念頭，坊間提供改運的服務應運而生，然而「改」應如下圖所示，只是一種調整：

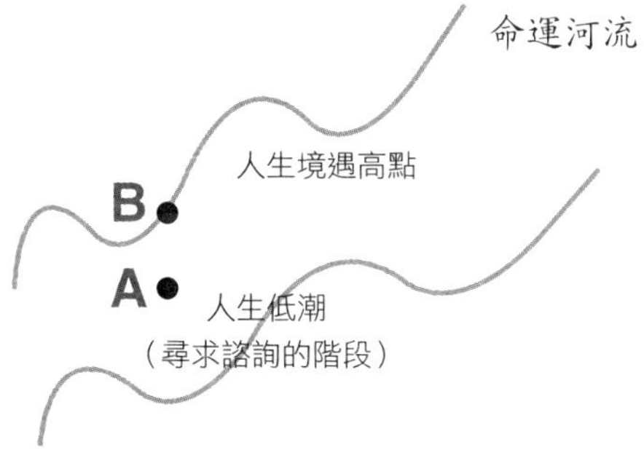

註：大致而言，同一個人的命運本有起伏的軌道，就「改命」的可能性來說機率是很低的，唯一可以調整的是「運」，可能在境遇較差的A點，經由調整之後轉到B點，但調整還是有其限度這才合理。

因此，如想透過坊間一些方法進行個人命運或未來的透視或調整時，當事人可能必須要有一些先備觀念，才能判斷所運用的方式或請益的對象是否對其問題有能力進行分析，因為分析之前，如果能夠百分之百了解問題，才是提供最實質有力的諮詢、預測時最重要的先決條件。

分析者尤其應根據當事人現實狀況、目前從事行業等，過去和現在的條件，才能在給予未來方向的指引上更為切近於當事人的需求。

一般分析並解決問題的要點應該要有下列幾個面向的思考：

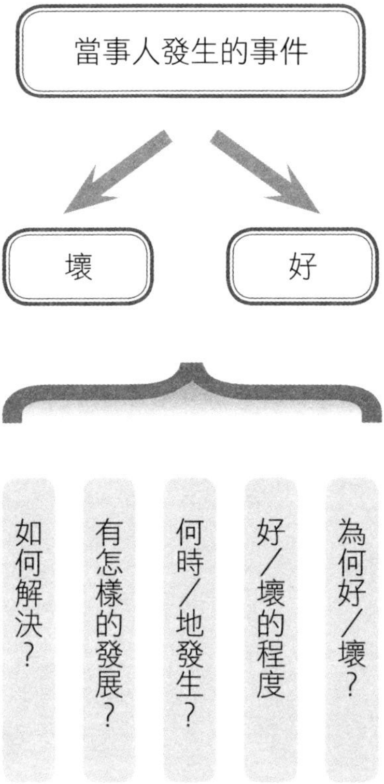

舉例：婚姻問題的諮詢

如甲女和男友交往多年，雖然感情融洽，但是相處上或觀念上常有大大小小不斷的衝突，為此讓甲女在面對未來時有些猶豫，不知是否適合共組家庭。

如透過紫斗的諮詢，首先分析二人命盤，看個人個性及夫妻相處在觀念和態度上有何差異，應如何取得共識，達成和諧的家庭氣氛。再者，婚姻關係中不外兩人及兩人對外可能的關係，如能先了解其朋友及對外關係，更能取得預防及調整的可能性作法。

分析問題可以依下列觀點來思考：

```
                    ┌──────┐
                    │ 婚姻 │
                    └──────┘
            ┌──────┐        ┌──────┐
            │  壞  │        │  好  │
            └──────┘        └──────┘
     ↙   ↙    ↓    ↘   ↘            反之亦然
  ┌────┐┌──┐┌──┐┌──┐┌──┐
  │外遇││關││意││健││個│
  │感情││係││外││康││性│
  └────┘└──┘└──┘└──┘└──┘
  ↙  ↘ ↙  ↘ ↙  ↘ ↙  ↘ ↙  ↘
 對 自 對 自 對 自 對 自 對 自
 方 己 方 己 方 己 方 己 方 己
      長 長
      輩 輩
```

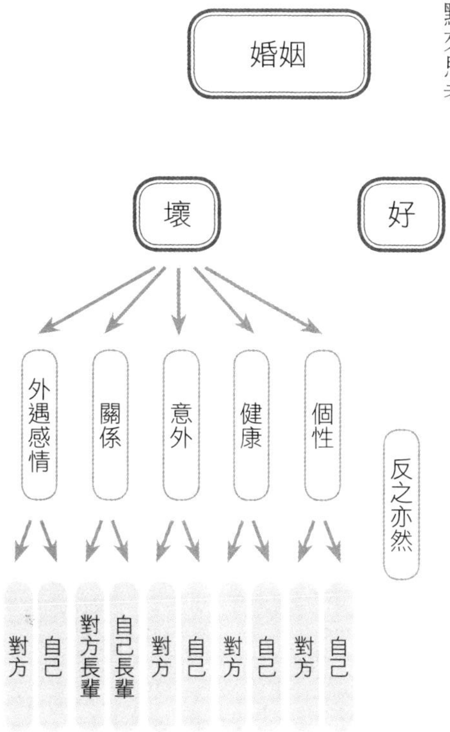

一、所發生的事件對當事人屬好或壞？

二、事件發生的程度如何？如中大獎、得到好的婚姻、車禍、仙逝、受輕、重傷，或有驚無險的差別。

三、是否能推出事件發生的時間點？

四、如何解決因這個事件所產生的問題？

五、為何以這種方式解決？

如果可以透過上述幾個論點來看，並且可以清楚透過事件的前因後果的分析，相信對當事人來說才可以一針見血的解決問題，並且提供較合適的幫助。所謂「眾生畏果，菩薩畏因」，瞭解來龍去脈才是讓當事人真正透過事件的洗禮而有正面性作法的關鍵。就紫斗的運用來說，透過個人或親友的命盤，印證詮釋自己的生命現象，並且透過了解更多別人的命盤中所顯現的生命現象，體現互動關係及眾生百態，能在更宏觀的生命思考角度上，不執著於自己的處境或命運，從而在理性的思維和心態中，穩定的規劃出自己的生命之路。

第二章 黃金入場券

——一張命盤道盡人生不能說的秘密

命理不脫離人生現實，人生現實也不脫離命理。即便古今時代變遷，很多人事物的定義或看法有很大差異，但人群的社會裡，千百年來不變的還是那些問題，每個個體所需面對的生命課題。

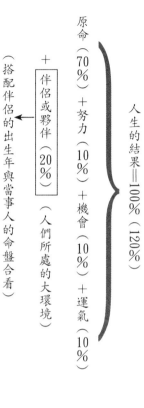

如果我們把整個人生過程視為一種結果，以個人在生命中所展現的各個努力範圍可以定義其比率如下：

人生的結果＝100%（120%）

原命（70%）＋努力（10%）＋機會（10%）＋運氣（10%）

（人們所處的大環境）

＋伴侶或夥伴（20%）→（搭配伴侶的出生年與當事人的命盤合看）

個人的原生環境（命格），結合個人的付出和大環境給予人的影響，而經營出屬於自己的人生成果。

就個人於社會中生活而言，多一份人際關係　（可能是伴侶）其實可能多一份助力，但缺乏此部分人際關係的人也可以生活得很圓滿，因此人生如果是一個圓，以100分計，那麼夥伴、伴侶的加入讓人生有更多助力，是以用120分為滿分計。其實，人生的結果不等同於成功或不成功，端看個人的感受及人生觀。

註：伴侶的意義很廣，可以是男女朋友、夫妻，或極好的姐妹淘、死黨等。尤其是現代人對婚姻的定義有所改變，婚姻觀更不受限於一紙契約或親友認定，只要「有伴」幸福即可，當然也有現代婦女認定自己的生命角色更自我更獨立，倡導不婚獨身生活，我們也樂見她們擺脫傳統束縛的定義，走向更主動積極追求自我的發展。

一、星子的流浪

——「命盤」的推手之一：時間

穿梭古今透視每個人專屬的生涯軌道

命盤應作「活盤」觀：
命盤活化的關鍵——時間

一張命盤代表一個人的生命旅程圖，在進入命盤的分析之前，必須先對於命盤的意義及整體架構有所知悉，才能深入命盤，與該命主的所有資訊進行比對。

首先必須先有一固定盤的概念，之後再進入「活盤」的運用——也就是隨著時間流轉，人生產生不同的際遇，也就符合不同活盤組合。

命盤裡可以顯示的內涵非常豐富，不只是一種人事對應的特質，同時連時間、空間和方位都可以在命盤中得窺其中奧秘。

表面看來是固定的宮位，但隨著時間而有轉動的大限（十年）、流年（每年）、小限（一年）、流月、流日，甚至流分、流秒都可以在命盤中找到對應，以下將逐項介紹其對應規則。

（一）判斷流年（兼論流月、日、時、分、秒等）方法

(1)十二事項宮有一定的排序。（即便起算點是本命、大限、流年、流月、流日等，排序永遠一致。）舉例而言，命宮前一定是父母宮，逆時第三個宮位一定是夫妻宮。

(2)流年是根據六十甲子循環而來，因為全球氣候也是六十年一個大循環。舉例而言，二〇〇八年為戊子年，流年命宮在子宮。二〇〇九年為己丑年，流年命宮在丑宮，每個人皆相同。

(3)本命的寅宮為何事項宮，例如疾厄宮，則流年疾厄宮為該年一月。（天干為空間，地支為時間。）

(4)從命盤中對應流年月日關係圖及說明如下。

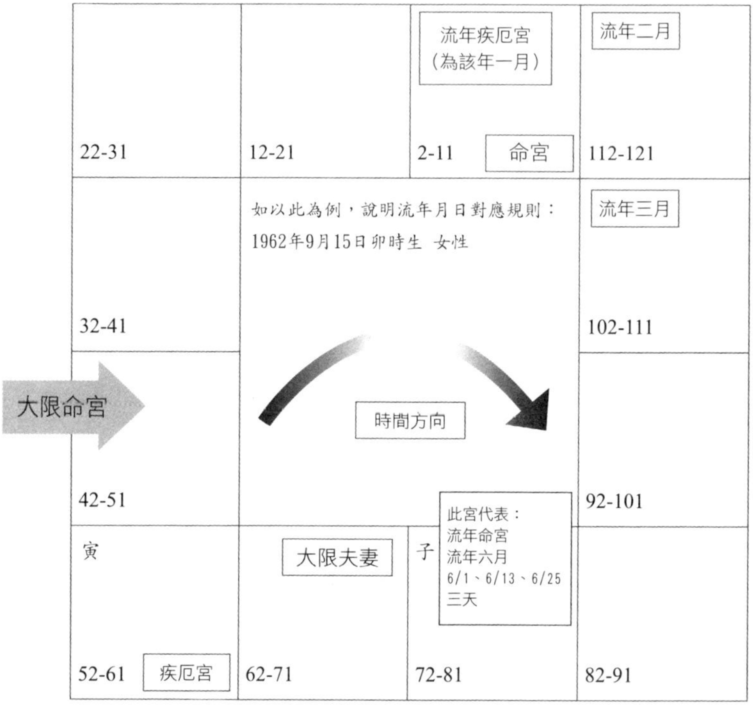

因命盤顯示該命主今年（2008年）為46歲，大限命宮在卯宮。大限夫妻宮要看逆時針第三宮。

⑴流年算法：2008年為戊子年，所以流年在子宮。

⑵流月算法：以本命寅宮的事項宮為主，每年該事項宮為其當年一月，順時針推下去為二月，以此類推。

⑶流日算法：農曆每月的宮位為第一天，以此順時針類推。

⑷流時算法：農曆每月的流日宮位為子天，以此順時針類推。

⑸流分算法：農曆每月的流時宮位為第一個十分鐘，以此順時針類推。

（二）關於「時間重逢」的情況：

指命宮同在一個地支宮位重疊，代表特別明顯的好或壞的生命現象會凸顯出來。

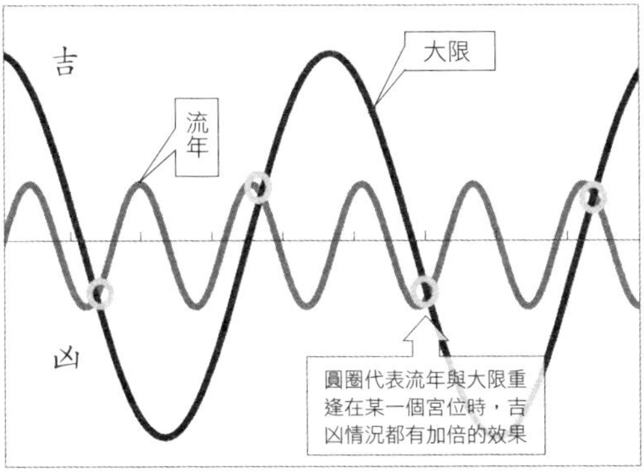
吉
大限
流年
凶
圓圈代表流年與大限重逢在某一個宮位時，吉凶情況都有加倍的效果

對照前一頁的例子，可以看到的現象：

(1)大限與流年於大限命宮和五十歲流年命宮重逢。

(2)流年與流月，在二〇〇八年時，流年命宮與流月（農曆）六月命宮重逢。

(3)流月與流日，在流月六月命宮和流日6／1、6／13、6／25命宮重逢。

(4)流日與流時，流月6／1與流時子時重逢……以此類推。

流日、流時重逢，流時也可能發生在：

三方四正
- 子時的對宮（午宮）
- 子時的事業宮（辰宮）
- 子時的財帛宮（申宮）

（三）時間在命盤中「特殊重逢」的情況：

這是指大限跟流年、流月、流日重逢，換言之，大限本命坐的地支宮位，與流年、流月、流日相同。

推論上述所發生的機率如下：

1/8	×	1/10	×	1/12	×	1/29	×	1/12
八個大限	×	大限十年	×	每年十二月份	×	每月天數	×	每天時辰

1/334080，發生機率很小，在統計學上已趨近於真實的狀況。

此種情形如同天上九大行星同直線上的狀況，這也表示在個人出生時，天上星星排列剛好在重逢。

如以太陽星斗為例，白天生人較晚上生人來得富貴。因太陽為官祿主，主貴，晚上生人的太陽必然是落陷無力的。

看盤時，在判斷命盤中各時間單位對於事情顯現的輕重程度，需以大限優先於流年，流年優先於流月，流日優先於流時等觀念為前提。

重要觀念：

看盤時如看見流月流日中出現的特殊大事，得先檢查大限跟流年是否有此現象，如有，才會在流月及流日表現出來；如無，就只是虛驚或虛喜一場。

例如流月流日中看到大災或大喜，就對照大限和流年檢查是否有此現象出現。大限、流年的重要性影響，更優先於流月、流日、流時，如同得先有大方向才再細分各項發展。

筆者建議讀者不妨在推算及驗證時，先用過去已發生的事情做為驗證，以流月、流時為單位去體會命盤與個人生活符合的程度如何。因為時間屬於第四度空間，時間愈接近，推算愈精準。（依照當時「PEST」條件而推斷，就能更符合實際情形——指political政治、economic經濟、social社會和technology科技層面。）

二、星子的故鄉

──「命盤」的推手之二：空間

(一)十二宮位：透視生涯規劃的藍圖

基本上人的個性命宮都不出十二宮的內容，十二宮又分三大類，再依好壞各分兩類。重點宮位的看法是顯現當事人在某一方面可能表現出來的現象。例如：如有人問及此人是否有官司？──應先看有可能是哪一方面的官司，如果是車禍，應看其遷移宮；感情方面應看夫妻宮。

要注意的是吉星非全吉；凶星非全兇，正如夜晚非全暗的道理是一樣的。宮位及星曜組合，除一生的大事外，生活中的細節亦可運用其中。

個人重點宮位首推命宮，其次是身宮。命宮帶領十二宮位，命宮好時，帶領的十二宮位都會不錯。身宮代表的意義是：一個人後半段人生的發展，大約是指四十歲之後。

身宮與事項宮重疊時，表示該事項宮對當事人的生命影響較大，如以下列表所示。

身宮與事項宮重疊	所顯示意義
命宮	主觀強，不易受外在環境影響。
遷移宮	常受周圍環境影響，經常有居住環境之變遷或變化，或工作上之變化，易常常在外奔走。
事業宮	事業心較重，並注重名位趨向。
財帛宮	較注重錢財價值觀，受經濟左右命運。
夫妻宮	具家庭責任及家居生活情趣，受配偶影響之可能性亦大。
福德宮	惜福，懂得享福，而不一定揮霍無度。

以下是依固定順序流轉的十二宮位，如以命宮起丑宮的情況來推論整個命盤，各宮位排序如圖。

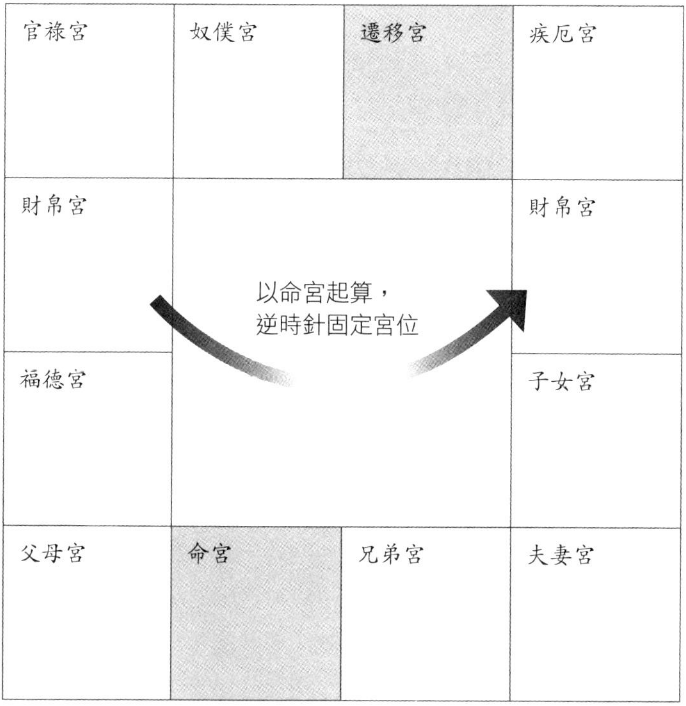
官祿宮
奴僕宮
遷移宮
疾厄宮
財帛宮
財帛宮
以命宮起算，
逆時針固定宮位
福德宮
子女宮
父母宮
命宮
兄弟宮
夫妻宮

有關各宮位所探討的意義及內涵，以下將分項介紹。

命宮

代表一生的成就和歷程、容貌及才能，是十二宮的中樞樞紐。

- 個性：善心或奸詐之人。
- 容貌：俊男美女排行榜，五官、臉型和氣質的展現。
- 健康：一般而言，性柔者長壽，性剛者健康上較有問題。

剛

- 正面的評價：有原則、掌權 → 適合短期的衝刺
- 負面的評價：性孤 → 較聽不進別人想法、不信邪

柔

- 正面的評價：好好先生 → 聽得進別人的建議，可調整命運
- 負面的評價：柔弱 → 太受人影響

註：關於剛柔的兩種看法：

講述個性時有些安全說法，為避免失之直接或主觀，我們尊重每個人個性中最正面的特質，畢竟天生我材必有用，每個人的個性有其獨特性，有人可以隨和而人際交遊廣闊，有人也可能較木訥內向，因此重心較放在自己的專業或興趣上鑽研。

身宮

代表人的後半段，相當於四十歲之後。第五大限看身宮為主。身宮如和上述事項宮重疊，表示該事項宮對自己的生命影響較大。

遷移宮

關乎出外順不順、活動表現、搬家、旅遊、升遷（可以看出職場中有關上司的特質）及外遇（因出外與人互動機會多，所以多桃花機會）。

兄弟宮

了解兄弟姐妹手足緣分的深淺，互動關係，及兄弟的成就和友人交往狀況，另外也包括職場中和同事及下屬相處的夥伴關係。小時和兄弟的相處好，長大後在職場中與同事關係也應相對不差，如此也會牽動自己未來的前途。

人際宮

又稱奴僕宮，輔佐的宮位。判斷和六親或部屬、上司、同事關係及得助力與否的關鍵。

夫妻宮

可以看交往對象的意識型態，判斷夫妻生活狀況、夫妻緣、早婚或晚婚。所謂夫妻宮的定義是：未婚時指的是男女朋友；已婚時指的是另一半。現在婚姻定義有所改變，婚姻觀只要有伴幸福即可，現代婦女的角色都已改變，我們也樂見她們擺脫傳統束縛的人生，走向更主動積極的發展。

事業宮

了解一生事業，適合創業與否。以及自己在職場上的辦事能力。此宮的定義：未出社會時，指學習能力；出社會時，指的是做事能力。

安排工作取向時，要以最好的大限為目標去做職場規畫，如果是年紀較輕者，也可以依此為方向，推測當時或未來需要什麼技能，從現在開始培養。

註：皮指紋預測未來是否精準？此學問來自德國，排列組合有2000多種，但是其困境是——

1．其實永遠無法判斷人生最好的時機點在何時。

2．隨著時代演變，工作內容也會跟著變動。

皮指紋可以說出當事人是否擁有「領導能力」，但看不出是黑社會或者公司高級主管。相對而言，紫微斗數可以更細膩看出命主的特質及發揮的環境或舞台。另外，皮指紋雖然可分析出當事人個性柔軟、平易近人，但無法更精準區分是一種好人的表現，或者只是濫情。尤其無法判斷何事在何時發生，以及事情發生的輕重也無法說明。

子女宮

了解子女親情及發展狀況及閨房關係。看子女孝順與否，可看個人命盤，須搭配子女出生年。

田宅宮

判斷能否繼承祖業、不動產及居住環境，小孩最適合專心讀書的環境。此宮可合看父母及小孩。

財帛宮

有關個人理財的宮位，可以判斷個人財運及何種事業求財較適合、理財心態是儲蓄派或活用派。性剛的人適合短期投資，對於資訊或別人的建議比較聽不進去，有一種不信邪的反抗、批判心態；性柔的人適合長期投資，對於資訊或別人的建議比較聽得進去，因而命運走勢較能有所調整。

福德宮

判斷個人精神感受、福分及勞碌、宗教信仰的宮位。

疾厄宮

對疾病的抵抗能力，了解個人健康狀況，較易患何種疾病。如想從命盤中看一個人的健康，必須結合父母出生年，精準度才會更高，因為二十多萬人共盤，其實還是可以透過更多線索，讓命盤呈現更細緻的意義和徵兆。

父母宮

可看出父母及人的遺傳疾病，父母親的狀況及和父母的緣分、互動情形。

上述十二宮宮位與宮位之間環環相扣，互相影響。以下分成六方面來談，每一對宮位皆有較深關係且互為影響。

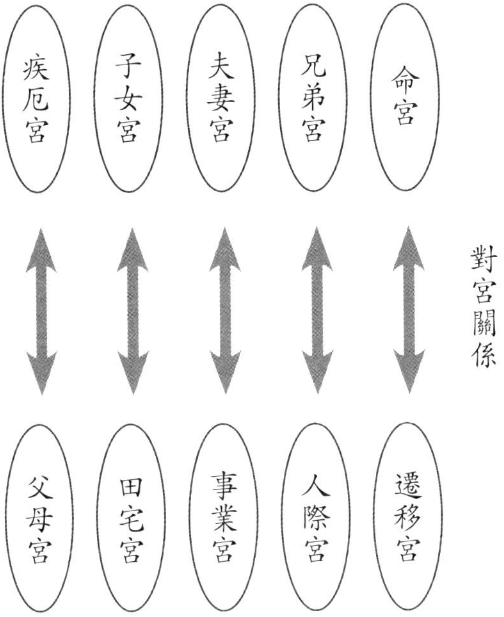

（二）宮位的類別：

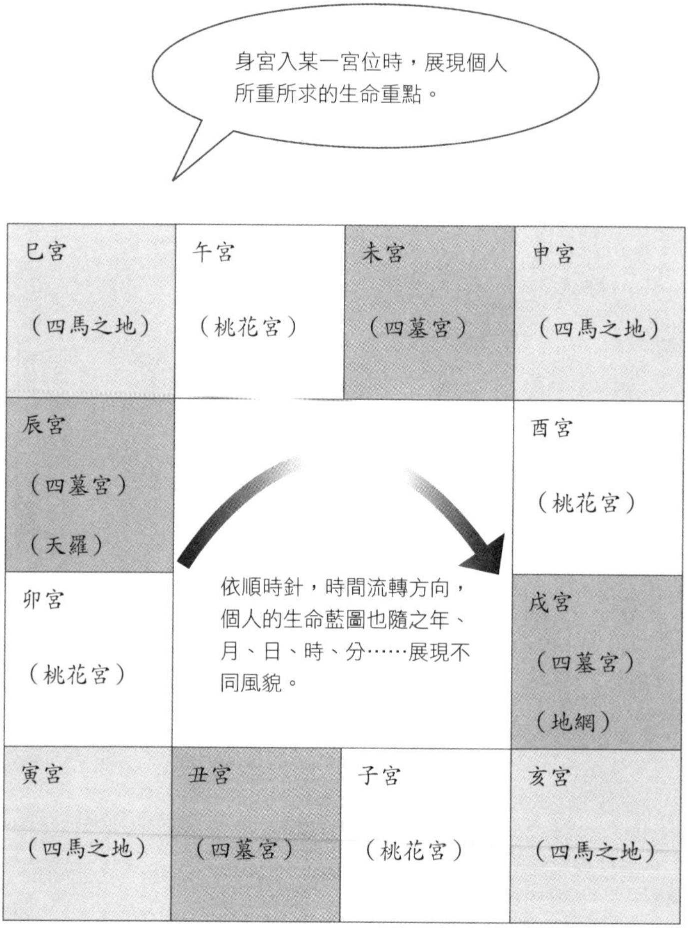
身宮入某一宮位時，展現個人所重所求的生命重點。
巳宮
（四馬之地）
午宮
（桃花宮）
未宮
（四墓宮）
申宮
（四馬之地）
辰宮
（四墓宮）
（天羅）
酉宮
（桃花宮）
依順時針，時間流轉方向，個人的生命藍圖也隨之年、月、日、時、分……展現不同風貌。
卯宮
（桃花宮）
戌宮
（四墓宮）
（地網）
寅宮
（四馬之地）
丑宮
（四墓宮）
子宮
（桃花宮）
亥宮
（四馬之地）

甲、四敗之地（桃花地）：在子、午、卯、酉宮。

桃花可分好壞：

- 好的桃花多半會吉星：指好的人際讓人「春風得意」。
- 壞的桃花多半會煞星：指壞的人際關係如XX之狼。

乙、四馬之地（動的宮位）：在寅、巳、申、亥宮。

- 好的宮位：代表為人好動、機敏。
- 壞的宮位：代表漂泊不定。

丙、四墓之地（隱藏宮）：在丑、未、辰、戌宮。

- 好的表示：保護。
- 壞的表示：受限，不易突破。

宮位的陰陽：陽宮表示明顯、突出，陰宮反之。

（三）定盤的四大宮位：影響力一輩子相隨的三方四正宮！

1、共四個宮位。

2、看盤的重點宮位及其對解盤影響要看下列宮位：

命宮＝（看盤的起點及主要重點）
＋對宮
＋左五宮
＋右五宮
＋夥伴（伴侶）

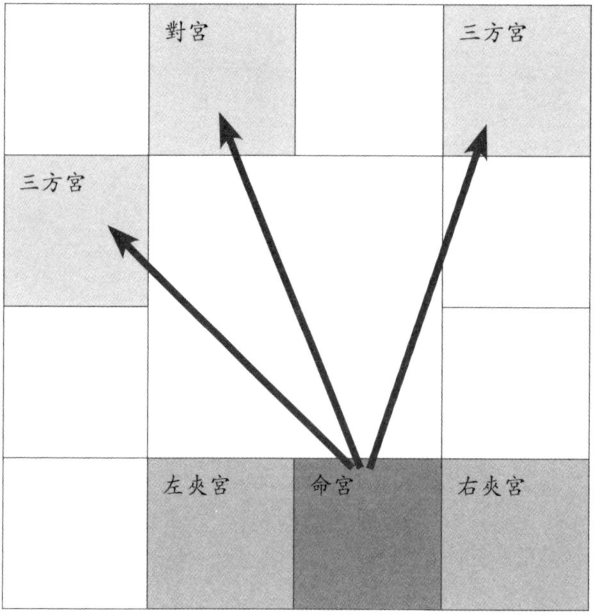

3、本命＋對宮：影響力道最大。

左五宮＋右五宮：力量次之。

看盤時，主要看三方四正＋夾宮力量的互相牽制影響。

4、夾宮：命位的兩旁之為夾宮，好的夾宮發揮了輔助的力量，如較不好的夾宮產生的就是夾制的壓力。

註：三方四正和夾宮的搭配可能的情形如下：

大環境

- 三方四正（強）＋夾
  - 好：輔助（錦上添花）
  - 不佳：夾制（先苦後甘，要靠自己）
- 三方四正（弱）＋夾
  - 好：雪中送炭
  - 不佳：落井下石

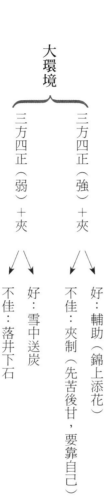

三、番外另一章——特殊情形的詮釋

（一）空宮

命宮如果沒有藍色主星座落，稱之為命無主曜格，稱為空宮。不只命宮，可能其他宮位也都會有空宮的情況。基本上，每個宮位中星曜存在的意義，也相當於「一個家有一個主人」，會表現出該星曜明顯的特性，而主導該命盤某一事項宮發展的方向。

如果是空宮的格局，就會有不穩定的狀況，此時救濟之法是看對宮，從對宮星曜的特色中詮釋此宮的發展，做為解盤時的因應之道。

另外一說是，空宮代表不穩定，同時也代表一種可能性，不盡然全是不好，有時其他宮位格局的輔助，反而在其生命中發揮更好的作用。例如筆者就看過一位女性朋友的例子，命宮是空宮，但她的夫妻宮良好，夫婿經營事業非常成功，因此她只是在家相夫教子的家庭主婦，家庭和樂，美滿幸福。

大致來說，空宮一般而言不是很好就是很差，尤其是有奇格相助時，是可以展現很好的情況。

所以我們認為如同古人所言「天生我材必有用」，每個人都有其社會定位與價值。古人所謂一命二運三風水……以現代來說更應修正為一命二運三「人際」——在了解自己生命中某些不足或缺陷時，預先有心理準備，並且可以積極尋找因應之道，我們相信，每一個人都可以把自己的生命經營得很圓滿。

◇不傳之秘◇

命宮無主星（藍色星曜），又稱為「空宮」，小時候常有下列情形：

A．非父母帶大（如父母忙或不在，由奶奶、奶媽等帶大）。

B．最好有認義父母或認神、祖父、伯父、祖父兄弟為父母，或有養父母、乾爹媽等（如認關公等神而為其義子）。

C．健康情況不好，甚至幼年夭折。

D．小時候隨父母漂泊。

（上述情況皆有可能出現，但也有看過命宮是空宮，但後來當縣長的命例。）

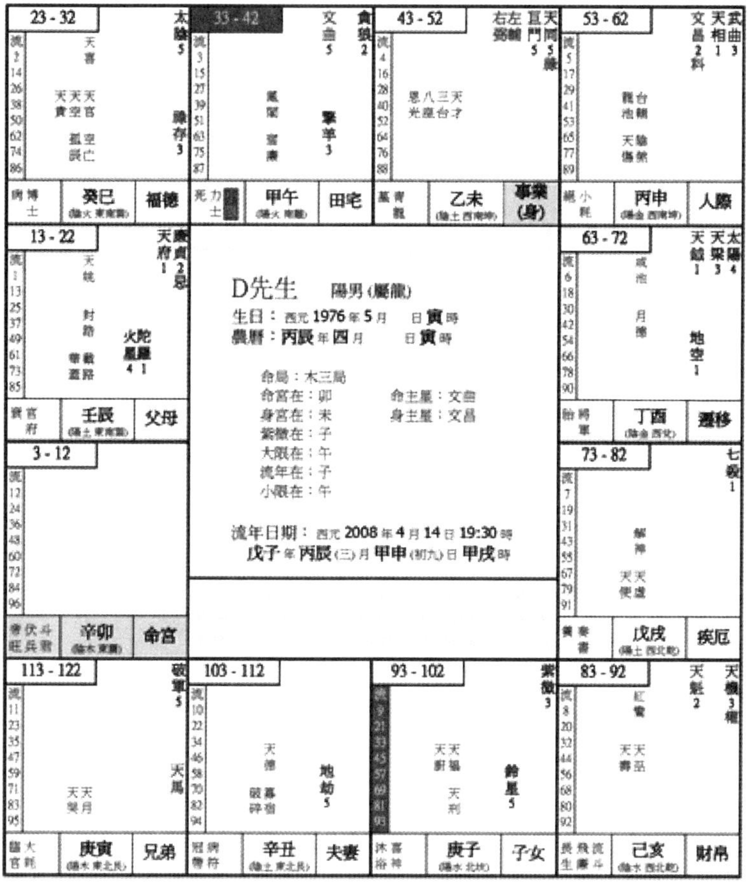

案例解盤大印證

命宮為空宮，表示一種不穩定。因為如同一個地方沒有主人。據命盤提供者表示，命主小時易哭鬧，而小孩的確也有再以伯公為義父的情形。

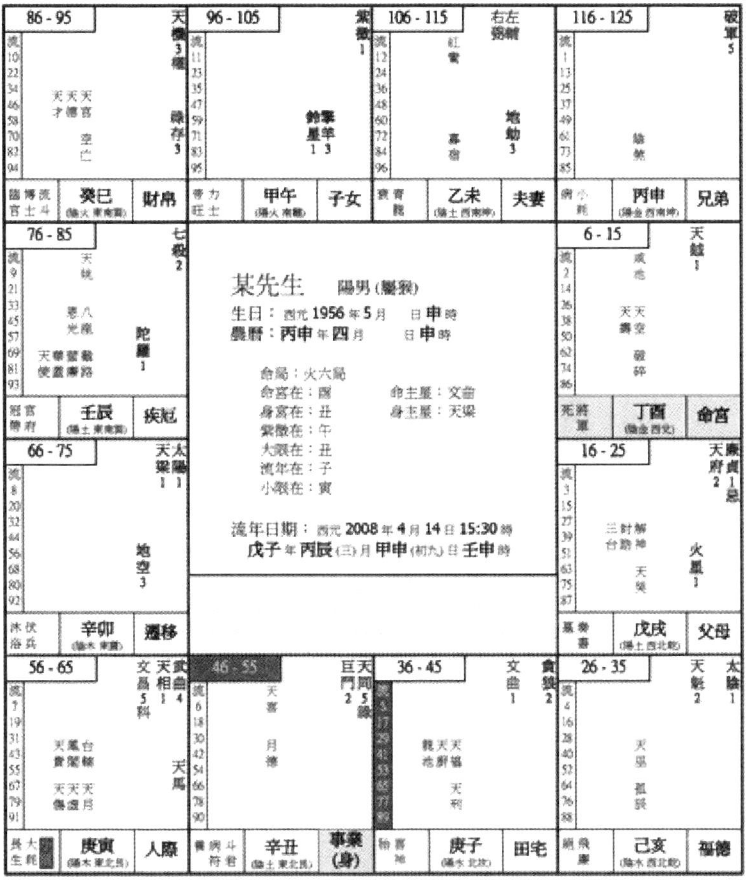

案例解盤大印證

命宮無藍色主星入座，也算是空宮的一種。據命盤提供者表示，命主小時候由阿媽帶大，有認義母。

（二）雙胞胎命盤

一張命盤代表一個人，但判斷時不能以單星、單宮片面做觀察及說明，筆者被問到太多此例，事實上要精細推論，全盤推論才能更接近命盤要表現的生命意義。

如依此原則來看，雙胞胎在同一時間出生，如果不是剛好在前後時辰上，而只是同一時辰只差幾分鐘，這樣的情況應如何解決？

首先我們要先分析雙胞胎可能的情況：

同一時間出生

→ 同卵雙生，長得很像，幾乎無法分辨

→ 異卵雙生長得像，但仍有差異可以分辨

甲、異卵雙生的情況是：「命宮」為先出生者的命宮，對宮「遷移宮」為後出生者的命宮。

乙、同卯者：二者同命盤，命宮在同一宮位，共享一張命盤。但如果帶關係人進去，如男友、先生，會牽動運勢，使其中的不同表現出來。即便是同一個時辰出生，日後的際遇也大不相同。

丙、如果是多胞胎的情形，則第一位就用原出生時的命宮，第二位、第三位……就依兄弟宮、夫妻宮、子女宮……順遞下去的次序做為該命主的命宮。

◇不傳之秘◇

命宮有左輔或右弼時，雙胞胎的機率比沒有者來得高。

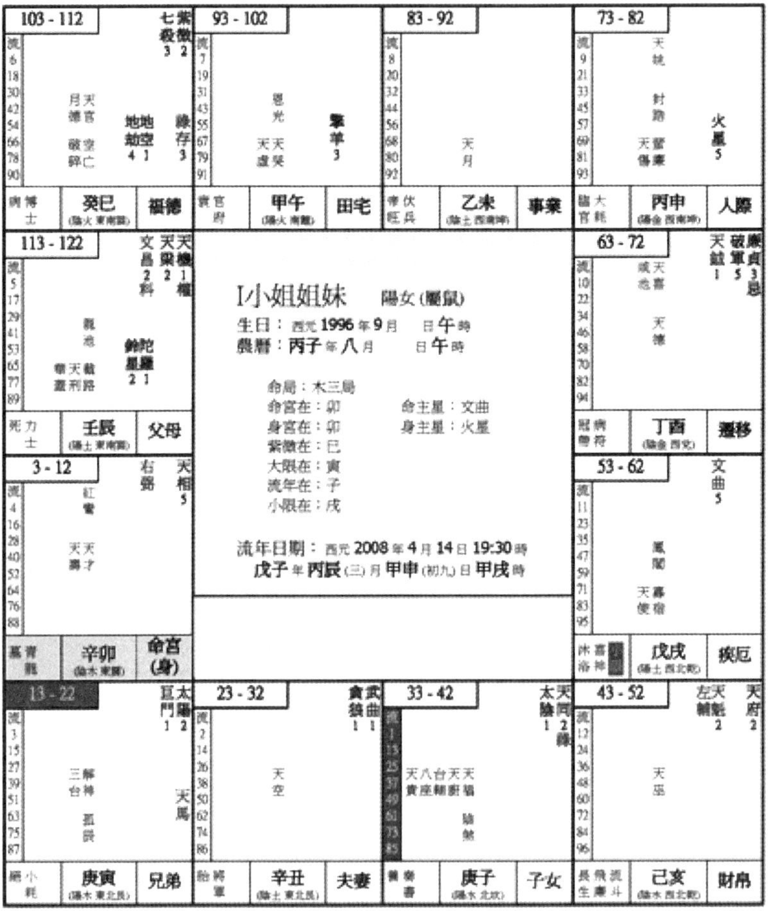

中央命盤資料

I小姐姐妹　陽女（屬鼠）

生日：西元 1996 年 9 月　日 午 時
農曆：丙子 年 八 月　日 午 時

命局：木三局
命宮在：卯　　　命主星：文曲
身宮在：卯　　　身主星：火星
紫微在：巳
大限在：寅
流年在：子
小限在：戌

流年日期：西元 2008 年 4 月 14 日 19:30 時
戊子 年 丙辰（三）月 甲申（初九）日 甲戌 時

命盤十二宮

宮位	大限	主星	其他星曜	干支	宮名
巳	103-112	七殺3 紫微2	地劫4 地空1 祿存3 月德 天官 破碎 空亡	癸巳（陰火 東南巽）博士	福德
午	93-102	擎羊3	恩光 天虛 天哭	甲午（陽火 南離）貫宮府 伏兵	田宅
未	83-92		天月	乙未（陰土 西南坤）帝旺 伏兵	事業
申	73-82	火星5	天姚 封誥 天廚 天傷	丙申（陽金 西南坤）臨官 大耗	人際
酉	63-72	天鉞1 破軍5 廉貞3 忌	咸池 天喜 天德	丁酉（陰金 西兌）冠帶 病符	遷移
戌	53-62	文曲5	鳳閣 天嘉 天使	戊戌（陽土 西北乾）沐浴 喜神 冷神	疾厄
亥	43-52	左輔2 天鉞2 天府2	天巫	己亥（陰水 西北乾）長生 飛廉 流斗	財帛
子	33-42	太陰1 天同2 祿	天貴 八座 台輔 天廚 天福 陰煞	庚子（陽水 北坎）養 奏書	子女
丑	23-32	貪狼1 武曲1	天空	辛丑（陰土 東北艮）胎 將軍	夫妻
寅	13-22	巨門1 太陽2	三台 解神 孤辰 天馬	庚寅（陽木 東北艮）絕 小耗	兄弟
卯	3-12	右弼5 天相5	紅鸞 天喜 天才	辛卯（陰木 東震）墓 青龍	命宮（身）
辰	113-122	文昌2 天梁2 天機1 科 權	龍池 鈴星2 陀羅1 蜚廉 天哭	壬辰（陽土 東南巽）死 力士	父母

案例解盤大印證

這是一對雙胞胎命盤，依據前一頁所述的看法，「命宮」代表姐姐的「命宮」，「遷移宮」（與命宮相對）代表妹妹的「命宮」。由命宮來看，姐姐有天相、右弼星入座，且由於紅鸞星的影響，長相漂亮可愛，臉上可能有酒渦；對妹妹來說，命宮（即姐姐的遷移宮）有廉貞、破軍、天鉞星，且因有天喜星入坐，所以有表現出笑臉迎人的特性。

就子女宮來比較，姐姐的宮位比較好，有天同星和太陰星入坐，妹妹的宮位呈現較不佳，因為是空宮，所以不穩定，可能不易有子女，另外又由於有擎羊，相當於利器，所以可能有開刀或拿小孩的情況發生。

第三章 命盤啊，請許我個未來

在命盤大致宮位都確定之後，我們要先說明一個重要觀念：星曜有其屬性，以及主掌影響的層面，這部分為求行文完整，容筆者留待第四、五、六章時，再專章探討詳述。

一、「亮不亮？」「有關係！」

——星曜亮度漫談

關於紫斗學習的課程中，星曜亮度對於我們解盤時的意義解讀有著重要方向的指引，因為它代表了吉凶，也驅動整個命盤走勢的表現。因此，我們在此必須先探討其背後產生的原因，如此才能洞悉命盤中千變萬化的脈絡軌道。

一顆星曜在生成的環境中，可能因為相生相剋的條件，而增強或減低其亮度。這個環境因素主要是因為十二宮位中命定的特質，這個特質由「五行」和「陰陽」這兩個重要詮釋宇宙觀的定律所掌握。以下試分析五行及陰陽的觀念。

（一）五行——所有學問衍生的基礎

五行是構成宇宙及命運最基本的元素，也代表宇宙萬物五種變化和性格，四季的演變，日月的運行，亦以五行為數；人的一生遭遇，也如同春夏秋冬的循環，看似複雜，仔細研究，實有一定軌跡可循。五行：即金、木、水、火、土等五種物質。

對於「金木水火土」的定義要先清楚，才能進一步談到運用時的概念。從命名來看，五行其實不只是「名詞」，同時更代表的是該類物質屬性所衍生的「形容詞」。從屬性來看五行其意義如下：

五行	性質	引申意義
金	堅硬	中心凝聚，有收斂、剛銳、砍伐的力量。
木	曲直而上	四方發散，有生長、蓬勃、向外的力量。
水	彎婉而下	向下流散，有流動、自由、向下的力量。
火	火炎而上	向上擴升，有光熱、膨脹、向上的力量。
土	包容性強	左右移動，有厚重、雜陳、向內的力量。

金木水火土代表大自然的和諧和平衡，生（以單向箭頭表示）代表順利，剋（以雙向箭頭表示）代表互相衝突。其相生相剋的情況如下：

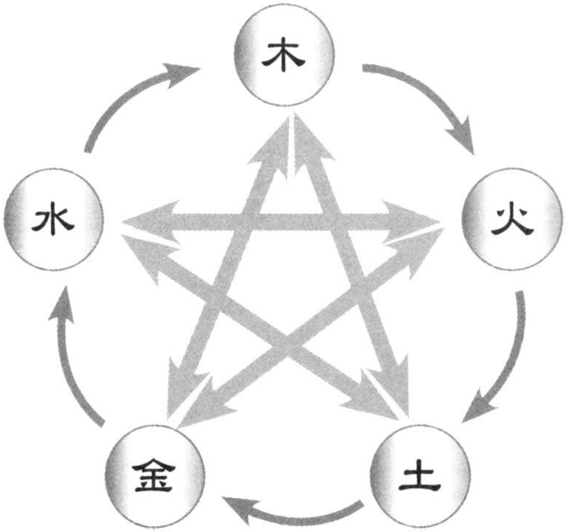

註：「火金相剋」、「金木相剋」的情況算是相剋的情形中，比較嚴重的狀況。

「金木水火土」＋「陰陽」兩個觀念，總共衍生十種變化，但「兩個金」加「一個火」，則又衍生出一種變化。如同筆者所發明闡釋的「吳式定律」——同樣是死亡，但有限類別及輕重程度的表現，以及出現時不同的時間點。

註：吳式定律指「結果＝組合」

5 = 3+2
5 = 2.9+2.1
5 = 2.88+2.12
……

人生從出生到死亡約有32萬個事件（80歲為例＊365天＊12時辰），如以兩小時計算一次，五行組合也可以針對此加以解釋。

◇五行的順序應為：木火土金水

陽（代表符號為：＋）：旺、明顯，人體的後面、男性、上面

陰（代表符號為：－）：凹陷、不明顯、人體的前面、女性、下面

註：因人出生時是彎曲的，背部是明顯可見，前面部分是遮蔽，所以後面屬陽，前面屬陰。

（二）生剋制化的關係

陰陽彼此相對應之間，會衍生出下列幾種可能，舉婚姻為例：

陽（＋）
- 陽：不盡相生（順利）→ 離婚
- 陰：相生（次佳）→ 白首到老但是爭吵不休

陰（－）
- 陽：相生（最佳）→ 白首偕老
- 陰：不盡相生（最差）→ 反目為仇

這種相生相剋的對應關係，表現在星曜和宮位相對應時，就是所謂亮度。

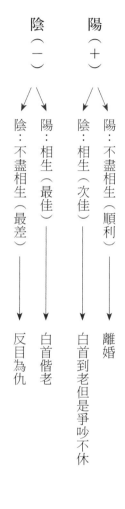

（三）當星曜「遇上」基本命盤各宮位

每顆星曜如同種子，命盤如同土壤，不同的種子落於不同的環境中時，會有適合不適合的問題，因此衍生為相生相剋的情況。相生相剋的程度就用數字來表示，越相生時亮度越高，顯示這顆星曜種子種在極度適合的命宮土壤之中，因此可以如魚得水。

上述十二宮位的陰陽五行是固定不變的，每個人出生命盤上星曜座落的位置不同，由於星曜亦各有其屬性，此時星曜與宮位產生的相對應關係形成生剋制化，也就是亮度表現。

星曜的亮度按古人說法可以分為五級，對照我們為將紫斗學推廣得更容易的說法，分別以數

陰火	天梁 陽土	陰土	陽金
陽土			陰金
陰木			陽土
陽木	陰土	陽水	陰木

字來表示，數字越小，亮度越高，代表星曜展現出來的影響越吉，反之則凶。關於亮度，茲列表如下說明之。

星曜亮度古今說法對照

古云	亮度	陰陽搭配情況	制化關係
廟	1	陰生陽	相生
旺	2	陽生陰	相生
地（或稱利）	3	陰陽比旺	不生不剋
閑	4	陽剋陰	相剋
陷	5	陰剋陰	相剋

例如天梁星屬陽土，依五行關係來說，火生土，所以如果座落於上述位置中屬相生關係，所以亮度為1。

二、南與北的戰爭！

——星曜屬性分析

每個人的宮位中，除空宮外，都有星曜座落，星曜可分為北斗、中斗、南斗，其代表意義及影響層面如下表所示：

類別	北斗	中斗	南斗
代表符號	N	C	S
屬性	剛	剛柔並濟	柔
代表時間	上	全部	下
以大限舉例	主上五年影響	主全部十年影響	主下五年影響
（流年月日以此類推……）			

主要是看大限中，星斗屬性為北、中、南斗何種類別，且以藍色主星為判斷的主要依據，如為空宮，則看對面宮位的星曜屬性為何。很多時候，在宮位中不只一顆藍色主星，此時可能衍生下列六種情形：

（一）若兩顆皆為北斗星時

以地軸有偏23.5度的傾向，地球自轉的速度來說，北極轉較快，南極較慢，中間赤道部分速度中等；再加上地方風土民情展現的現象中，北方人較為陽剛、慓悍、早熟，南方人則較柔軟、相對晚熟，因此引申北方就會有早發的現象。

這裡所謂的「發」是指發生，不論是好的或者壞的事都算，指的是提早顯現出來的跡象。

如果用圖表來示意如下，以十年的時間來說，上五年時現象就會先發生出來。

例如廉貞、破軍及其他兩顆北斗星同在一個宮位時易有此現象。

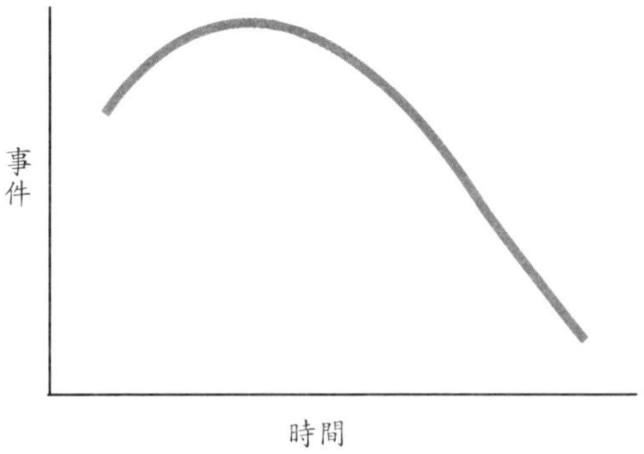

(二)若兩顆皆為南斗星時

如圖所示，以十年的時間來說，下五年時現象才會發生出來，所以相對是較晚發。例如天同、天梁星及其他兩顆南斗星在同一個宮位時都有此現象。

(三)若一顆中斗星，一顆北斗星時

如圖所示，以十年的時間來說，前五年時現象就會發生出來，且事件有延續性。例如太陽、巨門星及其他兩顆中斗和北斗星在同一個宮位時都有此現象。

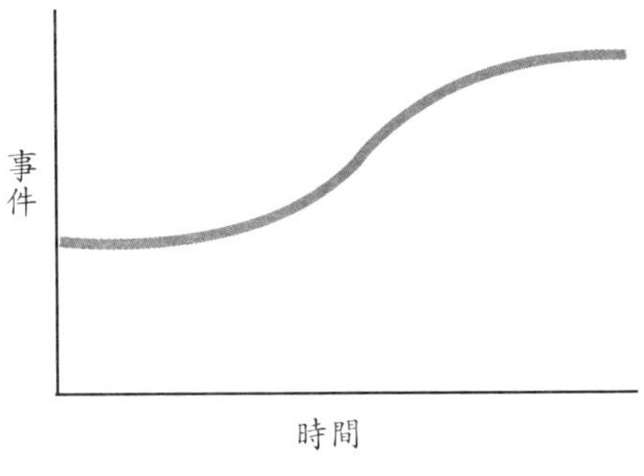

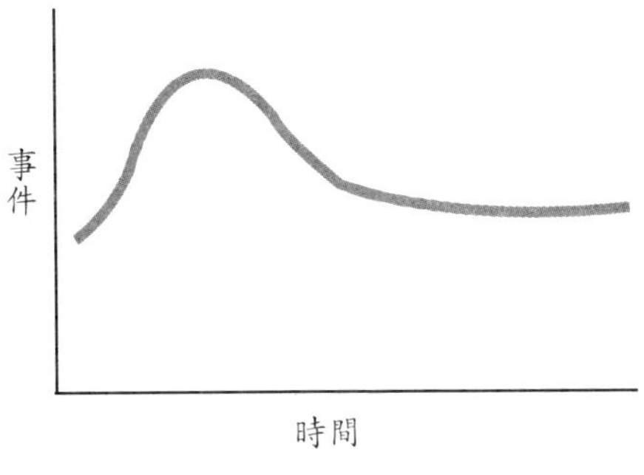

（四）若一顆中斗星，一顆南斗星時

如圖所示，以十年的時間來說，後五年時現象才會發生出來，且事件有提早性。例如太陰、天同星及其他兩顆中斗和南斗星在同一個宮位時都有此現象。

（五）若兩顆皆為中斗星

如圖所示，以十年的時間來說，後五年時現象才會發生出來，且事件有提早性。例如太陰、太陽星及其他兩顆中斗星在同一個宮位時都有此現象。

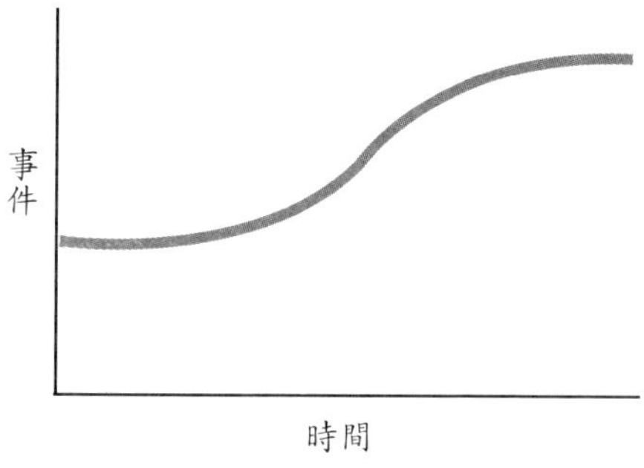

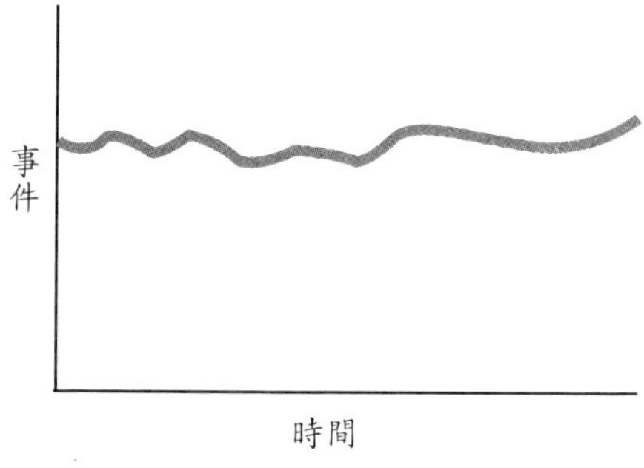

（六）若兩顆星，且一為北斗，一為南斗星

如圖所示，以十年的時間來說，前後五年會分別表現出北斗星早發的現象，後半期呈現南斗星晚發的現象。例如紫微和天府在同一個宮位。

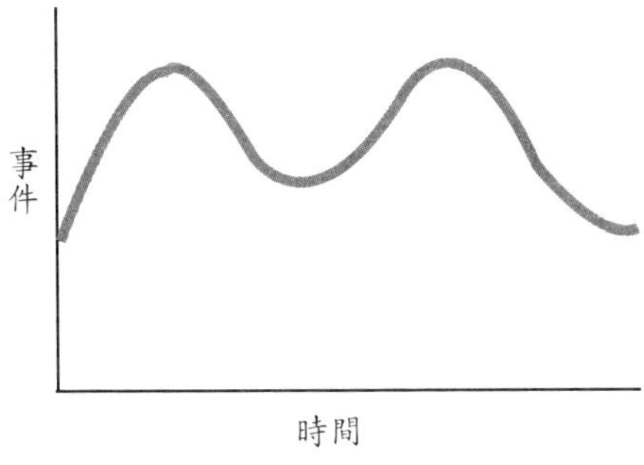

三、生命的另類修煉，世界的各種可能——紫斗生活運用

生活有目標，勇敢向前走！

由於我們的生活和情緒常在各種資訊的傳遞裡起伏，因此常可能隨波逐流，迷失方向，在「盲」與「茫」裡瞎「忙」，因此筆者建議不妨可以紫斗做為一種生活、生命的方向盤，在個人生命出現困惑時做為指引，在生活中參看紫斗的驗證，在紫斗顯示的趨勢裡找到更清澈的出路。

（一）命盤氣象台——未來新聞搶先報！

生命中的現象，命盤中定可以找得到解釋的符號，命盤中的星曜組合，生命中也定有所反應。命盤

如同天氣預報站，你可以先窺一二，預做準備。

古人說「見微知著」，生活中我們對資訊應有一些敏感度，才能利於應變，例如：

1、身體的變化、家中成員異常的表現……

2、近來情緒不好，可以看一下命盤，它就像生命偵測器提示著你。

1、生命的下一站目標，身心的又一處落腳：

由於命宮代表的先天的條件，因此在看盤時不妨多著意於身宮的研究，因為這代表的是四十歲之後，也就是人生後半場的發揮空間和可能，預測也是為後半人生先暖場的重要方法。

命宮是看個人的個性，代表先天環境；身宮看的是個人的未來，指的是後天的表現。由於時間是不斷往前走的，人可能受限於命宮的性格，但卻可以透過後天的努力而改變自己的生命。三年的沉潛換得了十年的好運，這樣的投資報酬率是相當高的，所以如果身處谷底，不妨在心態上做調整和學習的準備，以期迎接下一階段的柳暗花明。

基本上，紫斗是一種邏輯性的推理，規則性的累積，因為同一出生時辰而與我們共盤的人非常多，就如同同在一條河流裡的魚，雖然表面或短暫看來，大家身處同一個情況（同一張命盤）之中，但是在牽涉到個人身邊關係人的帶動，整個命盤就會走向不同的發展了。

如果命宮好，加以身宮又好，則「終身到老」，這是最好的。命宮不好，而身宮好時，代表早年辛苦，但可安享晚年。一般來說，身宮好的人較不會有意外死亡的情況。

命宮好而身宮不好的，代表早年好命，但晚景淒涼，所以這也屬於較不好的格局。筆者看過一例：某建設公司老闆，早年工作賺幾十億，但晚年卻租屋獨居。因此如遇此種格局，最好是有好的伴侶或子女就近照顧，要不就自己得準備一筆退休金。

命宮不好，加上身宮又不好，則有早年也辛苦，晚年也淒涼的可能。

所謂：「知天命，少錯誤，多成果。」學紫斗無非是一種對未來的預測及提早防範的做法。

2、穿越生命迷霧，重建命運軌道：

在諸多親友的關愛和傳統的說法中，常常讓我們無法客觀的看清楚事情的發展概況和可能性，是以建議應該回歸到個人去思考問題，才能切近問題，解決問題。

此外，要去除很多雜音，很多媒體消息都不免因為宣傳的效果，或某些利害關係而不見得報導客觀公正的訊息，因此對訊息本身及來源也都得有重新評估的必要；此外，媒體的角度對於個人的需要來說也未必切近，因此更需慎重。

學習排盤可以透過紮實地演練而獲得更精確的判斷線索，紫斗是靠個人努力，並非鬼神通風報信，因此自己努力來的知識是自己一輩子受用不盡的。生命中的現象，命盤中一定可以找得到解釋的符號，命盤中的星曜組合，生命中也一定有所反應，此中涉及到28萬甚至到567億種的排列組合，顯示精密度相當高。

命理告訴我們的是一種規則性、共同性，但不代表一定完全會依命盤走勢而行，共盤者有數萬人，所以我們在推論時會依命盤來說明，好壞程度不一，尤其需要釐清要注意的是，不可把命盤絕對定位於諮詢者身上。

在懂命理之後更要慎言，紫斗只是告訴我們有關「大環境的溫度」，至於諮詢者本身是什麼樣的特性，屬於什麼樣的「植物」，有怎樣的「生命力」，實則看個別情形而言。所以命理是一種相對論，而非絕對論。

紫斗命盤中是頗有許多趣味性可資驗證的，光看命主的「月」和「時」就可以推得許多東西。例如：農曆3／15午時出生，排盤時就可以以定寅首的方式，順時至生月為命宮，再逆時至生時就是身宮。跟親友推算時大概知道他有沒有兄弟姐妹，在四墓庫可能代表有兄弟姐妹沒有長大，四墓代表晚，子女宮在四墓庫者，代表晚得子，而疾厄宮在四墓庫中，代表受到保護，較不易生病、受傷的意思。

如要看長相像父或母，如諮詢者提供「兩個都像」的說法，則代表其出生時間從午時到下午時段都有可能，也就是時間剛好落在陰陽交接之處。如有探病的情況，建議是白天上午的時間去較好，陽剛之氣較重，對病人及探病者都好。如命宮在四馬之地者，代表生活較為活躍，如卡車司機或運動員……等。

3、預估「谷底翻身日，揚眉吐氣時」！

谷底多半指的是人生的轉折點，就紫斗的應用來說，就是看個人的大限。大限如果好，流年就不會太差。就算在谷底，也可以預測大概有多久的時間，在心情上也比較可以做一些準備。

就紫斗來說，個人命盤顯示出，大限轉換時大多會有人生的轉折點，由於時間會往前走，命宮代表小時候的成長環境，而身宮是未來命主生命歸屬重要的走向。

而身宮既然相當於這個命主未來的生活趨勢，則可視為未來重要的生活目標，因此可與命宮對照參考，在去除雜音之後，可以預期到何時由「谷底翻身」。而這種生命中的重大改變時刻，多半是指大限時期，例如命盤上顯示的「35—44歲」、「45—64歲」等。因此，個人有時可以在大限之前先做沉潛，為後來的發展預做準備。

筆者一直建議一般人在生活和生命想法上應更為樂觀。有讀者問過：「身宮也是命盤上已經排定的，那麼要如何去改變或因應？」筆者建議，身宮的特性為何，就努力找跟自己身宮中該星曜特性相同或相近的，更有助於自己。古時所謂的「一命、二運、三風水、四積陰德、五讀書」的說法，至少應改為一命、二運、「三人際」，人際財早已是現代個人資產相當重要的一環。

安排工作取向時，透過紫斗可以就最好的大限為目標，去做職場規畫，看當時可能需要什麼技能，對當事人來說，可以從現在就開始培養。

回顧過去愈久，看未來就愈遠。英國前首相邱吉爾曾說過，人有一定的行為模式可以追溯——逆著個性做事即可有所成。

常言道：「個性決定命運？」——其實，個性是可以修改的，透過個人修行及團體的人際互動中，個體會慢慢調整自己的性格趨向。例如：性剛的人好吃辛辣重口味，性柔的人較好清淡飲食。

大致來說，個性可以分為兩類：

類型一的人一般是指較積極、外向，類型二的人一般是指消極、內向。人的行為受制於思想，採取怎樣的心態就產生什麼樣的行為，而種種行為的累積就是一個人的人生。

多半我們看社會上極為成功的人士就是經過歷練及努力後成為個性剛柔並濟的人，因為過剛易斷，過柔不成材。運用於紫微斗數的說法，也就是命宮身宮如果可以剛柔並濟，才能成就不卑不亢的生命態度。

（二）諸事宜不宜？——趨吉避凶的擇日學

大自然昭示著我們恆常不變的規則——
春天時，每下一次雨，溫度會升高；
秋天時，每下一次雨，溫度會下降。

在紫斗中，個人生命軌跡在命盤中可以看到流日、流月的時間循環，因為陰陽循環的道理，印證於我們每個人生活中。而看個人運氣時，最常用的是流日的運勢，舉例來說，如果11／7如果當天運勢很好，那麼11／9將也會不錯，11／11通常也還是會順利的……。

所以自己不妨多觀察生活中事件的規則性，掌握其中節奏之後，對於將來的預測大有幫助，也能做最有利於自己的安排。

四季有一定的規則性，應用於紫斗之中的關係如下：

第1、3、5、7、9……「單數」天

第2、4、6、8、10……「偶數」天

陰陽是循環的，以每一天來說，也有單數和偶數天數的循環。一般而言，三天為一小循環，五天一中循環，七天一大循環，這樣的觀念也適用於全球經濟的大環境上，三年一小循環，五年一中循環，七年一大循環。

黃金「七小時」法則：

在國外有所謂「Lucky 7」的說法，話說解不開的問題，過了七小時再想，想法和念頭會改變，而有更好的觀點和創意出現。這樣的一種原則，相應於紫斗的命宮與遷移宮相對，相差七個宮位。

覺悟吧！——關於覺悟的三部曲

1、認清事實，對事情有全盤的瞭解

2、轉變觀念——想通，才不會被誤導

3、知命並去實踐

有時候，「等待」也是一種處事的重要哲學。急不能濟事，不如暫時讓「時間」這個化學因素的參與，促成事情的轉變。

第四章 星子與生命的對話（上）

——十四顆主星系列之一

在宇宙無垠的空間中，每一個星體都發出光線、熱量、輻射線、宇宙射線……等等，加上本身星體的重力，影響著整個宇宙的運行，也影響到我們每個人的作息與生命。

在人生的路上，我們的生命現象隨著星曜座落於每個人不同的宮位，顯現出不同的亮度強弱，影響每個人生命驅動的方向和特性。

根據每個人的出生時間不同，排盤時都有十四顆主星可以安置於命盤中，各星曜所代表的特性在不同宮位中表示不同的意義。

（一）主副星名稱及其代表意義

紫微系列八顆	太陽系列六顆
紫微	天機
武曲	太陽
廉貞	天同
天府	太陰
貪狼	巨門
天相	天梁
七殺	
破軍	

甲、藍色主星：共十四顆，大多對人生影響為中性，只表達某些特性

藍色主星代表的意義	
紫微：尊貴之神	天機：智慧之神
武曲：財富之神	太陽：光明之神
廉貞：法治之神	天同：溫順之神
天府：食祿之神	太陰：浪漫之神
貪狼：慾望之神	巨門：刻薄之神
天相：服務之神	天梁：清高之星
七殺：戰鬥之神	
破軍：損耗、開創之神	

乙、綠色六吉星：共六顆

綠色六吉星	
文昌	文曲
左輔	右弼
天魁	天鉞

丙、紅色六煞星：共六顆

紅色六煞星	
擎羊	陀羅
火星	鈴星
地空	地劫

註：「遇到好或壞的影響」，術語即是吉星或煞星影響，是指一個人隨著時間的變化，受到外在因素（人、事、物）的影響，如：遇到好（或不好）的長輩及朋友的時候；因本身的個性特質而被幫忙或被誤導，因此每個人也就產生不同的人生境遇，有著不同的人生故事。

（二）隨著時光流失的星曜亮度

如同宇宙間各星體有一定的壽命，顯現在紫斗中，各個星曜自然也有這樣有機性的變化。尤其是命宮主星亮度較亮時，如亮度1、亮度2，代表領悟性較高。

但是同一個人的此顆星曜，在20歲與60歲時自然亮度上也是有差異的。星曜具有生命力的特性，隨著個人生命的成長，由幼年至青壯年再至老年，星斗的亮度也會隨之遞增或遞減，如圖所示。

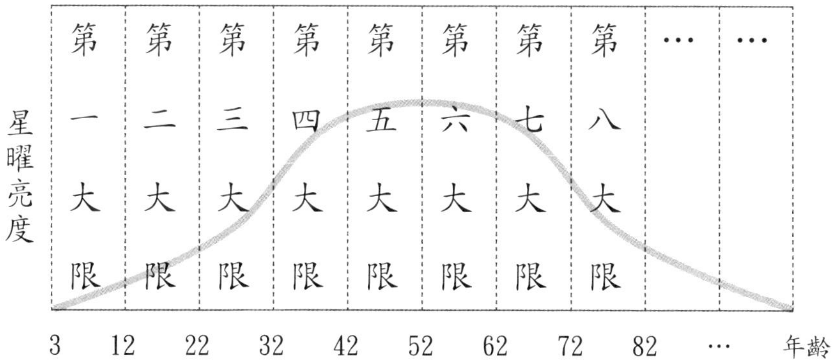

（三）各顆主星屬性

如同前一章，我們已分析星曜中重要的性質：

星曜	北斗：剛
	中斗：剛柔並濟
	南斗：柔

以下將就每個星曜本身屬性及所執掌的範疇分別說明，在紫斗的推算中，用來解釋個人性格及生命趨向的重要內涵，主要是從這些原理衍生出來，因此能否掌握住解盤的重要精神，精確地道出各張命盤的內容，就要看對於各星曜的體會有多深入。

舉例而言，透過星曜屬性在推論個人的個性時，在判斷和表達上的原則務請遵守：1、從剛柔下手加以說明，可以顯現個性的特質；2、勿以好壞論斷，以免失之偏頗。

一、紫微星（皇帝星）：

紫微星	
南北	北斗星（N）
五行	陰土
化	尊
屬性	官祿主

◎個性光譜顯示如下：

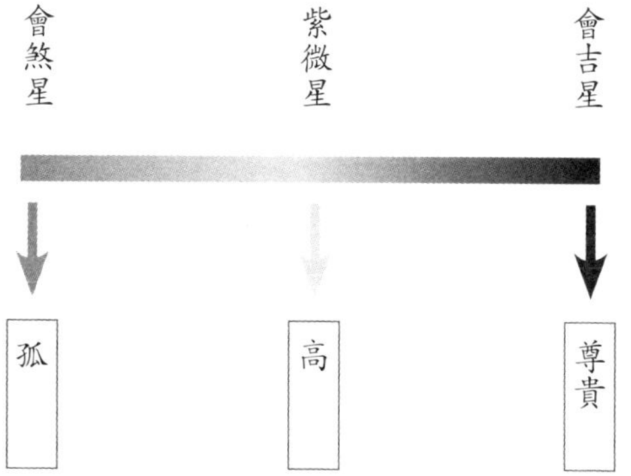

紫微星的特性是剛，好發號施令、尊貴，由於屬「陰」，表示不明顯，「土」表示包容性高，總合而言，屬於包容性強但有原則，多思慮。

會吉星時	
長相	有威儀，長圓帶方。
特性	剛強，多思慮，喜發號司令，具尊貴特質，為社群領導者。

會煞星時	
長相	有威儀，長圓帶方。
特性	孤獨多疑、心胸狹小、欠缺理性、脾氣暴躁、內心痛苦、喜發號司令。

紫微+左輔右弼始稱「吉」格，只有紫微獨坐，無左輔、右弼相會，成孤君，則稱「孤」。紫微星入命宮但無左輔右弼者，建議命主去找命宮中有左輔右弼者幫忙。

13 - 22	3 - 12	113 - 122	103 - 112
文曲 右弼　七殺 紫微 3 2 科 天貴 天才 天虛 流 7 19 31 43 55 67 79 91 庚伏兵　辛巳　兄弟　(陰火 東南巽)	天姚 天府 截路 貫大耗　壬午　命宮　(陽火 南離)	天台 天哭 擎天空 蜚笑亡 帶病符 旺符君　癸未　父母　(陽土 西南坤)	天鉞 1 天德 巫福 臨喜流 官神斗　甲申　福德(身)　(陽金 西南坤)

23 - 32			93 - 102
天機 天梁 2 1 權 紅鸞 八月天座德宮 陰煞 華蓋 1 死宮符　庚辰　夫妻　(陽土 東南巽)			文昌 左輔 破廉 軍貞 1 5 3 恩光 破碎 冠飛蓋廉　乙酉　田宅　(陰金 西兌)

中央：

G先生　陰男(屬豬)
生日：西元 1995 年 7 月　日 丑時
農曆：乙亥 年 六月　日 丑時

命局：木三局
命宮在：午　　命主星：破軍
身宮在：申　　身主星：天機
紫微在：巳
大限在：巳
流年在：子
小限在：寅

流年日期：西元 2008 年 4 月 14 日 15:30 時
戊子 年 丙辰 (三) 月 甲申 (初九) 日 壬申 時

33 - 42			83 - 92
天相 5 觀封地路 天月 祿存 墓博士　己卯　子女　(陰木 東震)			天喜 三台 寡宿 地火空星 5 1 沐奏浴書　丙戌　事業　(陽土 西北乾)

43 - 52	53 - 62	63 - 72	73 - 82
巨門 太陽 1 2 孤辰 天刑 陀羅 5 絕力士　戊寅　財帛　(陽木 東北艮)	貪狼 武曲 1 1 天貴廉 胎青龍　己丑　疾厄　(陰土 東北艮)	咸池 天解 空神 地劫 5 養小耗　戊子　遷移　(陽水 北坎)	天鉞 太陰 天同 2 1 忌 鳳閣 天傷 長將軍 生　丁亥　人際　(陰水 西北乾)

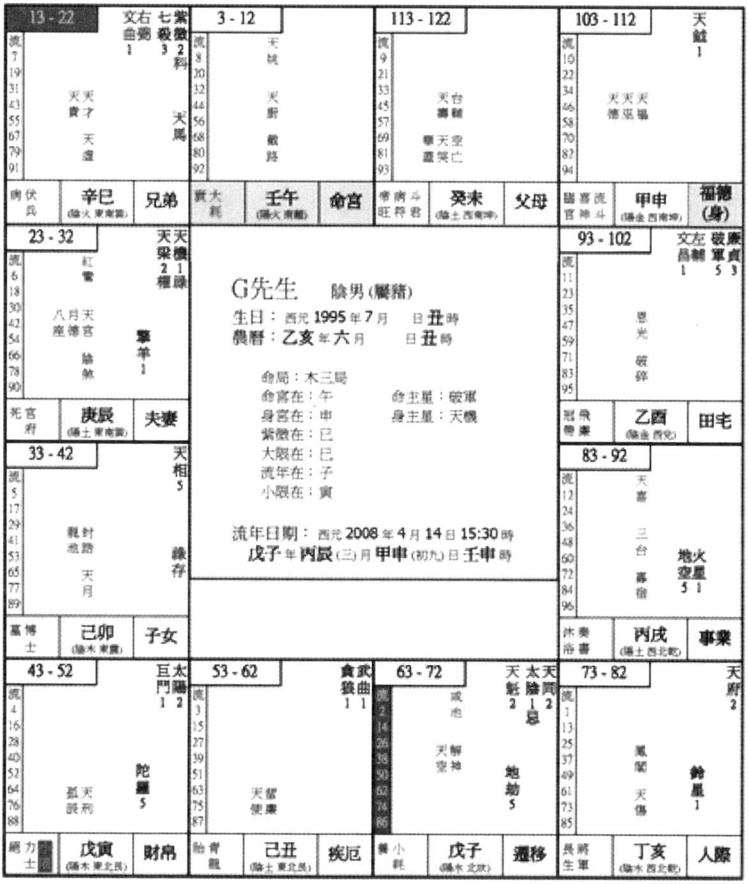

案例解盤大印證

此命盤顯示：紫微星入座兄弟宮，所以跟兄弟姐妹比起來，當事人相對比較弱勢，會受兄弟姐妹照顧。且因為有會左輔、右弼星，所以代表其兄弟姐妹有助力。

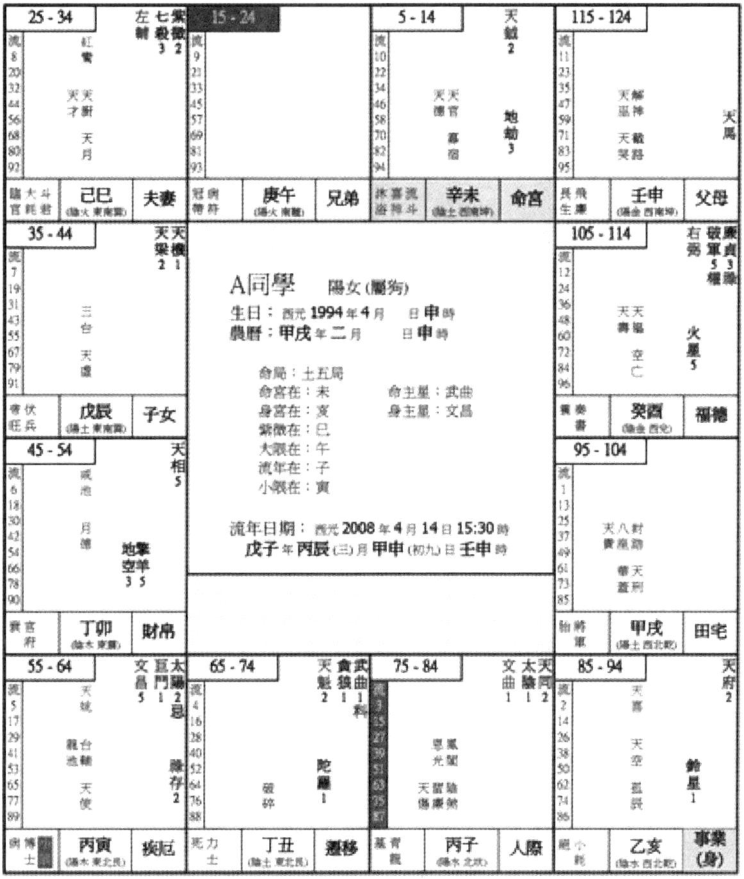

案例解盤大印證

此命盤顯示：紫微星入夫妻宮，且有七殺同宮，當事人在未來有傾向喜歡找有能力的男性（紫微+七殺）做為伴侶，且其對象在社會上未來有一定地位。但女性有猶豫不決的現象。夫妻宮中有紫微及左輔同坐，紫微代表「高貴」，左輔代表「幫忙」、「輔助」，所以命主將來和先生可能會是夫唱婦隨的相處情形。

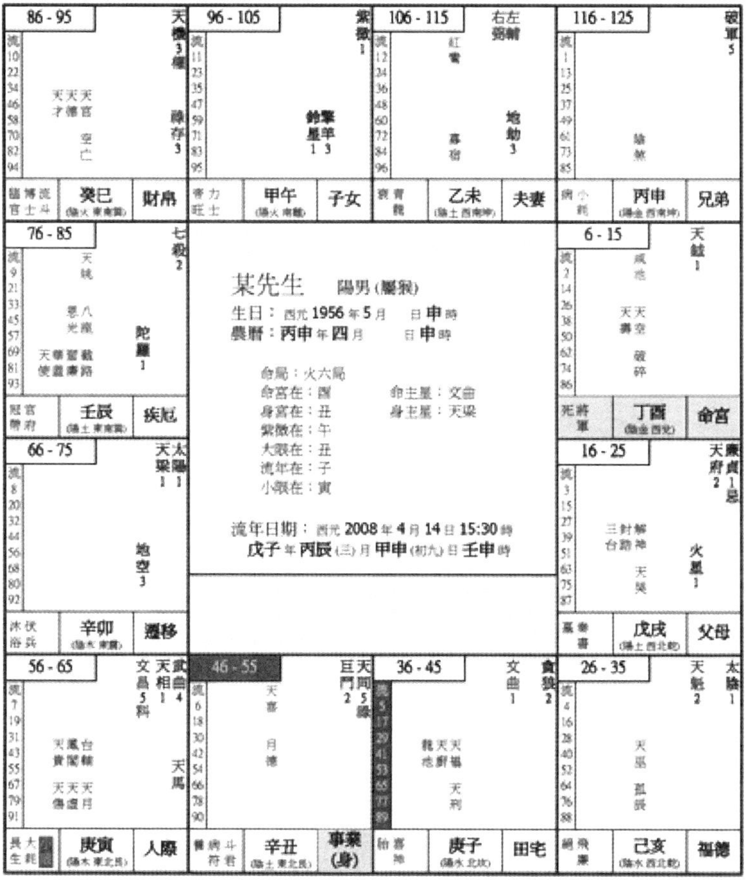

案例解盤大印證

此命盤顯示：紫微星落於子女宮，沒有會左輔、右弼，所以顯現「孤」的味道，孩子不多。又因鈴羊制煞，所以會有成就。再從雙祿夾子女宮的情況來看，子女會備受寵愛。由於紫微星能化煞星為用，所以個性上可能會有高傲和獨斷的表現。

二、天機星：

天機星	
南北	南斗星（S）
五行	陰木
化	善
屬性	兄弟主

◎個性光譜顯示如下：

會煞星　　　　　天機星　　　　　會吉星

過多憂慮　頭腦打結　　善心人士隨緣佈施　反應伶俐　聰明過人

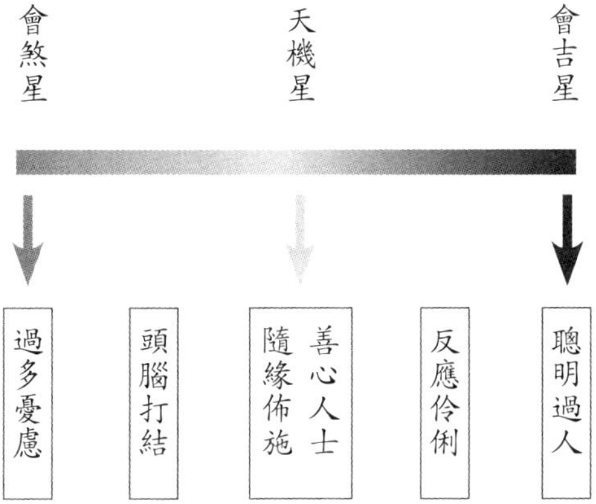

會吉星時	
長相	臉型小圓而長，清秀可愛，眼神聰穎銳利。
特性	聰穎敏捷，好學好動、心地善良，果斷自信，冷靜有魄力。細膩多奇想，善運動及溝通。
會煞星時	
長相	臉型瘦長，眼睛骨溜溜地轉著。
特性	容易畏縮，投機，多愁善感或神經過敏，行為偏頗。

天機星性柔，好發號施令、尊貴，屬陰，表現不明顯，屬木（木屬肝膽經絡系統）。天機的特性是善、動、敏，天機屬於動的星座，聰明為其特性，尤其是對於數理、邏輯推理能力很強。

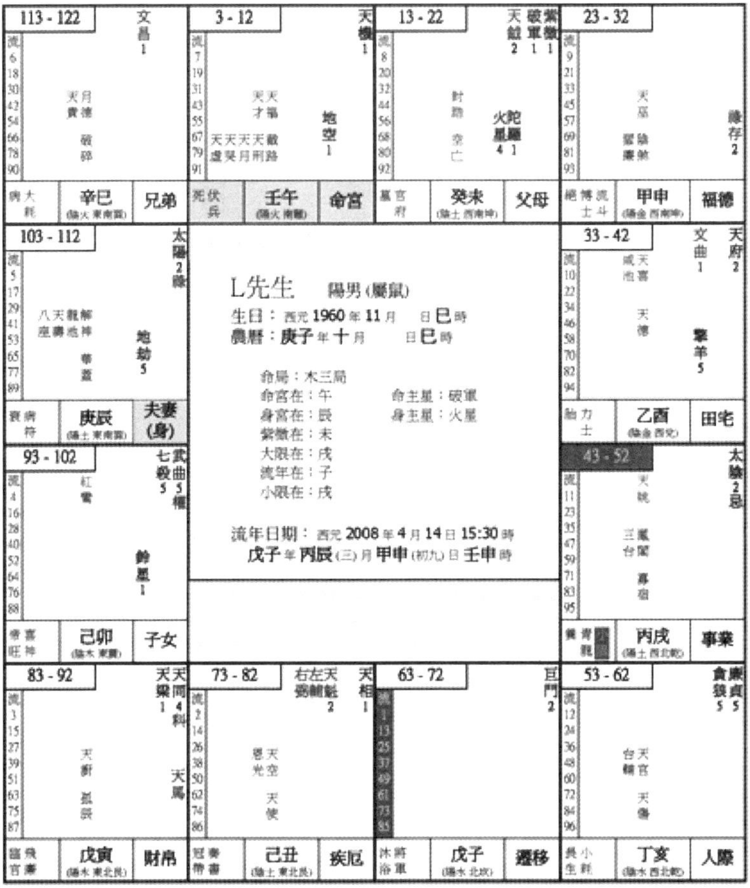

案例解盤大印證

此命盤顯示：天機星在命宮，有心地善良、節儉（如有地劫則會淡化）的個性，天機亮度相當高，所以相當聰明，此外如有桃花星者大多為雙眼皮。

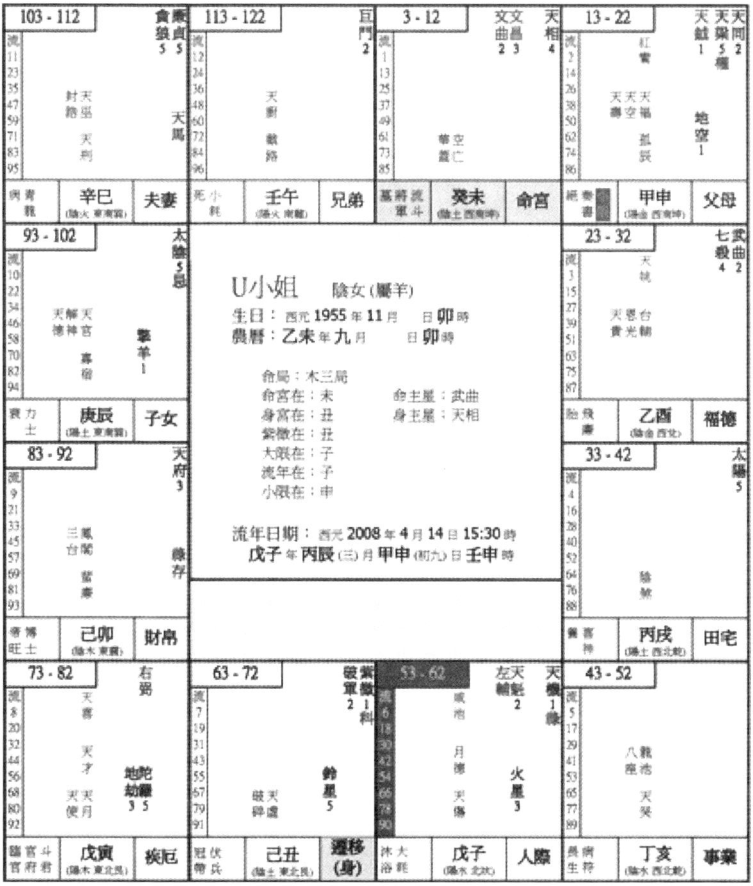

案例解盤大印證

此命盤顯示：天機星在奴僕宮（也就是人際宮），所交友人皆善心人士，甚至有宗教界的朋友。

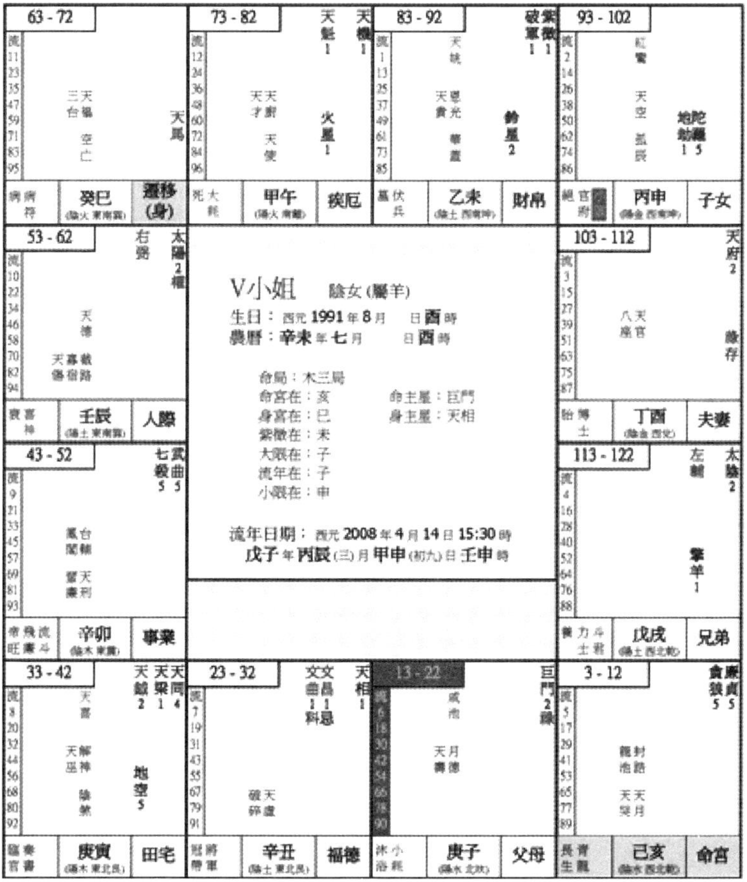

案例解盤大印證

此命盤顯示：天機星在疾厄宮，因天機屬木，所以命主有「肝膽經絡系統」容易受傷的傾向，宜多加小心。

|---|---|---|---|---|---|---|---|
| 流6 18 30 42 54 66 78 90 | 天姚 月德 天巫 天官 天德 天空 天傷 地劫 地空 祿存 4 1 3 | 流7 19 31 43 55 67 79 91 | 擎羊 3 天鉞 天虛 龍池 鳳閣 | 流8 20 32 44 56 68 80 92 | 天使 天月 | 流9 21 33 45 57 69 81 93 | 火星 5 封誥 寡宿 |
| 飛廉 博士 | 癸巳 人際 (陰火 東南巽) | 力士 | 甲午 遷移 (陽火 南離) | 青龍 喪門 | 乙未 疾厄 (陰土 西南坤) | 小耗 長生 | 丙申 財帛 (陽金 西南坤) |

45 - 54	文昌 天梁 天機 2 2 權 科					95 - 104	天越 破軍 廉貞 1 5 3 忌
流5 17 29 41 53 65 77 89	鈴星 陀羅 2 1 天貴 天志 旬空 截路	J先生　陽男(屬鼠) 生日：西元 1936 年 6 月　日 午 時 農曆：丙子 年 五 月　日 午 時				流10 22 34 46 58 70 82 94	咸池 天喜 天德
喪門 官府	壬辰 事業 (陽土 東南巽)					木裕 將軍	丁酉 子女 (陰金 西兌)

命局：土五局
命宮在：子　命主星：貪狼
身宮在：子　身主星：火星
紫微在：巳
大限在：午
流年在：子
小限在：戌

流年日期：西元 2008 年 4 月 14 日 15:30 時
戊子 年 丙辰 (三) 月 甲申 (初九) 日 壬申 時

35 - 44	天相 5					105 - 114	文曲 5
流4 16 28 40 52 64 76 88	紅鸞 三台					流11 23 35 47 59 71 83 95	恩光 陰煞 孤辰
死 伏兵	辛卯 田宅 (陰木 東震)					冠帶 奏書	戊戌 夫妻 (陽土 西北乾)

25 - 34	巨門 太陽 1 2	15 - 24		5 - 14	貪狼 武曲 1 1	115 - 124	天府 天鉞 2 2
流3 15 27 39 51 63 75 87	天馬 孤辰	流2 14 26 38 50 62 74 86	天空 天刑	流1 13 25 37 49 61 73 85	天台 天解 天壽 天才 解神 鄰箔	流12 24 36 48 60 72 84 96	八座
病 大耗 流耗	庚寅 福德 (陽木 東北艮)	喜神	辛丑 父母 (陰土 東北艮)	養 喜神 旺神	庚子 命宮 (島) (陽水 北坎)	絕 飛廉	己亥 兄弟 (陰水 西北乾)

（中下欄：太陰 天同 祿 1 2）

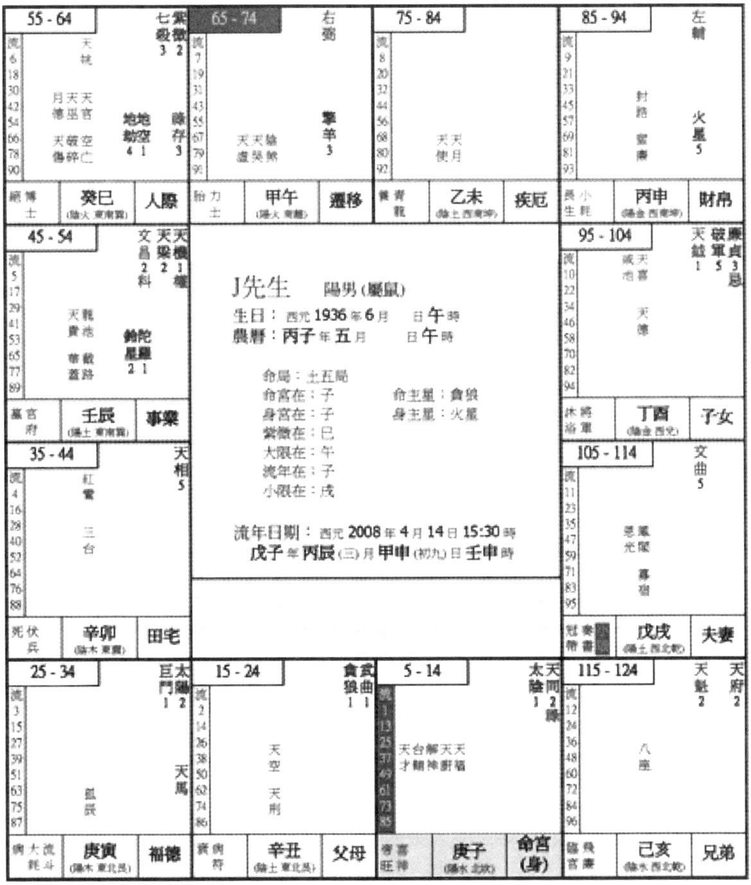

案例解盤大印證

此命盤顯示：天機星在宮祿宮，將來會有被搶劫、有出意外的可能性。適合上班、思考、謀略，一步步循序漸進。這張命盤尤其顯示出命主的做事能力很強，但健康方面要特別注意。據提供命盤者對照表示，當事人昔日以開計程車為業，會多國語言，會翻譯，相當有才華。

|---|---|---|---|---|---|---|---|---|---|---|

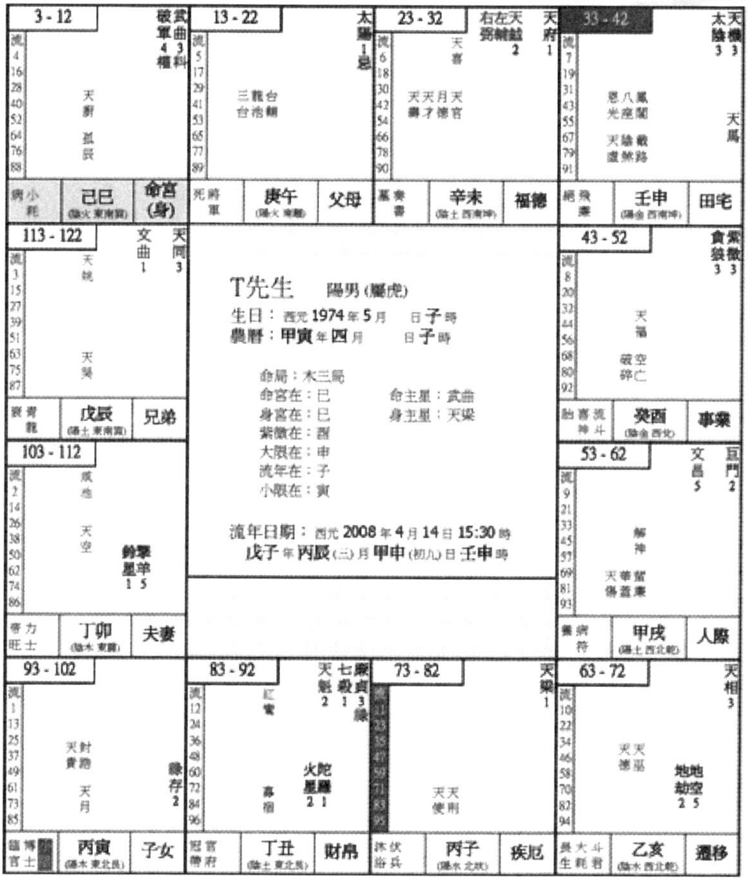

命盤圖

3 - 12　破軍 武曲4科　天府 孤辰	13 - 22　太陽1忌　三台 台輔	23 - 32　右左天　天宮　天天月天 壽才德宮	33 - 42　太陰 天機33　恩八鳳 光座閣　天陰截 虛然路		

T先生　陽男（屬虎）

生日：西元 1974 年 5 月　日 子時
農曆：甲寅 年四月　日 子時

命局：木三局
命宮在：巳　　命主星：武曲
身宮在：巳　　身主星：天梁
紫微在：酉
大限在：申
流年在：子
小限在：寅

流年日期：西元 2008 年 4 月 14 日 15:30 時
戊子 年丙辰（三）月甲申（初九）日壬申時

此命盤顯示：天機星申宮，為基本格局第十種（請參看紫微星在酉的格局）。身高約175公分，命宮在四馬之地，好動，身高較高。從命盤推算，未來十年有搬家的可能。娶妻方面尤其需要特別注意，因為夫妻宮為空宮。第十基本格局，顯示出對夫妻關係的處理上較為無力。未來在買房子方面要特別注意，平時睡眠情況不佳，可能常出現一些胡思亂想的夢，顯示房子居家風水可能較不妥，需再改善。

三、太陽星：

太陽星	
南北	中斗星（C）
五行	陽火
化	貴
屬性	官祿主

◎個性光譜顯示如下：

會煞星　　　太陽星　　　會吉星

急躁　不得志　　內在　慈祥　領導人

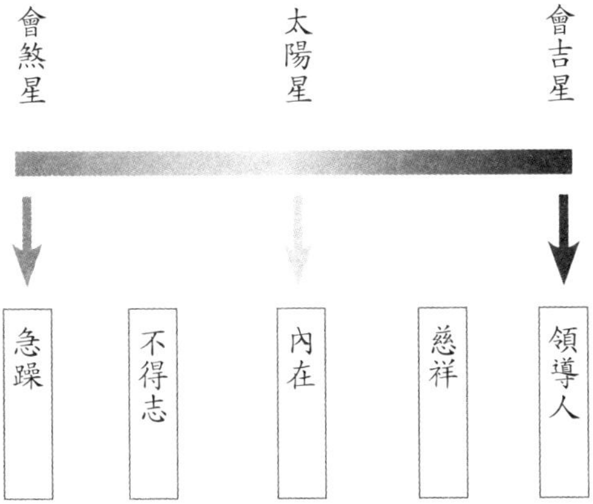

會吉星時	
長相	相貌雄偉，氣宇軒昂。圓臉帶方型，或長或短些。
特性	個性慈愛度量大，具雄心壯志，能領導群倫；富分析力，主觀多思慮。
會煞星時	
長相	圓臉帶方型，或長或短些。
特性	急躁不安，個性過強，且影響「男性」近親，或眼睛情況不好。

太陽屬陽，表示明顯，屬火，代表正義感。同時太陽也代表眼睛、自己、兒子及父親。太陽星會煞星時眼睛較不好，多半有近視。太陽坐命宮者，利於白天生人，較不利於夜晚生人。

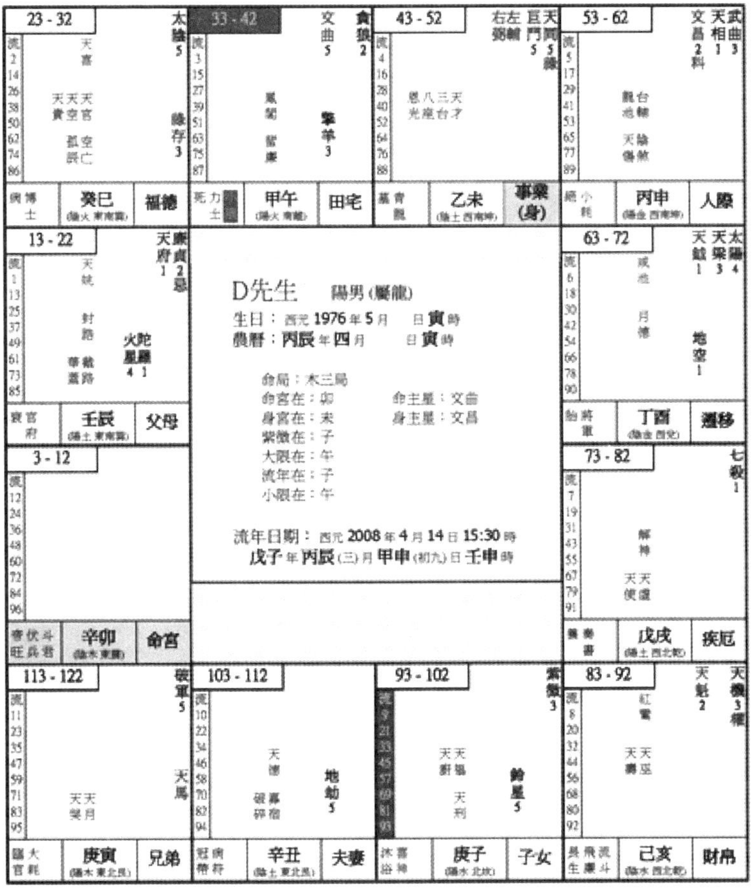

23 - 32	33 - 42	43 - 52	53 - 62
太陰	文曲	貪狼	武曲 天相
祿存	擎羊		文昌
癸巳 福德	甲午 田宅	乙未 事業(身)	丙申 人際

13 - 22			63 - 72
天府 廉貞	**D先生　陽男（屬龍）**		太陽 天梁
火星 陀羅	生日：西元 1976 年 5 月　日 寅 時 農曆：丙辰 年四 月　日 寅 時		地空
壬辰 父母			丁酉 遷移

命局：木三局
命宮在：卯　　命主星：文曲
身宮在：未　　身主星：文昌
紫微在：子
大限在：午
流年在：子
小限在：午

流年日期：西元 2008 年 4 月 14 日 15:30 時
戊子 年 丙辰（三）月 甲申（初九）日 壬申 時

3 - 12			73 - 82
辛卯 命宮			七殺
			戊戌 疾厄

113 - 122	103 - 112	93 - 102	83 - 92
破軍		紫微	天機
天馬	地劫	鈴星	
庚寅 兄弟	辛丑 夫妻	庚子 子女	己亥 財帛

根據提供命盤者表示，命主是清晨四點出生，太陽尚未出來，所以屬於「落陷無力」的狀況。從命盤來看，幼時會因為一些問題而有表現較為內向、自信不夠的情形；但隨著年紀增長，自信也慢慢會增加。筆者曾有看過類似命格，後來當縣長，但任期只有一任，且該命主在命格中有會煞星，後來因為貪污而被迫放棄下一次參加競選的資格。

命盤（甲同學 陽男 屬猴）

26 - 35	36 - 45	46 - 55	56 - 65
廉貞 貪狼 5 5	巨門 2	天相 4	天同 天梁 5 2
天虛 天德 天壽	鄣神 陰煞	紅鸞 天官 寡宿 劫刑	地劫 1 天哭 傷路
小耗 蜚宮	奏書 喪門	將軍 斗君	飛廉 病
己巳 福德	庚午 田宅	辛未 事業	壬申 人際

16 - 25			66 - 75
太陰 5			七殺 武曲 4 2
擎羊 恩光	甲同學　陽男（屬猴）		咸池 天空 天壽 破碎 蜚廉
	生日：西元 2005 年 1 月　日 酉 時		官府 死
青龍 冠帶	農曆：甲申 年 十一 月　日 酉 時		癸酉 遷移（身）
戊辰 父母			

命局：火六局
命宮在：卯　　命主星：文曲
身宮在：酉　　身主星：天梁
紫微在：丑
大限在：巳
流年在：子
小限在：寅

流年日期：西元 2008 年 4 月 15 日 20:30 時
戊子 年 丙辰（三）月 乙酉（十）日 丙戌 時

6 - 15			76 - 85
天府 3			太陽 5 忌
台輔			天使 天哭 月
力士 沐浴			病符 衰
丁卯 命宮			甲戌 疾厄

116 - 125	106 - 115	96 - 105	86 - 95
左輔	文曲 文昌 天鉞 破軍 紫微	右弼	天機 1
三台 鳳閣 天哭 天空 祿存 天馬 天姚	天喜 月德 陀羅 1	天壽 八座 貴光 龍池	天姚 天才 孤辰 火星 3
奏書 生土	宮府	胎 伏兵	網 大耗 流斗
丙寅 兄弟	丁丑 夫妻	丙子 子女	乙亥 財帛

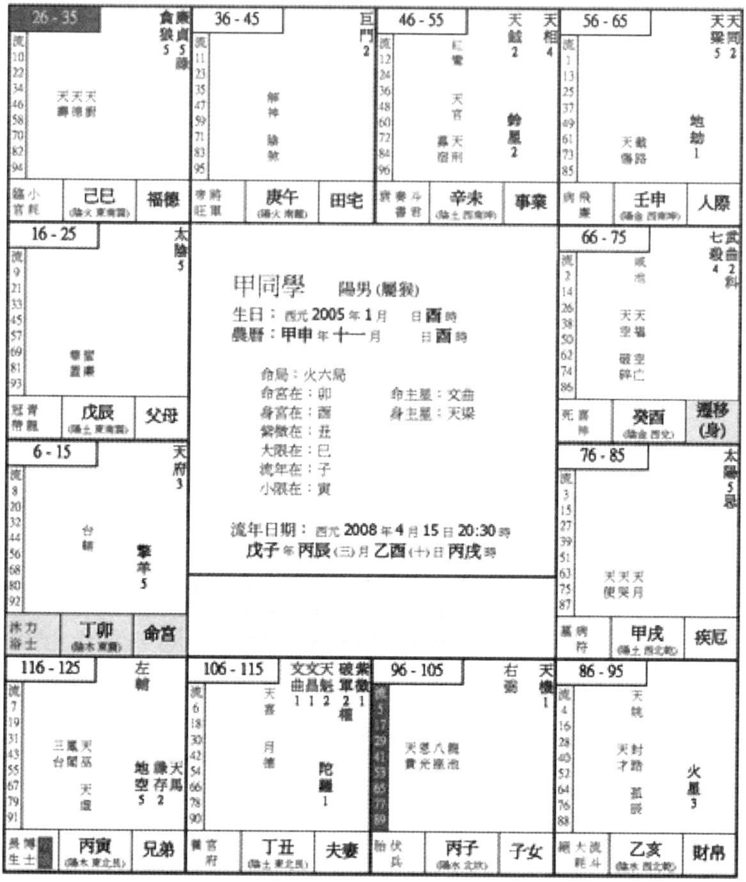

案例解盤大印證

此命盤顯示：太陽在戌宮，屬基本格局第六個（請參看紫微星在巳的格局），日後此人也易有血壓高低的問題。

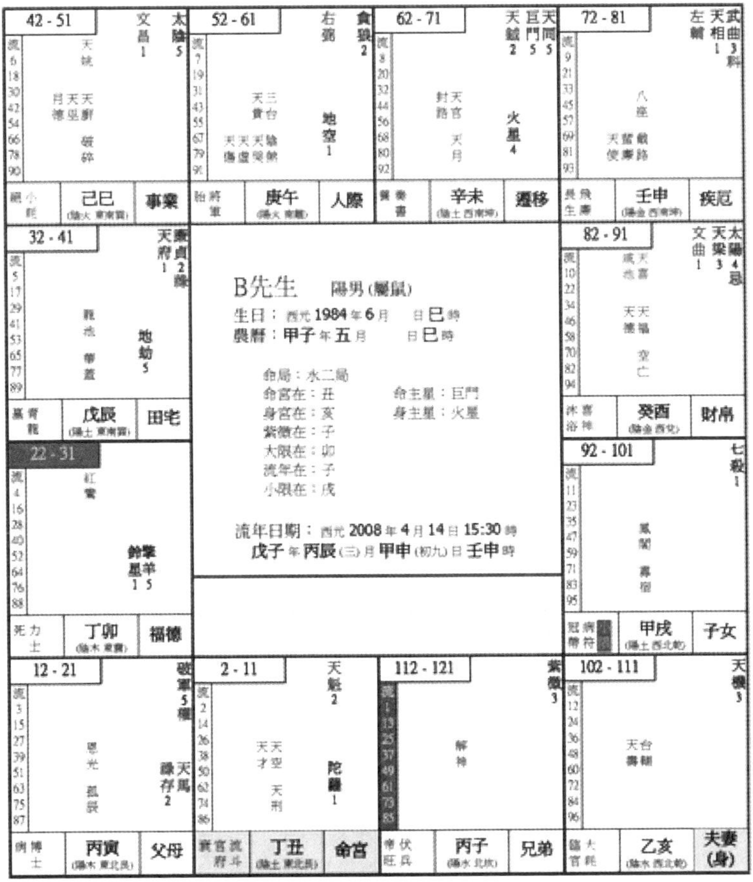

案例解盤大印證

此命盤顯示：太陽在財帛宮且化忌，需留意未來會有貴人朋友變小人的情況，且太陽落陷在財帛宮，所以將來賺的錢有部分會捐獻出去，又由於同宮中會天喜、咸池等小桃花星，所以也容易有因色破財的情形。

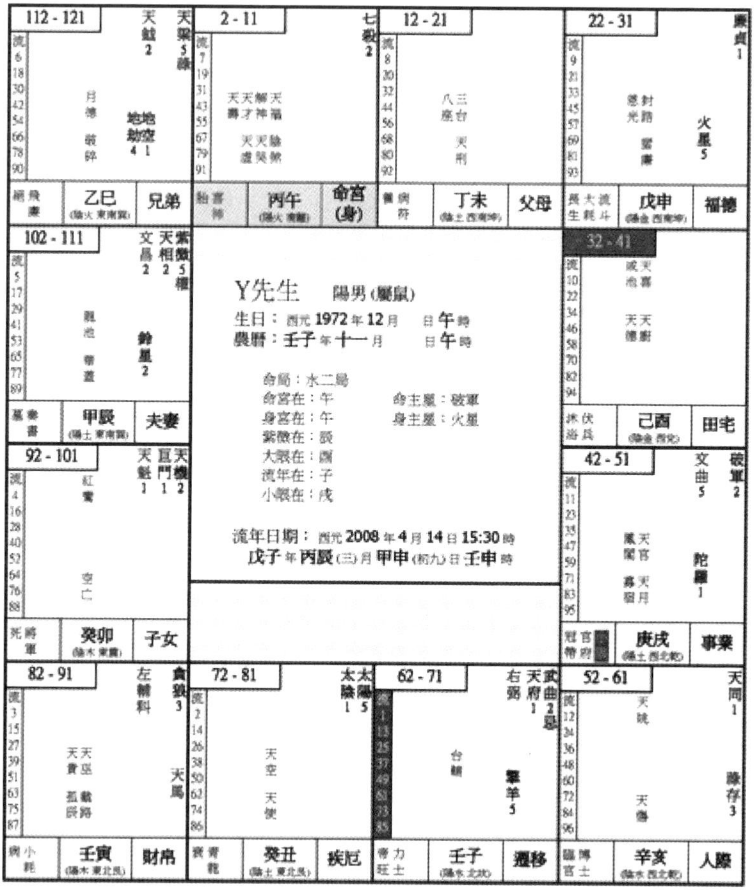

案例解盤大印證

此命盤顯示：命主的疾厄宮有太陽和太陰星入座，其中太陰星代表心臟左瓣膜，太陽是右瓣膜，命盤顯示右瓣膜較無力。另外，從命盤中來看，此人個性有做事「事必躬親」的習慣。

|---|---|---|---|---|---|---|---|---|---|---|---|
流5 17 29 41 53 65 77 89	觀台天福 天哭		流6 18 30 42 54 66 78 90	天三月解天 貴台德神宮 天姚		流7 19 31 43 55 67 79 91	天天 虛刑		流8 20 32 44 56 68 80 92	天喜 八座 天使
奏書	丁巳	事業	沐浴 飛廉	戊午	人際	冠帶 喜神	己未	遷移	臨官 病符	庚申	疾厄
生書	(陰火 東南巽)			(陽火 奇龍)			(陰土 西南坤)			(陽金 西南坤)	

34-43 巨門3 樞

Z小姐 陰女 (屬牛)

生日：西元 1973 年 12 月　日 亥時
農曆：癸丑 年 十一 月　日 亥時

命局：金四局
命宮在：丑　　命主星：巨門
身宮在：亥　　身主星：天相
紫微在：卯
大限在：辰
流年在：子
小限在：申

流年日期：西元 2008 年 4 月 14 日 15:30 時
戊子 年 丙辰 (三) 月 甲申 (初九) 日 壬申 時

84-93		
流9 21 33 45 57 69 81 93	鳳閣 寡宿	鈴星5
帶 大耗	辛酉 (陰金 西兌)	財帛

巨門3 樞
流4 16 28 40 52 64 76 88
養 將軍 丙辰 (陽土 東南巽) 田宅

24-33 文天 貪紫 曲鉞 狼微 2 1 3 2 忌

94-103		天閒3
流10 22 34 46 58 70 82 94	天德 天 寡宿 廚	地劫3
衰 伏兵	壬戌 (陽土 西北乾)	子女

文天 貪紫
曲鉞 狼微
2 1 3 2 忌
流3 15 27 39 51 63 75 87
胎 小耗 乙卯 (陰木 東震) 福德

14-23		左太天 輔陰機 4 2	4-13		天府1	114-123		右弼5	104-113		太陽5
流2 14 26 38 50 62 74 86	紅鸞 恩天天天 光才空巫 孤辰 火星		流1 13 25 37 49 61 73 85	封誥 華破空亡 蓋碎 擎羊1		流12 24 36 48 60 72 84 96	天貴 截路 地空		流11 23 35 47 59 71 83 95	天姚 天刑 祿存
絕 青斗	甲寅 (陽木 東北艮)	父母	墓 力流 士斗	乙丑 (陰土 東北艮)	命宮	死 博士	甲子 (陽水 北坎)	兄弟	病 官符	癸亥 (陽水 西北乾)	夫妻 (身)

文昌 破軍 武曲
2 3 3 祿
陀羅5
天馬

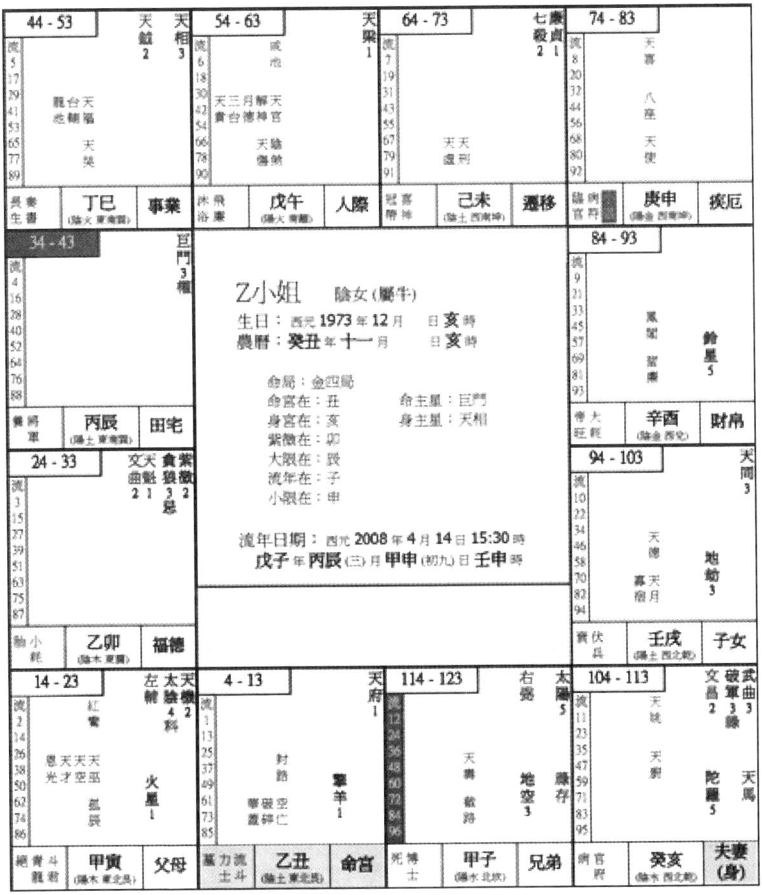

案例解盤大印證

從命盤來看，此人太陽星落陷在兄弟宮，代表兄弟姐妹對自己並沒有太大助力。

|---|---|---|---|---|---|---|---|---|---|---|---|---|---|---|

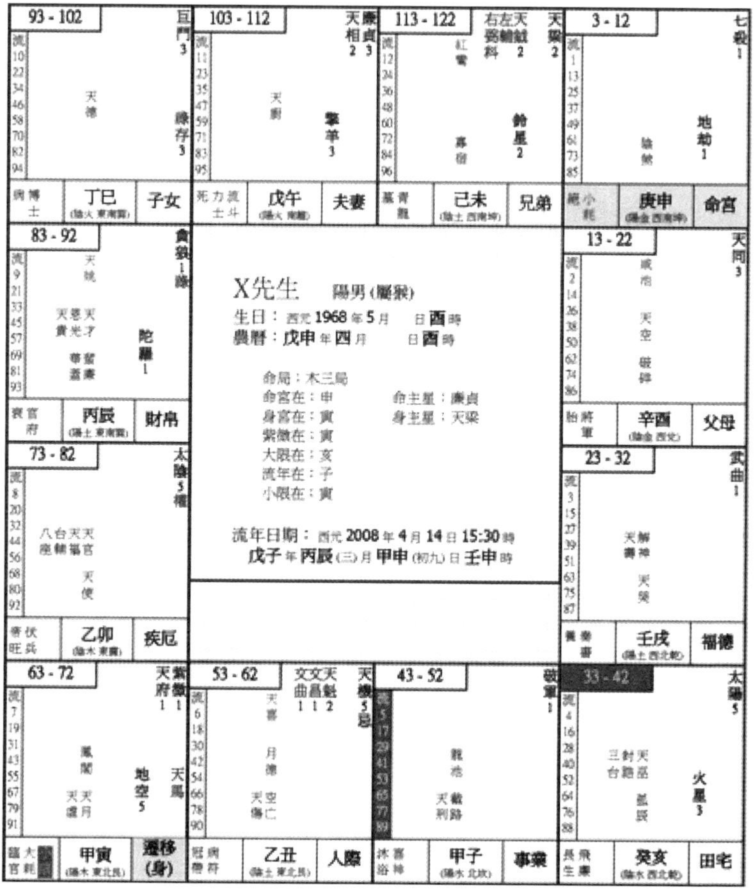

天廉 相貞 2 3

右左天 弼輔鉞 科

天 喜

流 10 22 34 46 58 70 82 94

天 德

祿 存 3

流 11 23 35 47 59 71 83 95

天 刑

擎 羊 3

流 12 24 36 48 60 72 84

紅 鸞

寡 宿

鈴 星 2

流 1 13 25 37 49 61 73 85

陰 煞

地 劫 1

病博 士	丁巳 (陰火 東南巽)	子女	死力 士斗	戊午 (陽火 南離)	夫妻	墓青 龍	己未 (陰土 西南坤)	兄弟	絕小 耗	庚申 (陽金 西南坤)	命宮

| 83 - 92 | | 貪紫 狼微 1 1 | | | | X先生　　陽男（屬猴） | | | | 13 - 22 | | 天 同 3 |

流 9 21 33 45 57 69 81 93

天 姚

天恩天 貴光乙

寡 宿

陀 羅 1

蜚 廉

蓋 棄

生日：西元 1968 年 5 月 酉 時
農曆：戊申 年四月 日 酉 時

命局：木三局
命宮在：申　　　命主星：廉貞
身宮在：寅　　　身主星：天梁
紫微在：寅
大限在：亥
流年在：子
小限在：寅

流年日期：西元 2008 年 4 月 14 日 15:30 時
戊子 年丙辰 (三) 月 甲申 (初九) 日 壬申 時

流 2 14 26 38 50 62 74 86

咸 池

天 空

破 碎

| 衰官 府 | 丙辰 (陽土 東南巽) | 財帛 | | | | | | | 胎將 軍 | 辛酉 (陰金 西兌) | 父母 |

| 73 - 82 | | 太陰 5 權 | | | | | | | 23 - 32 | | 武 曲 1 |

流 8 20 32 44 56 68 80 92

八台天天 座輔福官

天 使

流 3 15 27 39 51 63 75 87

天解 壽神

天 哭

| 帝伏 旺兵 | 乙卯 (陰木 東震) | 疾厄 | | | | | | | 養奏 書 | 壬戌 (陽土 西北乾) | 福德 |

| 63 - 72 | | 天紫 府微 1 1 | 53 - 62 | | 文文天 曲昌魁 1 1 2 | 43 - 52 | | 破 軍 1 | 33 - 42 | | 太 陽 5 |

流 7 19 31 43 55 67 79 91

鳳 閣

天天 虛月

地 空 5

天 馬

流 6 18 30 42 54 66 90

天 喜

月 德

天空 傷亡

流 5 17 29 41 53 65 77 88

祿 存

天截 刑路

流 4 16 28 40 52 64 76 88

三封 台誥

天 巫

孤 辰

火 星 3

| 臨大 官耗 | 甲寅 (陽木 東北艮) | 遷移 (身) | 冠病 帶符 | 乙丑 (陰土 東北艮) | 人際 | 沐喜 浴神 | 甲子 (陽水 北坎) | 事業 | 長飛 生廉 | 癸亥 (陰水 西北乾) | 田宅 |

此命盤顯示：太陽星落

陷在田宅宮，會有不動產較

少的狀況，理財上建議應補

足這個部分的規畫。

案例解盤大印證

|---|---|---|---|---|---|---|---|---|---|---|---|---|
| 臨宮 官符 | 癸巳 (陰火 東南巽) | 子女 | 帝大流 旺耗斗 | 甲午 (陽火 南離) | 夫妻 | 衰伏斗 病兵君 | 乙未 (陰土 西南坤) | 兄弟 | 病宮官 府 | 丙申 (陽金 西南坤) | 命宮 (身) |

86 - 95		文右曲弼 1 科	W小姐　陰女(屬牛)			16 - 25		天相 5
流 4 16 28 40 52 64 76 88		載路	生日：西元 1961 年 8 月　日 子時 農曆：辛丑年 七月　日 子時 命局：火六局 命宮在：申　　　命主星：廉貞 身宮在：申　　　身主星：天相 紫微在：亥 大限在：子 流年在：子 小限在：申			流 9 21 33 45 57 69 81 93		天使 祿存
孤喜 辰神	壬辰 (陽土 東南巽)	財帛				死博 士	丁酉 (陰金 西兌)	父母

76 - 85		破廉 軍貞 2 3				26 - 35		天左天 昌輔梁機 5 2 1 忌
流 3 15 27 39 51 63 75 87		天天 使刑	流年日期：西元 2008 年 4 月 14 日 15:30 時 戊子年 丙辰(三)月 甲申(初九)日 壬申時			流 10 22 34 46 58 70 82 94		天德 喜煙 鈴擊 星羊 1 1
沐飛 浴廉	辛卯 (陰木 東震)	疾厄				喜力 神士	戊戌 (陽土 西北乾)	福德

66 - 75		天鉞 2	56 - 65			46 - 55			36 - 45		七紫 殺微 3 2
流 2 14 26 38 50 62 74 86		紅鸞 八天封天解 座空路亡神 孤臨 辰敏	流 1 13 25 37 49 61 73 85		天華破 傷蓋碎	流 12 24 36 48 60 72 84 96		三台	流 11 23 35 47 59 71 83 95		德光 天刑 地地 劫空 2 5	天馬
長奏 生書	庚寅 (陽木 東北艮)	遷移	養將 軍	辛丑 (陰土 東北艮)	人際	胎小 耗	庚子 (陽水 北坎)	事業	絕青 龍	己亥 (陰水 西北乾)	田宅

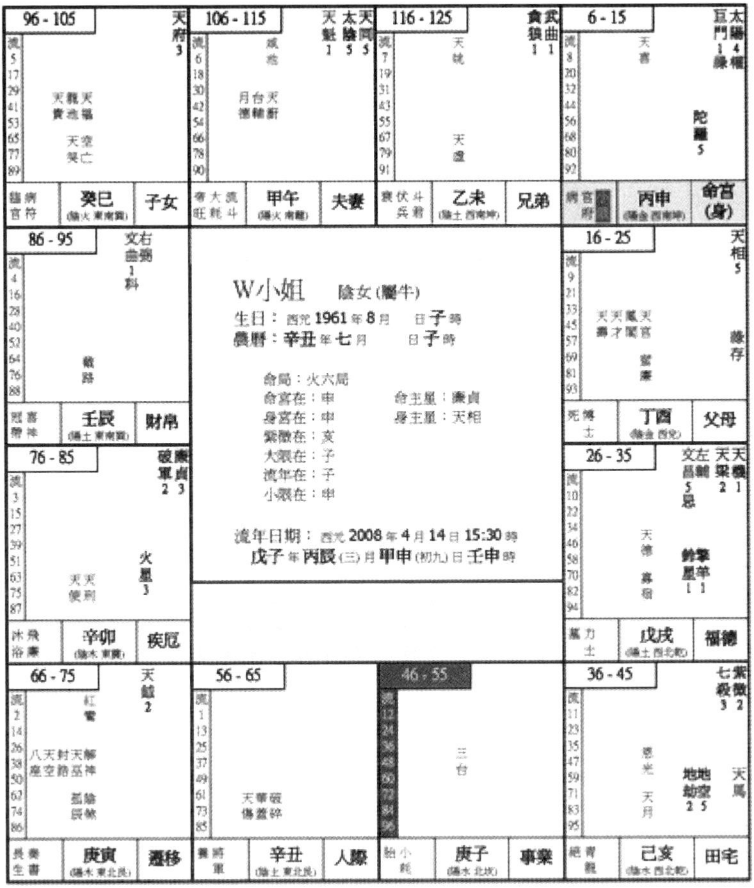

案例解盤大印證

此命盤顯示：太陽星坐命宮，但可惜為晚上生人，所以配合起來較不利，幸好有會吉星，化權、祿。會吉星，所以講話頭頭是道，同時也會是蠻有喜感的人。

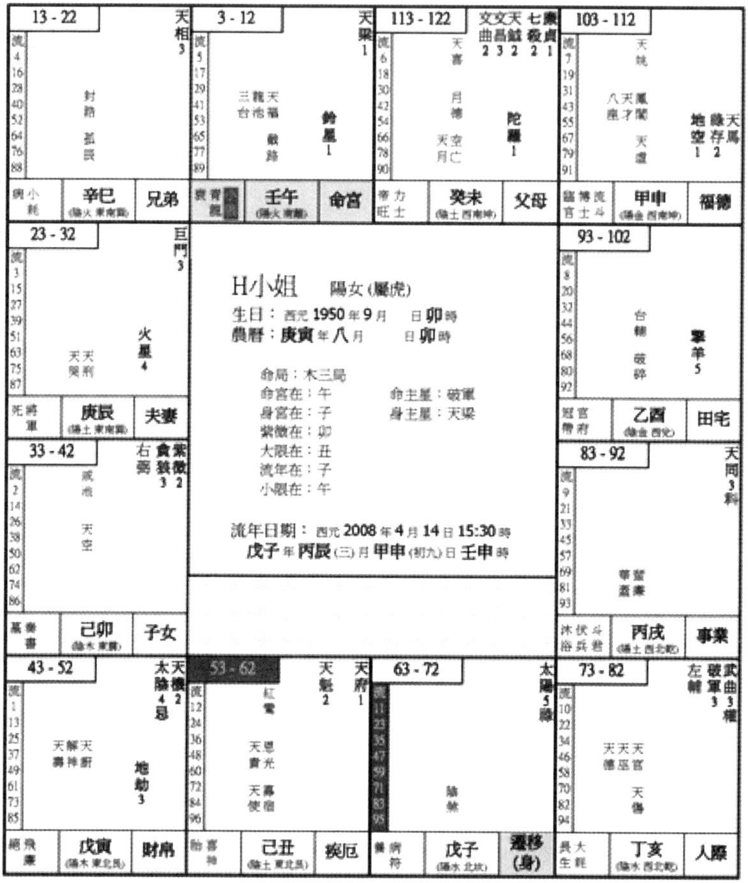

案例解盤大印證

此命盤顯示：太陽落陷在遷移宮，出外不易得貴人幫助，即便有，發也「虛」發。

太陽落陷者，知命而造運。多做好事，多晒太陽、多接近大自然。

四、武曲星：

武曲星	
南北	北斗星（N）
五行	陰金
化	財
屬性	財帛主

◎個性光譜顯示如下：

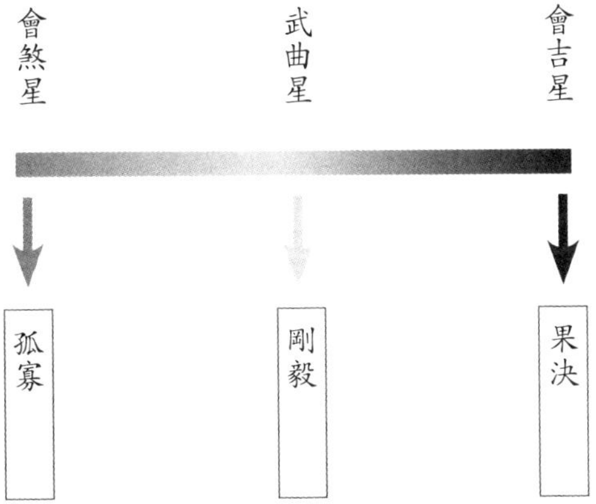

會吉星時	
長相	女性身材嬌小有曲線。臉型多寬額、圓方形，地閣小（下巴短）、濃眉大眼，聲如洪鐘，髮質粗硬。
特性	剛直果斷，氣度恢弘，可獨當一面；喜掌財，事業表現佳。
會煞星時	
長相	男性稍矮壯靈活。臉型多寬額、圓方形，地閣小（下巴短）、濃眉大眼，聲如洪鐘，髮質粗硬。
特性	個性剛強，善良無心機；不認輸，孤獨，不利感情表達。

武曲星是對女性很重要的一顆星，武曲星坐命者，有很多是從事銀行或金融界者。尤其濃眉大眼是特色，個性剛直，獨當一面，喜掌財等都是其會吉星時表現的特性。會煞星時體壯，性孤獨。大體而言，武曲星坐命者個性會是心直口快，但並無惡意者。

|---|---|---|---|---|---|---|---|---|---|---|---|
流1 13 25 37 49 61 73 85	鳳閣 天空	天福 天刑 地劫空 4 1	流2 14 26 38 50 62 74 86	咸池 天鉞 天空	天魁1	流3 15 27 39 51 63 75 87	留廉		流4 16 28 40 52 64 76 88	封誥 孤辰	陀羅5
臨官 將軍	癸巳 (陰火 東南離)	父母	冠小耗	甲午 (陽火 南離)	福德	沐青育龍	乙未 (陰土 西南坤)	田宅	長力生士	丙申 (陽金 西南坤)	事業
2 - 11		武曲1							72 - 81		太陰2
流12 24 36 48 60 72 84 96	天喜 恩解 光神 寡截宿路	文昌2忌 鈴星2							流5 17 29 41 53 65 77 89	天哭 天天龍天 壽才池官 天破 傷碎	祿存 火星5
帝養旺書	壬辰 (陽土 東南巽)	命宮 (身)							衰博士	丁酉 (陰金 西兌)	人際
12 - 21		天同1							62 - 71		貪狼1
流11 23 35 47 59 71 83 95									流6 18 30 42 54 66 78 90	紅鸞 天月 貴德 神煞	文曲5科 擎羊1
病飛廉	辛卯 (陰木 東震)	兄弟							死官流府斗	戊戌 (陽土 西北乾)	遷移
22 - 31		右天 弼魁 2 1	32 - 41		七殺1			天梁2	52 - 61		左天廉輔相貞 1 3
流10 22 34 46 58 70 82 94	天德 天月		流9 21 33 45 57 69 81 93	八三座 台 蜚天廉喪		流8 20 32 44 56 68 80 92	台輔		流7 19 31 43 55 67 79 91	天天使虛	天馬
胎喜神	庚寅 (陽木 東北艮)	夫妻	絕病府	辛丑 (陰土 東北艮)	子女	墓大耗	庚子 (陽水 北坎)	財帛	絕伏兵	己亥 (陰水 西北乾)	疾厄

中央資料欄：

乙先生　　陰男 (屬蛇)

生日：西元 1941 年 11 月　日 午 時
農曆：辛巳 年九月　日 午 時

命局：水二局
命宮在：辰　　　命主星：廉貞
身宮在：辰　　　身主星：天機
紫微在：申
大限在：戌
流年在：子
小限在：寅

流年日期：西元 2008 年 4 月 14 日 15:30 時
戊子 年丙辰 (三) 月 甲申 (初九) 日 壬申 時

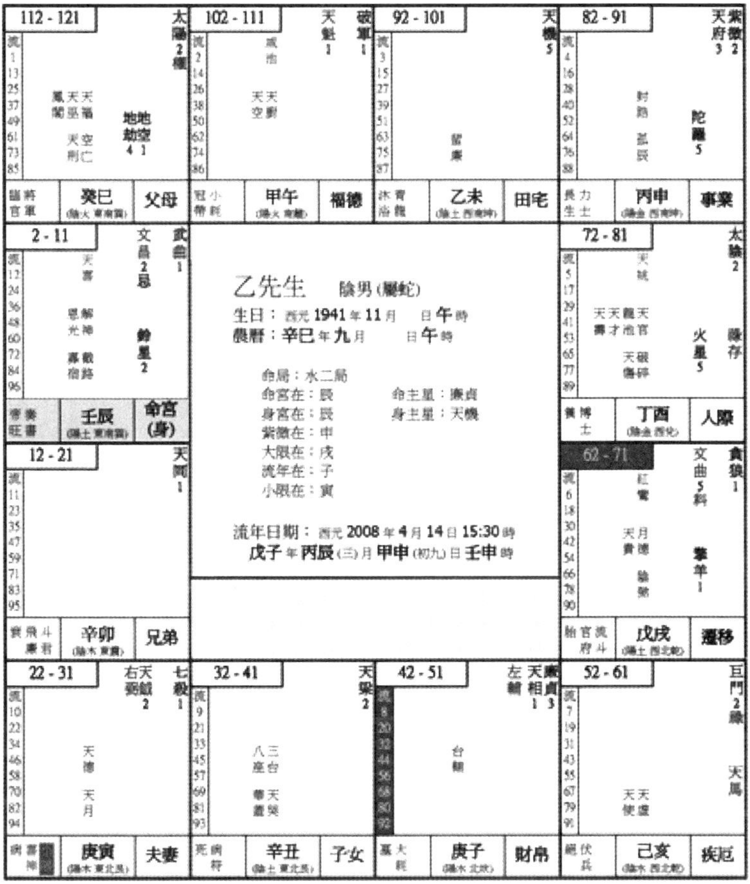

案例解盤大印證

此命盤顯示：命主個性孤寡、武斷，少與朋友來往，遷移宮有貪狼者，好交友，好客。由於武曲星屬金，命主個性易有「鐵齒」現象。據命盤提供者表示當事人幼年喪父，後來又喪母，年輕時游手好閒，到處流浪，但後來事業做得很大。此命盤屬於命宮、身宮都不佳的例子，一生辛苦。

五、天同星：

天同星	南斗星（S）
南北	南斗星（S）
五行	陽水
化	福
屬性	福德主

◎個性光譜顯示如下：

會煞星	天同星	會吉星
↓	↓	↓
短壽	個性隨和	福氣

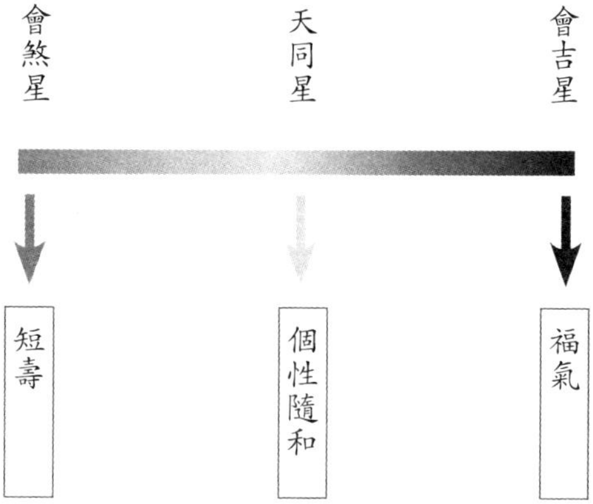

會吉星時	
長相	屬稍豐滿浪漫型。有長方型臉（有些人稍胖），下巴稍圓，耳朵稍長，膚色白皙，有福相，外型白胖。
特性	柔和善良，喜愛文藝，重浪漫情趣及享受。常懷抱理想及計畫，實現卻少。
會煞星時	
長相	外型白胖，下巴圓，膚色白皙，有福相。
特性	懶散，易沉醉於感情生活。多學不精，不積極，做事常拖泥帶水。

天同星與人的生命力表現很有關係，所以約略可以看出生命的長短。尤其入座命宮時，由亮度可以約略看出端倪。

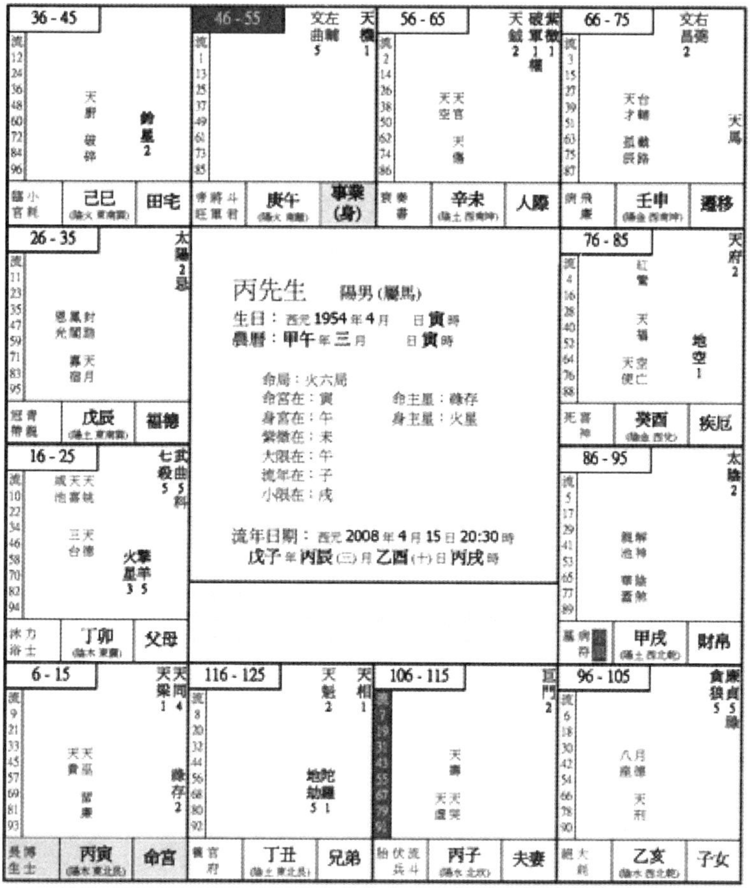

案例解盤大印證

此命盤顯示：命宮有天同、天梁星入座，本性良善，但因為祿存也入座命宮，受前擎羊、後陀羅相夾，所以顯得比較保護自己。由於命宮在四馬之地，所以常有變動的情況，也就是工作上常外調。

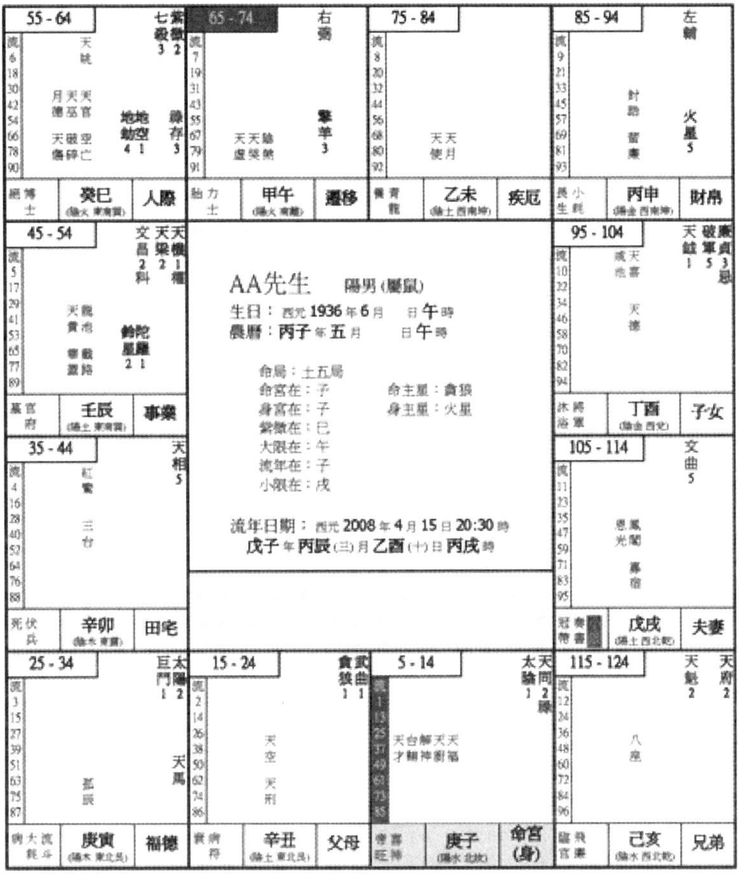

案例解盤大印證

此命盤顯示：命主的命宮是天同、太陰星入座，個性隨和，脾氣好，感情細膩，有福氣。開口都是好話，所以會長壽。

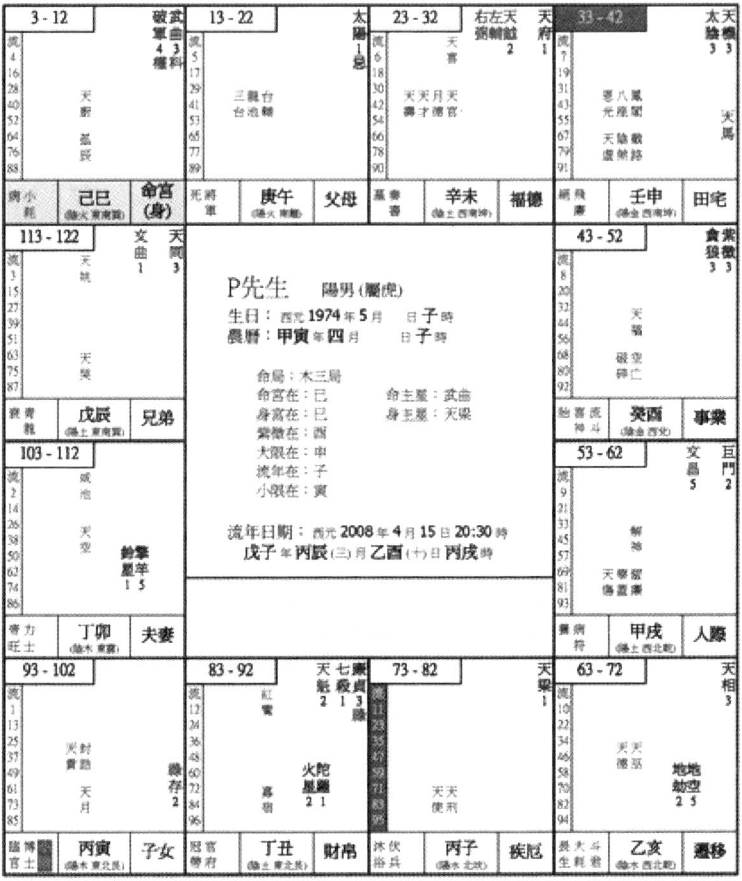

案例解盤大印證

此命盤顯示：天同星入兄弟宮，代表和兄弟姐妹的感情不錯。

|---|---|---|---|---|---|---|---|---|---|---|---|---|---|---|---|
絕 廉	乙巳 (陰火 東南貫)	夫妻		胎 喜 神	丙午 (陽火 南離)	兄弟		養 病 符	流 飛 斗 廉	丁未 (陰土 西南坤)	命宮	長 大 生 耗	戊申 (陽金 西南坤)	父母	
92 - 101		天府 1	廉貞 2									22 - 31			天 太陽 梁 4 3 蔭
11 23 35 47 59 71 83 95		鳳閣 解地 天使										流 4 16 28 40 52 64 76 88			紅 電誠 三台 天 台輔 貴
墓 奏 書	甲辰 (陽土 東南貫)	子女										沐 伏 浴 兵	己酉 (陰金 西兌)	福德	
82 - 91		天魁 1										32 - 41			七殺 1
流 10 22 34 46 58 70 82 94		咸天 池喜 天恩 天德 貴 空亡										流 5 17 29 41 53 65 77 89			歲 天 池官 陰 剝煞 煞
死 將 軍	癸卯 (陰木 東兌)	財帛										冠 官 帶 府	庚戌 (陽金 西北乾)	田宅	
72 - 81		右弼 5	破軍 5	62 - 71				52 - 61			左 紫 紅 輔 微 禮 科 3	42 - 51			天機 3
流 9 21 33 45 57 69 81 93		天貴 天傷 使廉 月路		流 8 20 32 44 56 68 80 92			天才	流 7 19 31 43 55 67 79 91			天天天 傷虛哭 擎羊 5	流 6 18 30 42 54 66 78 90			月 德 祿存 3
病 小 耗	壬寅 (陽木 東北良)	疾厄		胎 青 養 龍	癸丑 (陰土 東北良)	遷移 (身)		會 力 旺 士	壬子 (陽水 北坎)	人際		臨 博 官 士	辛亥 (陰水 西北乾)	事業	

戊先生　　陽男 (屬馬)

生日：西元 1942 年 10 月　日 卯 時
農曆：壬午 年 九 月　日 卯 時

命局：水二局
命宮在：未　　　命主星：武曲
身宮在：丑　　　身主星：火星
變簽在：子
大限在：丑
流年在：子
小限在：戌

流年日期：西元 2008 年 4 月 14 日 15:30 時
戊子 年 丙辰 (三) 月 甲申 (初九) 日 壬申 將

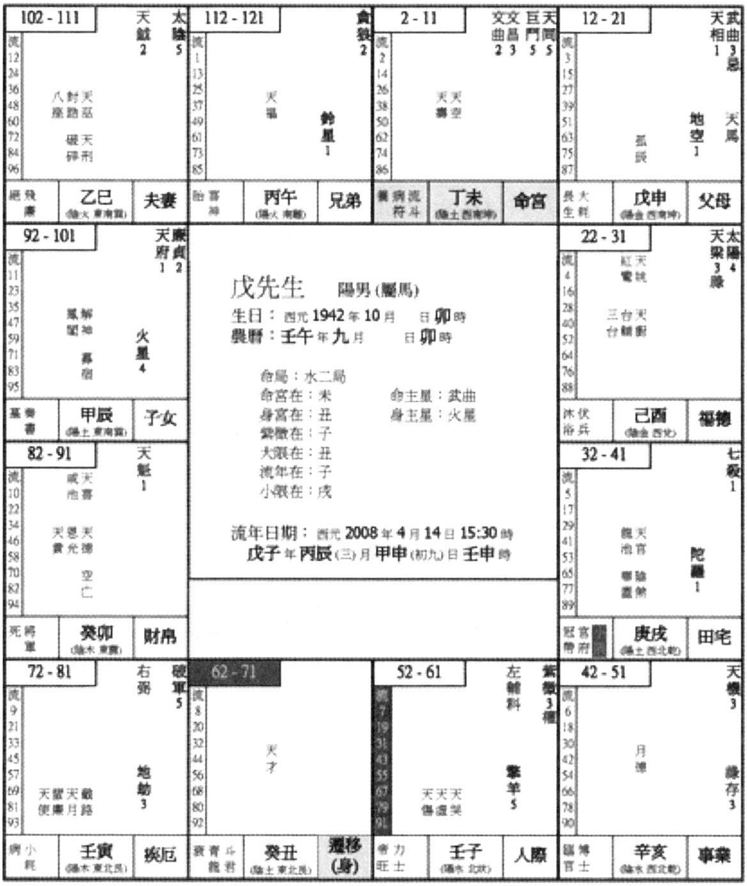

案例解盤大印證

此命盤顯示：天同、巨門星入命宮，所以命主在外會是一位好好先生，但在家並非如此，另外，可能有短壽的問題，宜特別當心。

|---|---|---|---|---|---|---|---|---|---|---|---|---|

流5 17 29 41 53 65 77 89	鳳台 天 恩台 慈福 天哭	天鉞 天相 2	流6 18 30 42 54 66 78 90	天三 月解天貴台 德神宮 天 天 傷 煞	戌戚	流7 19 31 43 55 67 79 91	天天 虛刑	天梁 1	流8 20 32 44 56 68 80 92	天喜 八座 天使	天喜

兵委 生書	丁巳 (陰火 東南巽)	事業	沐慾 浴廉	戊午 (陽火 南離)	人際	冠喜 帶神	己未 (陽土 西南坤)	遷移	福病 宮符	庚申 (陽金 西南坤)	疾厄

34 - 43		巨門 3 權							84 - 93		

乙小姐　　陰女(屬牛)
生日：西元 **1973** 年 **12** 月　　日 **亥** 時
農曆：**癸丑** 年 **十一** 月　　日 **亥** 時

命局：金四局
命宮在：丑　　　　命主星：巨門
身宮在：亥　　　　身主星：天相
紫微在：卯
大限在：辰
流年在：子
小限在：申

流年日期：西元 **2008** 年 **4** 月 **14** 日 **15:30** 時
戊子 年 **丙辰** (三)月 **甲申**(初九) 日 **壬申** 時

流4 16 28 40 52 64 76 88		巨門 3 權							流9 21 33 45 57 69 81 93	鳳閣 龍池	鈴星 5

雅將 軍	丙辰 (陽土 東南巽)	田宅							奏大 旺耗	辛酉 (陰金 西兌)	財帛

24 - 33		文天 貪紫 曲魁 狼微 2 1 3 2 忌							94 - 103		天同 3

流3 15 27 39 51 63 75 87		文天 貪紫 曲魁 狼微 2 1 3 2 忌							流10 22 34 46 58 70 82 94	天德 天月 寡宿	地劫 3

軸小 耗	乙卯 (陰木 東震)	福德							衰伏 兵	壬戌 (陽土 西北乾)	子女

14 - 23		左太天 輔陰機 4 2 科	4 - 13			114 - 123		天府 1	右弼	太陽 5	104 - 113		文破武 昌軍曲 2 3 3 祿

流2 14 26 38 50 62 74 86	紅鸞 恩天天天 光才空巫 孤辰	左太天 輔陰機 4 2 科 火星 1	流1 13 25 37 49 61 73 85	封誥 天截空 華蓋 旬亡	擎羊 1	流12 24 36 48 60 72 84 96	天壽 蜚廉	天府 1 地空 3	右弼	祿存 5 太陽 5	流11 23 35 47 59 71 83 95	天姚 天刑	文破武 昌軍曲 2 3 3 祿 陀羅 5 天馬

絕青斗 龍君	甲寅 (陽木 東北艮)	父母	墓力流 士斗	乙丑 (陰土 東北艮)	命宮	死博 士	甲子 (陽水 北坎)	兄弟	病宮 府	癸亥 (陰水 西北乾)	夫妻 (身)

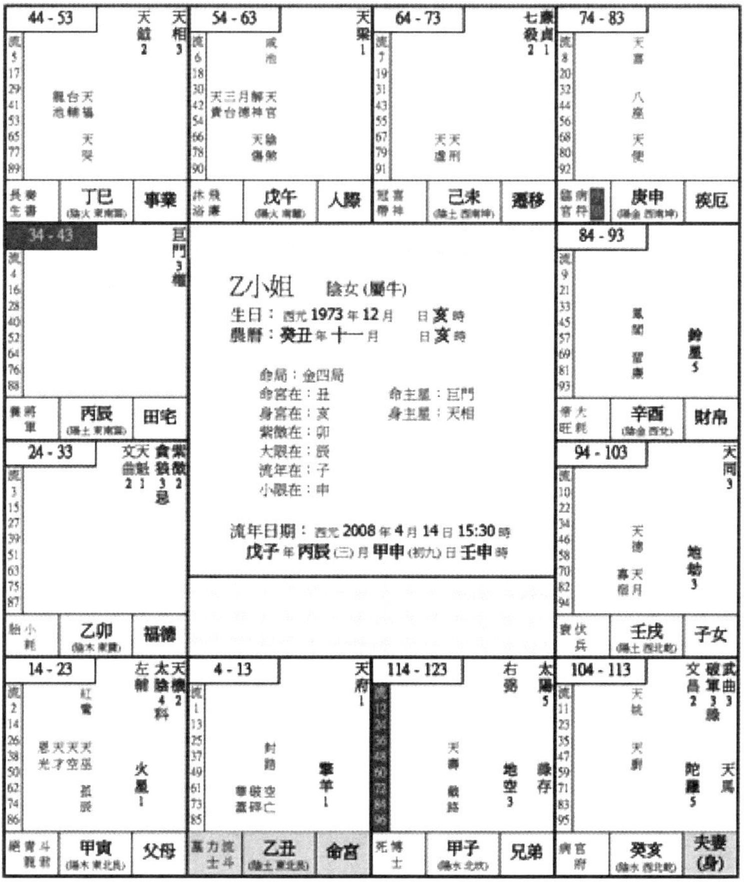

案例解盤大印證

此命盤顯示：天同星入子女宮，所以會有喜愛小孩的傾向，但因會地劫星，故少子女。

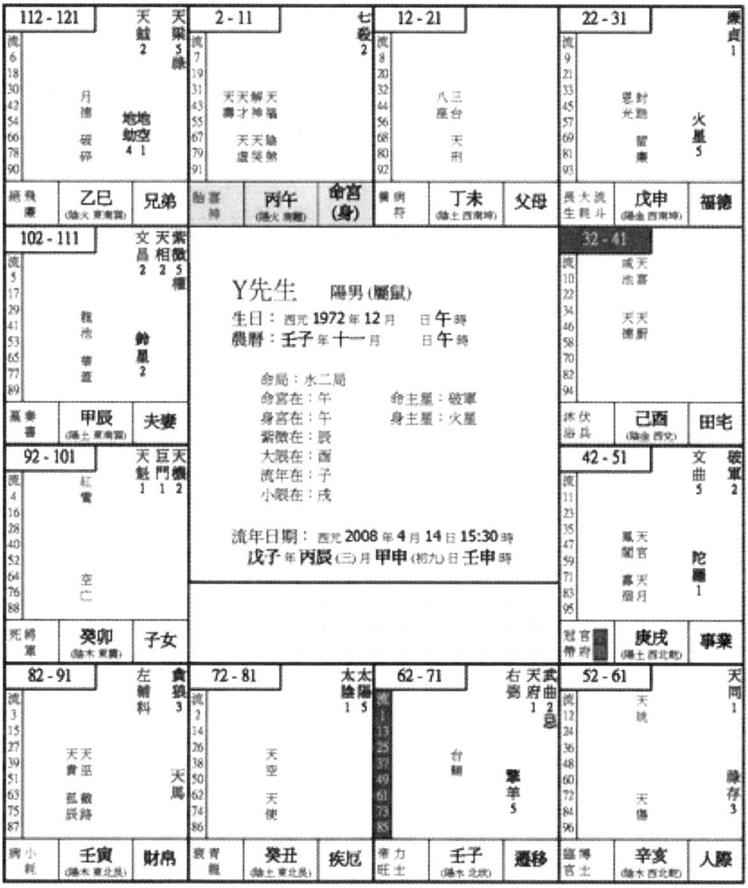

案例解盤大印證

此命盤顯示：天同星入奴僕宮，代表幫助他的人個性隨和，多是好好先生的類型，但二〇〇七年可能有職業倦怠的情況。天同星亮度1，代表有助力，如是天同亮度5，代表不了了之。命主的天同亮度3，代表只是普通朋友情誼而已。

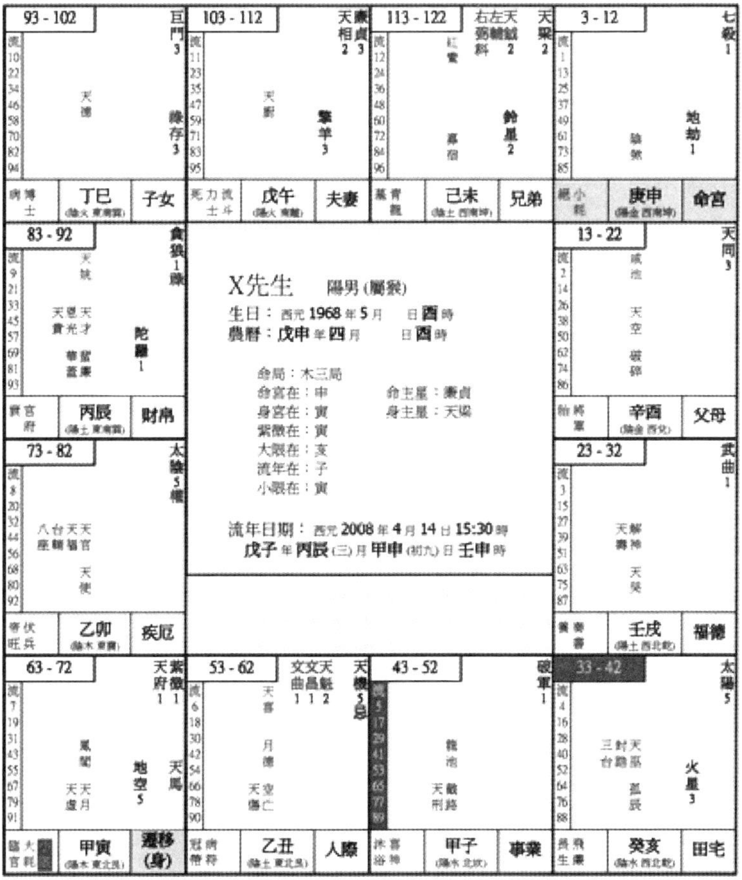

案例解盤大印證

此命盤顯示：天同星入父母宮，命主的父親個性隨和，為命主付出許多，父母宮又代表父親，兄弟宮又代表母親。

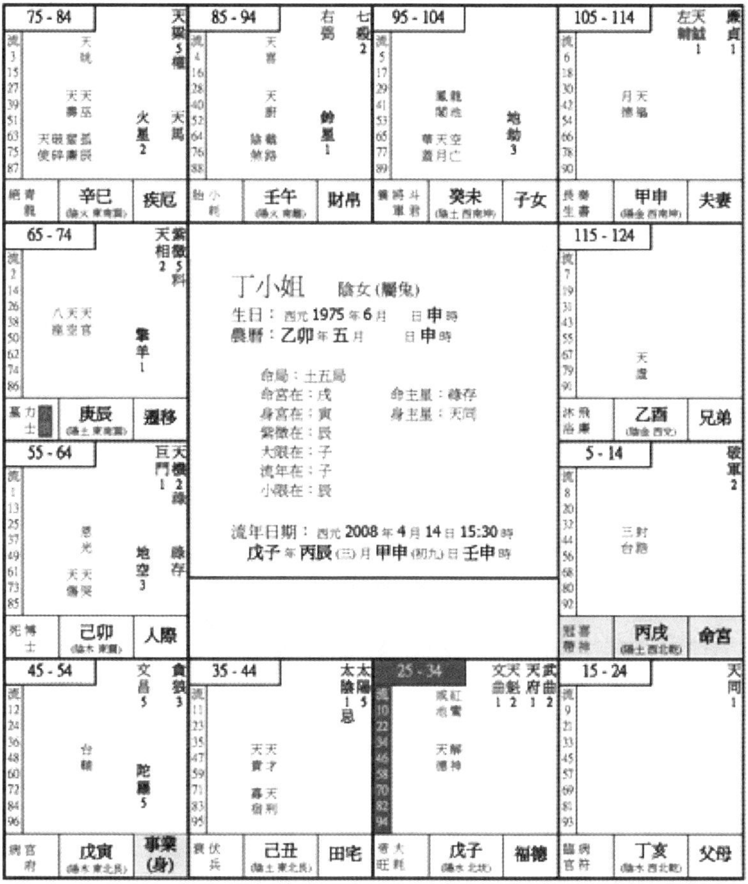

案例解盤大印證

此命盤顯示：天同星入父母宮，代表命主幼時，父母疼愛有加，但因父母宮遇煞星，所以有福變沒福。天同星屬於福氣的星曜，不喜入座於代表奔波的四馬之地。命主本屬有福氣的命格，但遇煞星、及命宮入四馬，所以奔波多。可以看出二〇〇八年會有喜事。因命盤顯示二〇〇八年如有生產，過程可能不順利，需多所小心。天同星屬水，地空、地劫皆屬火，以命盤來看，火多水少，情勢不利，如同用大火燒一點開水，一燒就乾了。

|---|---|---|---|---|---|---|---|---|---|---|---|---|---|
| 肉大 耗 | 辛巳 (驗火 東南離) | 兄弟 | 荒伏 兵 | 壬午 (陽火 南離) | 命宮 | 寡官 府 | 癸未 (驗土 西南坤) | 父母 | | 絕博流 士斗 | 甲申 (陽金 西南坤) | 福德 | |

103 - 112		太陽 2祿			L先生　　陽男（屬鼠）			33 - 42	文曲 1	天府 2	
流 5 17 29 41 53 65 77 89	八天觀解 座壽池神 華蓋	地劫 5		生日：西元 1960 年 11 月 日巳時 農曆：庚子年十月 日巳時 命局：木三局 命宮在：午　　　命主星：破軍 身宮在：辰　　　身主星：火星 紫微在：未 大限在：戌 流年在：子 小限在：戌 流年日期：西元 2008 年 4 月 14 日 15:30 時 戊子年丙辰(三)月甲申(初九)日壬申時			流 10 22 34 46 58 70 82 94	咸喜 池喜 天德	擎羊 5	
衰病 符	庚辰 (陽土 東南巽)	夫妻 (身)						胎士	乙酉 (驗金 西兌)	田宅	

93 - 102		七武 殺曲 5 5					43 - 52		太陰 2忌	
流 4 16 28 40 52 64 76 88	紅鸞	鈴星 1					流 11 23 35 47 59 71 83 95	天姚 三鳳 台閣 蜚廉		
帝喜 旺神	己卯 (驗木 東震)	子女					養青 龍	丙戌 (陽土 西北乾)	事業	

83 - 92		天同 4 科	73 - 82	右左天 弼輔魁 2	天相 1	63 - 72		巨門 2	53 - 62		貪廉 狼貞 5 5	
流 3 15 27 39 51 63 75 87	天廚 孤辰	天馬	流 2 14 26 38 50 62 74 86	恩光 天空 天使		流 1 13 25 37 49 61 73 85			流 12 24 36 48 60 72 84 96	台天 輔官 天傷		
臨飛 官廉	戊寅 (陽木 東北艮)	財帛	冠奏 帶書	己丑 (驗土 東北艮)	疾厄	沐將 浴軍	戊子 (驗水 北坎)	遷移	長小 生耗	丁亥 (驗水 西北乾)	人際	

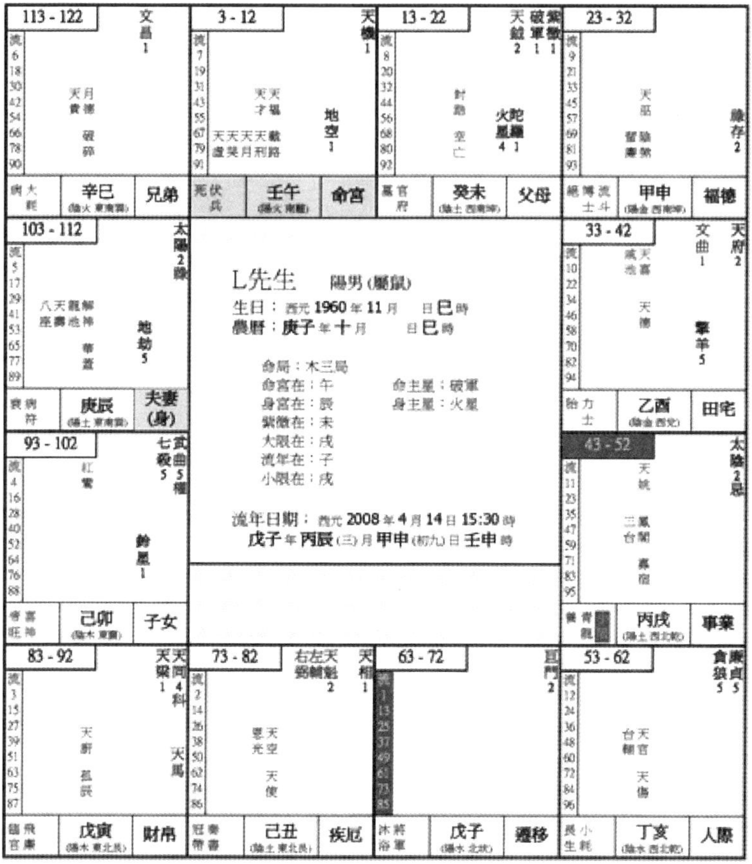

案例解盤大印證

此命盤顯示：天同星入座財帛宮，代表此人個性節儉，財帛宮又遇化忌，代表理財觀、金錢調度易出問題。有傾向於過度保守，不會理財的情況。

註：此命例之父母如同出生年，較易產生問題，可能會影響子女健康，因為四化星有重複現象，好的更好，壞的更壞。可能會有血壓阻塞的問題，需多加注意。

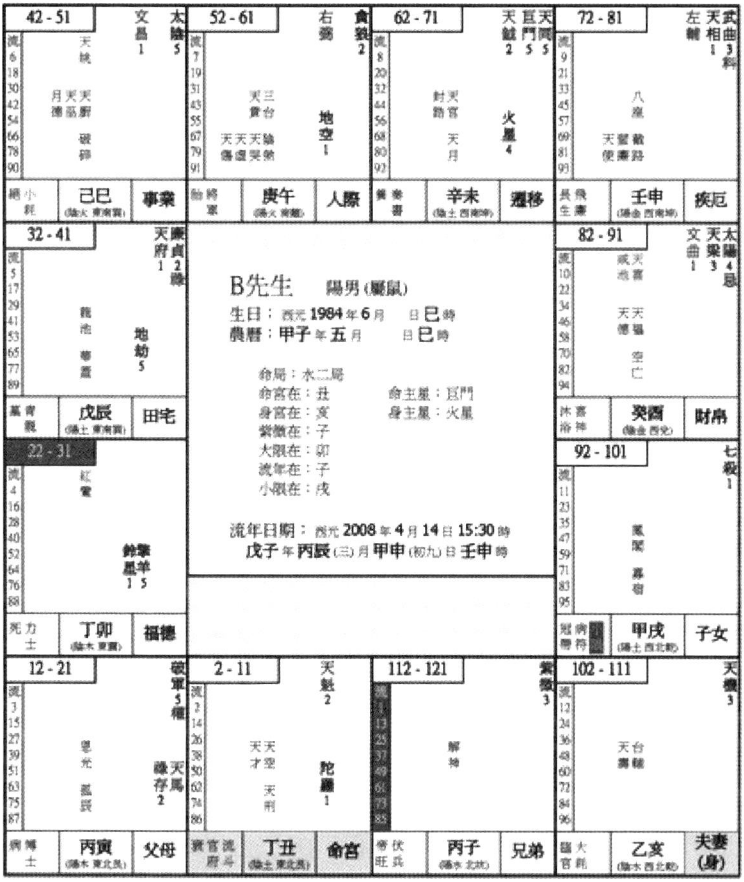

案例解盤大印證

此命盤顯示：天同星亮度5，入座遷移宮，顯示人際關係不算是太好。

六、廉貞星：

廉貞星	
南北	北斗星（N）
五行	陰火
化	囚
屬性	主次桃花

◎個性光譜顯示如下：

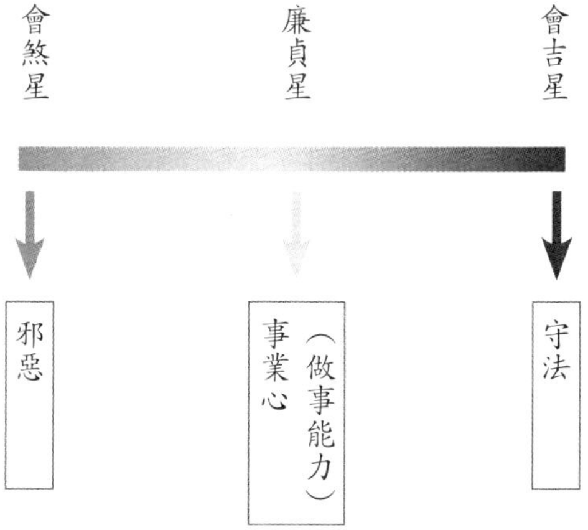

會吉星時	
長相	為帥氣中帶剛強。寬額、口闊、面橫，高顴骨，高眉骨，多單眼皮，眼光有神。
特性	個性豪邁、灑脫耿直。記性超強，善理財，善於經營人際關係，與異性接觸多。

會煞星時

長相	臉型略似「甲」字型，為剛強端莊清秀型，如冰山美人。
特性	個性剛強，狂傲急躁，好猜忌，欠思慮，易衝動，容易結交異性朋友，有冒險特質。

廉貞為官祿主，代表在事業上的呈現會比較突出，廉貞星也代表著對色彩、藝術、美感等有特殊品味，對人際方面較具交際手腕。命宮有廉貞者，男性眼睛有神、女性眼睛漂亮為其特色。有看過廉貞坐命者從事空姐、藝術工作者等工作。

由於廉貞星為北斗星，且屬火，所以可以衍生為個性豪邁。一般而言，剛的人面相較突出，以面相比例來說，顴骨也較為突出，且剛的人自尊心相當強。由於屬陰火，所以代表桃花。以火來說，火焰的外部分為陽火，內部為陰火，陰表示較不直接表現，所以稱為交際手腕。如在命宮或大限時遇到廉貞星，很有機會從事流行事物銷售或是櫃檯等機會。

遇煞星時會因為陰火的特性，所以顯現為好猜忌。

96 - 105	106 - 115	116 - 125	6 - 15
天魁 5	咸池 1	七殺 2　天鉞　天魁 1	廉貞 1　天喜
流 5/17/29/41/53/65/77/89	流 6/18/30/42/54/66/78/90	流 7/19/31/43/55/67/79/91　天虛	流 8/20/32/44/56/68/80/92　陀羅 5
龍恩　天福　天空　寡亡	天刑　台天　貴德　輔詢	天城	
臨官 病符　癸巳　子女 (陰火 東南離)	帝旺 大耗 流辰　甲午　夫妻 (陽火 南離)	衰 伏斗 兵　乙未　兄弟 (陽土 西南坤)	病 宮官 府　丙申　命宮(身) (陽金 西南坤)

86 - 95		16 - 25
文曲 4　右弼　天相 2　紫微 5 科	**CC小姐　　陰女(屬牛)**	天壽　天才　鳳閣　祿宮　　祿存
流 4/16/28/40/52/64/76/88　截路	生日：西元 1961 年 8 月　日 子時 農曆：辛丑 年七月　日 子時 命局：火六局 命宮在：申　　命主星：廉貞 身宮在：申　　身主星：天相 變幟在：辰 大限在：子 流年在：子 小限在：申 流年日期：西元 2008 年 4 月 15 日 20:30 時 戊子 年 丙辰 (三)月 乙酉 (十)日 丙戌 時	流 9/21/33/45/57/69/81/93
冠帶 喜神　壬辰　財帛 (陽土 東南巽)		死 博士　丁酉　父母 (陰金 西兌)

76 - 85		26 - 35
巨門 1　天機 2　廉		文昌 5　左輔　破軍 2　恩
流 3/15/27/39/51/63/75/87　火星 3		流 10/22/34/46/58/70/82/94　鈴羊　星羊 1 1
天使　天刑		天德　寡宿
沐浴 飛廉　辛卯　疾厄 (陰木 東震)		臨官 力士　戊戌　福德 (陽土 西北乾)

66 - 75	56 - 65	46 - 55	36 - 45
天鉞 2　貪狼 3		太陰 5　太陽 5　福	天府 2　武曲 1
流 2/14/26/38/50/62/74/86　紅鸞	流 1/13/25/37/49/61/73/85	流 12/24/36/48/60/72/84/96　恩光	流 11/23/35/47/59/71/83/95　天同 1
天刑　天解　空路　巫神　孤辰　誤煞	八座　三台　天華破　傷截碎		地劫　地空 2 5　天月　天馬
長生 奏書　庚寅　遷移 (陽木 東北艮)	養 將軍　辛丑　人際 (陰土 東北艮)	胎 小耗　庚子　事業 (陽水 北坎)	絕 青龍　己亥　田宅 (陰水 西北乾)

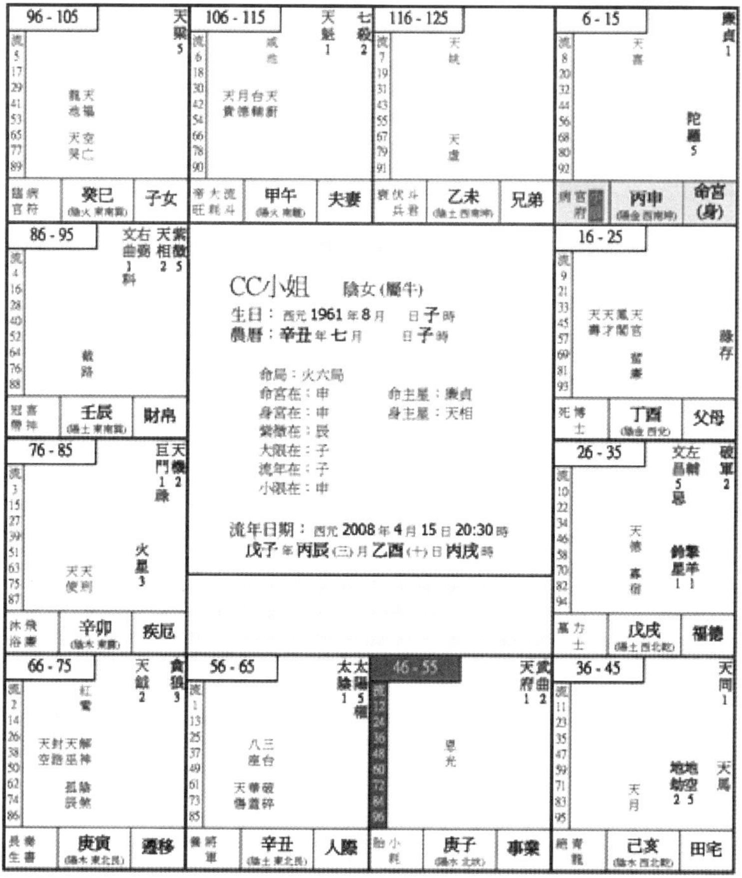

案例解盤大印證

此命盤顯示：廉貞星入命宮，且亮度1，但因遇陀羅且亮度5，所以是在個性光譜中屬於會吉星但略扣分的表現。長相漂亮，個性好。一般來說，三方四正沒有會煞星的人心性較為單純。

由於廉貞星影響，個性較剛，外表行止光鮮亮麗，但是苦難都深埋心中。廉貞屬陰火，會煞星時有好猜忌的可能，陀羅代表深埋心中，而這個特性可能影響終身。命宮中有天喜和紅鸞，所以會有笑臉迎人的情況。

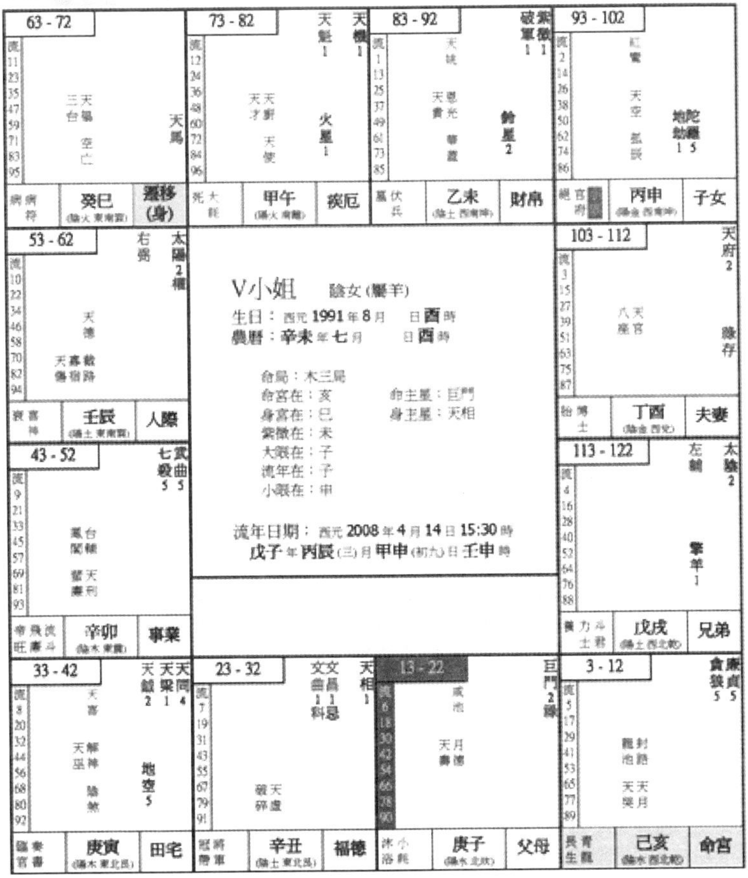

案例解盤大印證

此命盤顯示：命宮在四馬之地，貪、廉都屬動的星系，所以將來在感情上也呈現出比較主動的個性。

廉貪在亥宮，稱為「絕處逢生格」。也就是在大家看壞的情況之下，會有大逆轉的格局。所以建議盡量往外跑，運氣會更開展，且絕處逢生指的是常因為大環境的改變而致個人運勢上升。

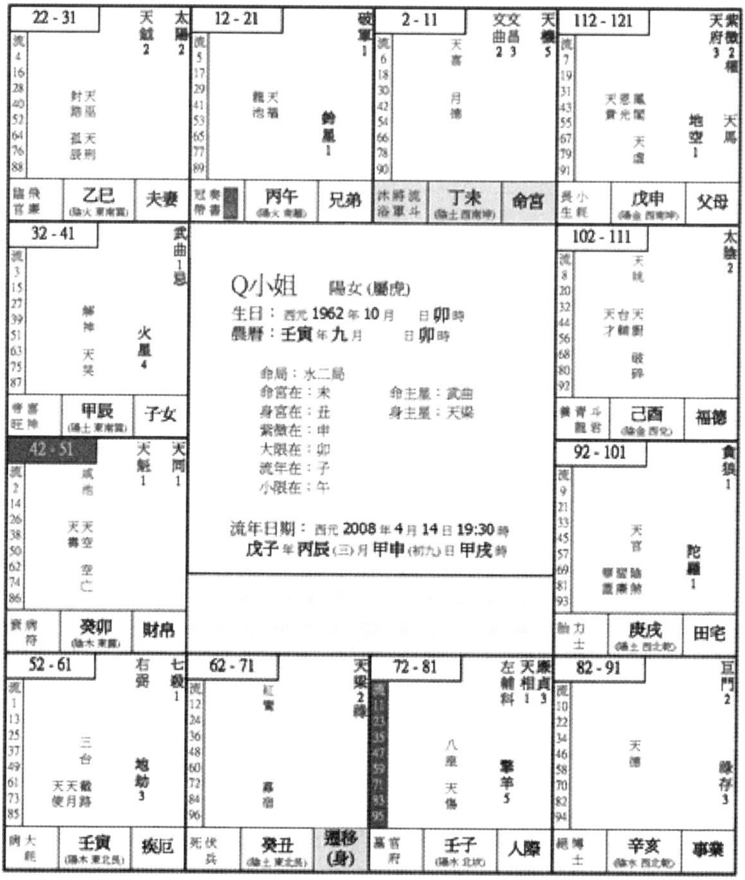

案例解盤大印證

此命盤顯示：廉貞入奴僕宮，好時會有遇到做事能力不錯的朋友，但命主也可能因此受影響，尤其會煞星時可能受朋友拖累。

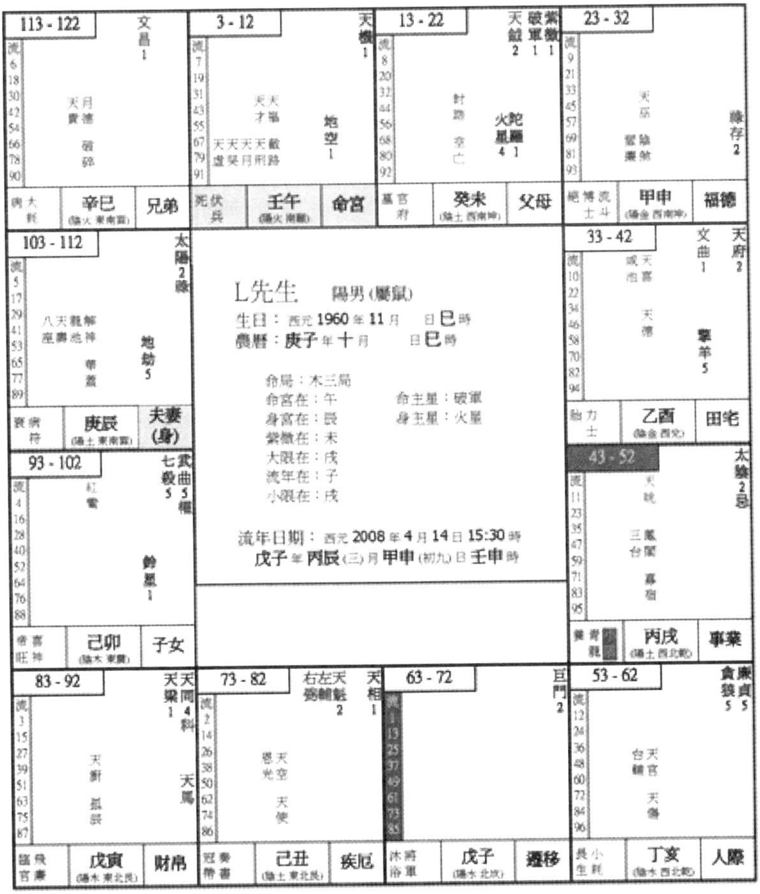

案例解盤大印證

此命盤顯示：廉貞入奴僕宮（人際宮），且亮度為5，顯示交際應酬會到較不正當的場所去。此外，命盤亦顯示下屬屬於做事能力強的類型。

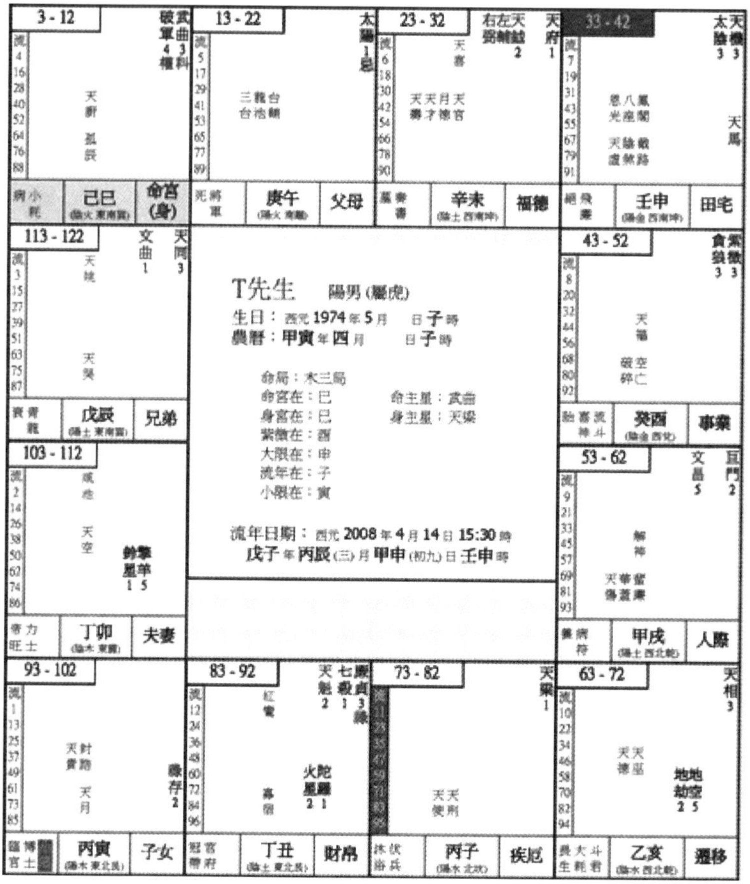

案例解盤大印證

此命盤顯示：廉貞星入財帛宮，且化祿。廉貞星為事業主，代表此人在事業上的鑽研上有較重的味道，所以有機會可以累積相當的財富。

七、天府星：

天府星	
南北	南斗星（S）
五行	陽土
化	賢能
屬性	田宅財帛主

◎個性光譜顯示如下：

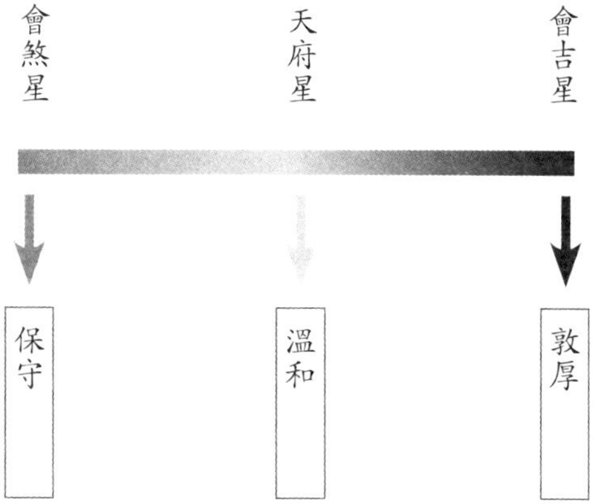

會吉星時	
長相	男女皆為穩重溫和能幹型。長方形臉，女子下巴略圓。長相正派，溫和中帶有挺傲之氣，皮膚白皙，尚稱秀氣。
特性	個性保守，溫良敦厚，秉持傳統喜安定，為財星，能持家守財，無負債之虞。

會煞星時	
長相	男女皆為穩重溫和能幹型。長方形臉，女子下巴略圓。長相正派，溫和中帶有挺傲之氣，微胖微黑，尚稱秀氣。
特性	缺乏主動進取之心。愛惜錢財，過於計較，好指揮別人（不易被指揮），財物管理不當。

由於天府相對於紫微星都是帝王星，一為北斗，一為南斗，帝星的共同屬性是：傲，主財帛，且包容性高（學習興趣廣泛），多才多藝。天府此星對於錢財的表現有重要的指標意義。

天府屬南斗，屬柔，主要表現在財帛田宅上。天府星坐命者穩重溫和能幹，溫和中帶有傲氣，這是帝星氣息影響所致。傲的因素可能由於五行屬土，包容性高，興趣廣，且學習能力不錯。

需注意當天府會煞星時，可能展現的幾個特點對天府坐命者較為不佳。例如財務管理不當的情形。

基本上，天府星屬土，怕木、怕水，木剋土，植物會吸收土的營養。

一般而言，當大限有機會會到天府時較有財帛的產生。

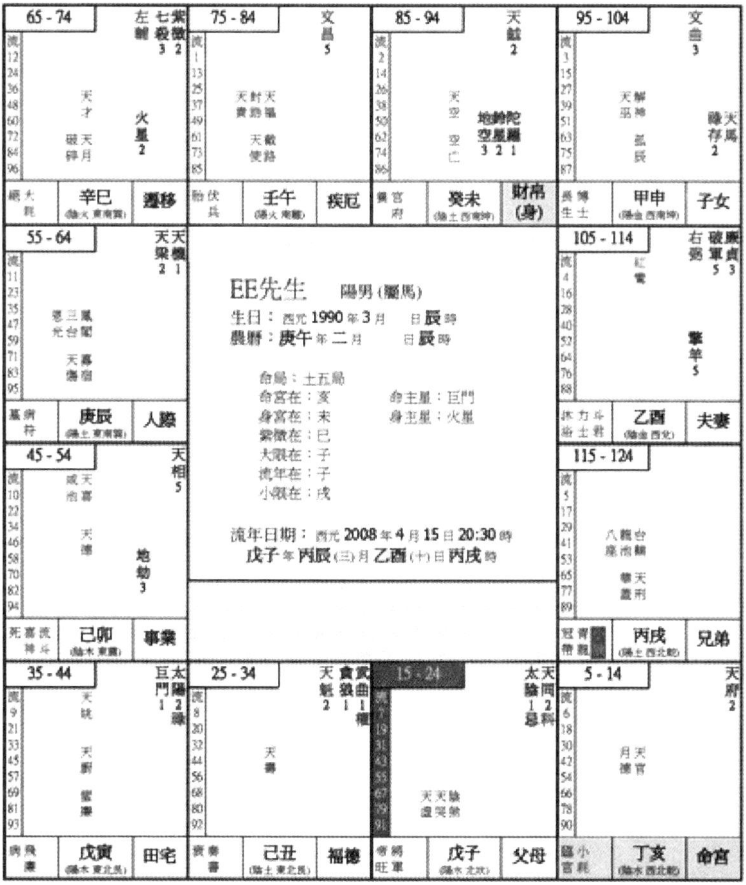

案例解盤大印證

此命盤顯示：天府星入座命宮，在四馬之地，所以較早有所成。亮度2，個性敦厚溫和，長相正派，且有較注重自己外在形象的特性。

|---|---|---|---|---|---|---|---|---|---|---|---|---|---|
| 流5 17 29 41 53 65 77 89 | 觀台天 恩輔福 天哭 | | 流6 18 30 42 54 66 78 90 | 威池 天三月解天 貴台德神官 天陰 傷煞 | | 流7 19 31 43 55 67 79 91 | 天 虛刑 | | | 流8 20 32 44 56 68 80 92 | 八座 天使 | |
| 臨妻 生書 | **丁巳** (陰火 東南巽) | 事業 | 沐飛 浴廉 | **戊午** (陽火 南離) | 人際 | 冠喜 帶神 | **己未** (陰土 西南坤) | 遷移 | 臨病 官符 | **庚申** (陽金 西南坤) | 疾厄 |

（此為上方四宮表格，其餘宮位續表）

乙小姐　陰女（屬牛）

生日：西元 1973 年 12 月　日 亥時
農曆：癸丑 年 十一 月　日 亥時

命局：金四局
命宮在：丑　　　　命主星：巨門
身宮在：亥　　　　身主星：天相
紫微在：卯
大限在：辰
流年在：子
小限在：申

流年日期：西元 2008 年 4 月 14 日 15:30 時
戊子 年 丙辰 (三) 月 甲申 (初九) 日 壬申 時

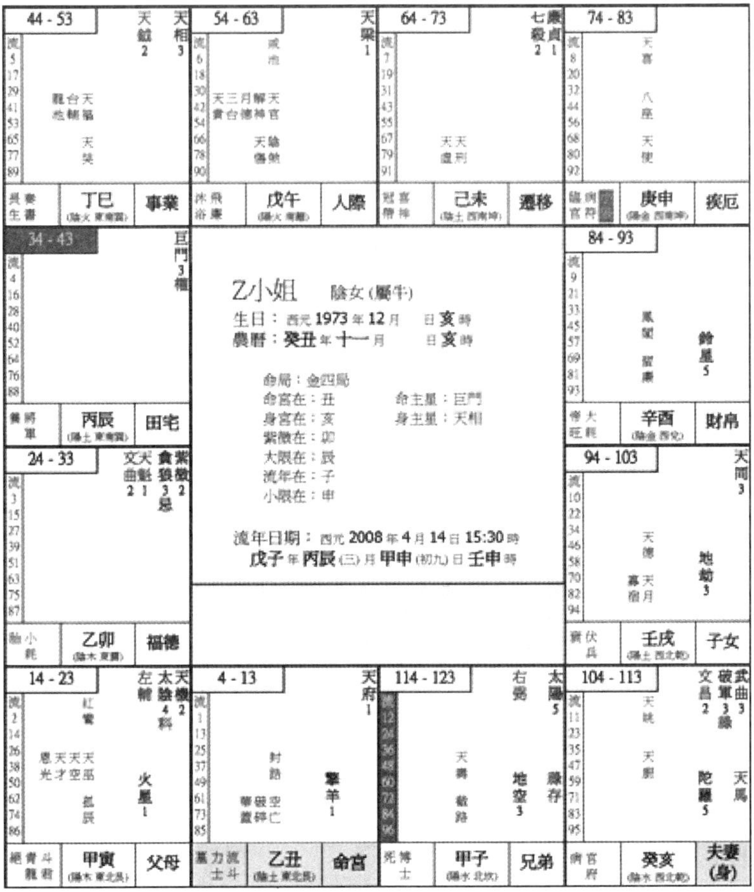

案例解盤大印證

此命盤顯示：天府星入座命宮，亮度1，帝星入座命宮，亮度1，帝星入座四墓庫，是一種隱藏，表示大器晚成。個性溫和，但是因入四墓庫所以顯得過於保守，建議命主可以活潑主動，大膽一點，可以早一點有所成。

25 - 34	15 - 24	5 - 14	115 - 124
左輔 七殺2 紫微2 流8 20 32 44 56 68 80 92 紅鷺 天才 天月	 流9 21 33 45 57 69 81 93	天鉞2 天宮 天德 地劫3 幕宿 流10 22 34 46 58 70 82 94	天馬 天巫 解神 天截 哭路 流11 23 35 47 59 71 83 95
臨官 大耗 己巳 夫妻 (陰火 東南巽)	冠帶 病符 庚午 兄弟 (陰火 南離)	沐浴 喜神 流祿 流斗 辛未 命宮 (陰土 西南坤)	長生 飛廉 壬申 父母 (陽金 西南坤)

中央資訊：

A同學　陽女（屬狗）
生日：西元 1994 年 4 月　日申時
農曆：甲戌年二月　日申時

命局：土五局
命宮在：未　　命主星：武曲
身宮在：亥　　身主星：文昌
紫微在：巳
大限在：午
流年在：子
小限在：寅

流年日期：西元 2008 年 4 月 14 日 19:30 時
戊子年 丙辰（三）月 甲申（初九）日 甲戌時

35 - 44			105 - 114
天機2 1 流7 19 31 43 55 67 79 91 三台 天虛			右弼 破軍5 廉貞3 福路 流12 24 36 48 72 84 96 天壽 天福 空亡 火星5
寄伏 旺兵 戊辰 子女 (陽土 東南巽)			養 奏書 癸酉 福德 (陰金 西兌)

45 - 54			95 - 104
天相5 流6 18 30 42 54 66 78 90 咸池 月德 地劫 空 革 3 5			天 八封 貴座路 流1 13 25 37 49 61 73 85 華蓋 天刑
寅 宮府 丁卯 財帛 (陰木 東震)			胎 將軍 甲戌 田宅 (陽土 西北乾)

55 - 64	65 - 74	75 - 84	85 - 94
文昌 巨門 太陽 忌 5 1 2 流5 17 29 41 53 65 77 89 天姚 祿存2 陀輔 泣緒 天使	貪狼 武曲 2 1 1 流4 16 28 40 52 64 76 88 陀羅1 破碎	文曲 太陰 天同 1 1 2 科 流3 15 27 39 51 63 75 87 恩星 光閣 天當祿 傷廉煞	天府2 流2 14 26 38 50 62 74 86 天富 天空 孤辰 鈴星1
病 博士 丙寅 疾厄 (陽木 東北艮)	死 力士 丁丑 遷移 (陰土 東北艮)	墓 青龍 丙子 人際 (陽水 北坎)	絕 小耗 乙亥 事業（身） (陰水 西北乾)

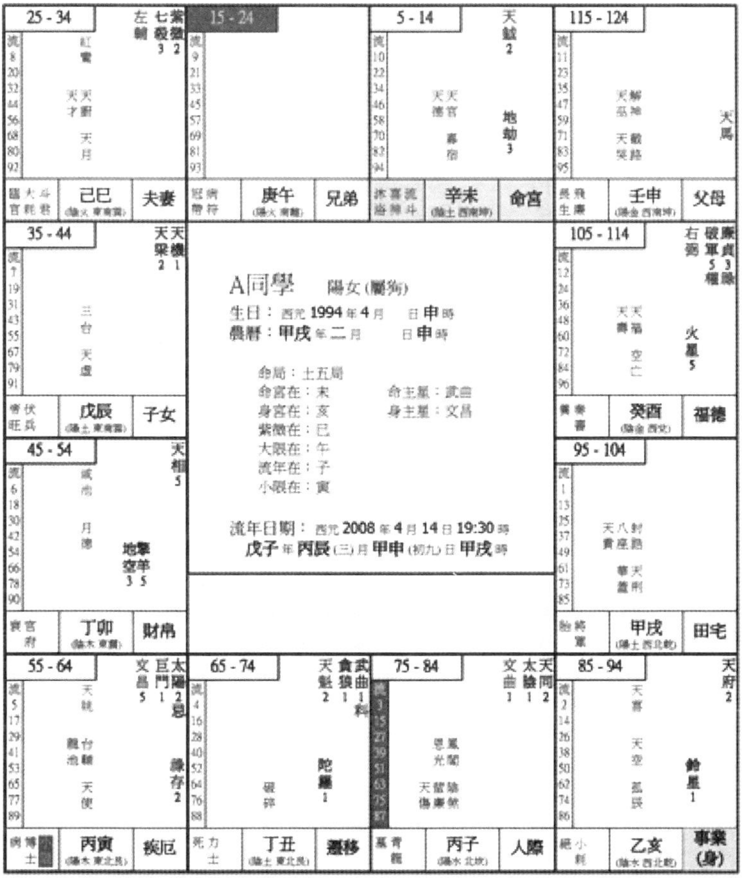

案例解盤大印證

此命盤顯示：天府星入身宮，且會煞星時，皮膚較黑，如沒有會煞星時多半膚白。

天府是財帛田宅主，但非事業主，所以其將來的行業未必是跟田宅有關，應是有興趣廣泛的現象。由於命主尚年輕，建議可以多接觸其他不同的行業。

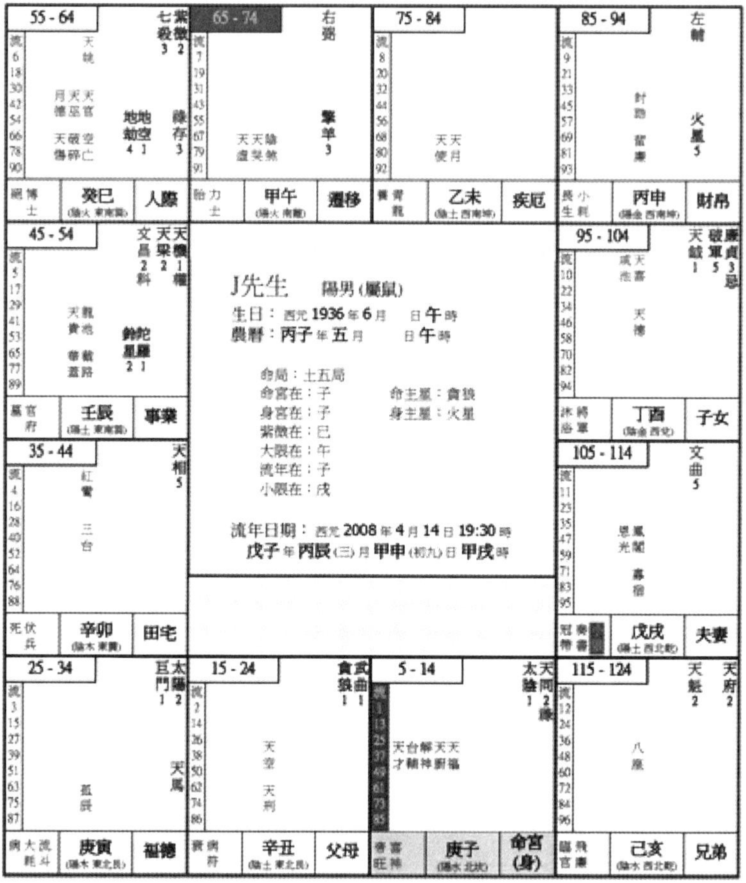

案例解盤大印證

此命盤顯示：天府星入兄弟宮，亮度為2，相較於命宮為天同星、太陰星，所以兄弟姐妹相對的在財帛田宅上較命主多。

第五章 星子與生命的對話（中）

——十四顆主星系列之二

八、太陰星（重要的星曜）：

太陰星	
南北	中斗星（C）
五行	陰水
化	富
屬性	財帛田宅主

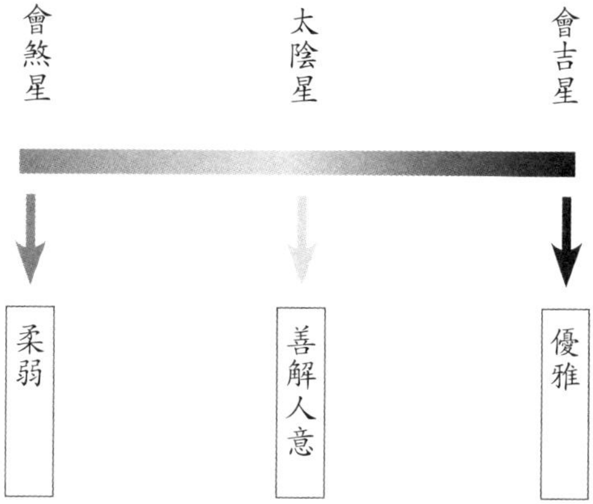

◎個性光譜顯示如下：

會吉星時	
長相	女具柔弱之美，男為小白臉。女主高雅優美，男主文質彬彬，皆優雅具魅力。
特性	聰穎擅思考，細膩解人意，善良柔和沉靜，具人緣（尤其異性），喜愛藝術有才華。喜歡寧靜的生活方式。

會煞星時	
長相	身材短小，臉圓色黯，女性高雅優美，男性文質彬彬，皆優雅具魅力。
特性	過度柔弱，膽小缺乏自信，常憂愁、煩悶，看不開，如同烏雲遮月，易有感情困擾。

太陰星為「循星」，是指跟月亮的循環變化有關的一顆星。由於慢慢變化的特質，所以顯現在感情上是慢慢存放，此外也因為財帛主，所以財富也是慢慢累積的。太陰星代表的是一種優雅的形象，由於屬水的特質，所以會跟桃花有關。

由於此星是對女性相當好的重要星曜，在觀察此星特性時必須注意到搭配農曆生日做判斷的原則。依據月亮的盈缺變化，對於同樣是太陰坐命宮者有不同的影響和意義。同樣為太陰星坐命者，農曆生日不同時，會有很大的差別。

以一個月來說，依照月亮的循環變化表現，A區是最好的，差不多是在農曆15日左右最好，且命主多半臉較圓。由於月亮的引力是相當大的，相對的在個人生命中發生的影響也如此。

其次是在B區、C區、D區、E區，舉例而言15日生的女子會比7日生的女子長相更美，更具自信。

事實上，太陰星對男性的影響也跟上述原則一樣，筆者曾經看過有太陰星坐命且約15日生的男性，特別膚白、愛乾淨，一般而言，農曆15日生的陰男，在男性女狀的表徵上更為明顯，特具女性緣。

◇不傳之秘◇

1、凡跟水有關的，都跟桃花有關。

2、命盤中光看太陽、太陰星就可以看出很多重要的東西。

據筆者經驗，女的同性戀者在個性光譜上會有極端趨近於柔弱或優雅的特性。

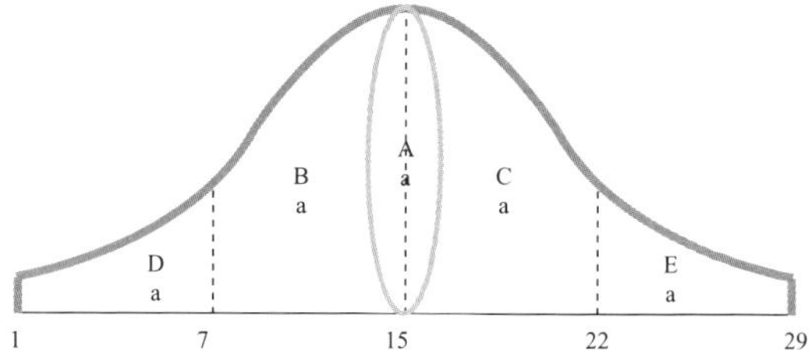

財帛（身）85-94　乙巳（陰火 東南離）	子女　95-104　丙午（陽火 南離）	夫妻　105-114　丁未（陰土 西南坤）	兄弟　115-124　戊申（陽金 西南坤）
右弼 天鉞／太陽 2 天才 天傷 絕　飛廉／流廉斗 流 10 22 34 46 58 70 82 94	破軍 1 天姚 天福 胎　喜神 流 11 23 35 47 59 71 83	天機 5 紅鸞 三台 八座 寡宿 養　病符 流 12 24 36 48 60 72 84	紫微 3 權　天府 2 天巫 鈴星 2 長生　大耗 流 13 25 37 49 61 73 85
疾厄　75-84　甲辰（陽土 東南巽） 武曲 1 忌 台輔 天華蓋 天使 蜚廉 墓　奏書 流 9 21 33 45 57 69 81 93	○先生　　陽男（屬猴） 生日：西元 1992 年 7 月　日 戌時 農曆：壬申 年 六月　日 戌時 命局：土五局 命宮在：酉　　命主星：文曲 身宮在：巳　　身主星：天機 紫微在：申 大限在：戌 流年在：子 小限在：寅 流年日期：西元 2008 年 4 月 14 日 22:30 時 戊子 年 丙辰（三）月 甲申（初九）日 乙亥 時		命宮　5-14　己酉（陰金 西兌） 太陰 2 左輔 科 天空 天廚 恩光 破碎 沐浴　伏兵 流 2 14 26 38 50 62 74 86
遷移　65-74　癸卯（陰木 東震） 天同 1 天魁 1 天空 月德 死　將軍 流 8 20 32 44 56 68 80 92			父母　15-24　庚戌（陽土 西北乾） 貪狼 1 天官 天哭 陀羅 1 冠帶　官府 流 3 15 27 39 51 63 75 87
人際　55-64　壬寅（陽木 東北艮） 文曲 3　七殺 1 鳳閣 天馬 天哭 天傷 天刑 孤路 病　小耗 流 7 19 31 43 55 67 79 91	事業　45-54　癸丑（陽土 東北艮） 天梁 2 祿 天喜 天月 壽德 地空 2 衰　青龍／蜚君 流 6 18 30 42 54 66 78 90	田宅　35-44　壬子（陽水 北坎） 文昌 天相 廉貞 2 1 3 觀封 解 危路神 火星 擎羊 帝旺　力士 流 5 17 29 41 53 65 77 89	福德　25-34　辛亥（陰水 西北乾） 巨門 2 天貴 孤辰 祿存 3 臨官　博士 流 4 16 28 40 52 64 76 88

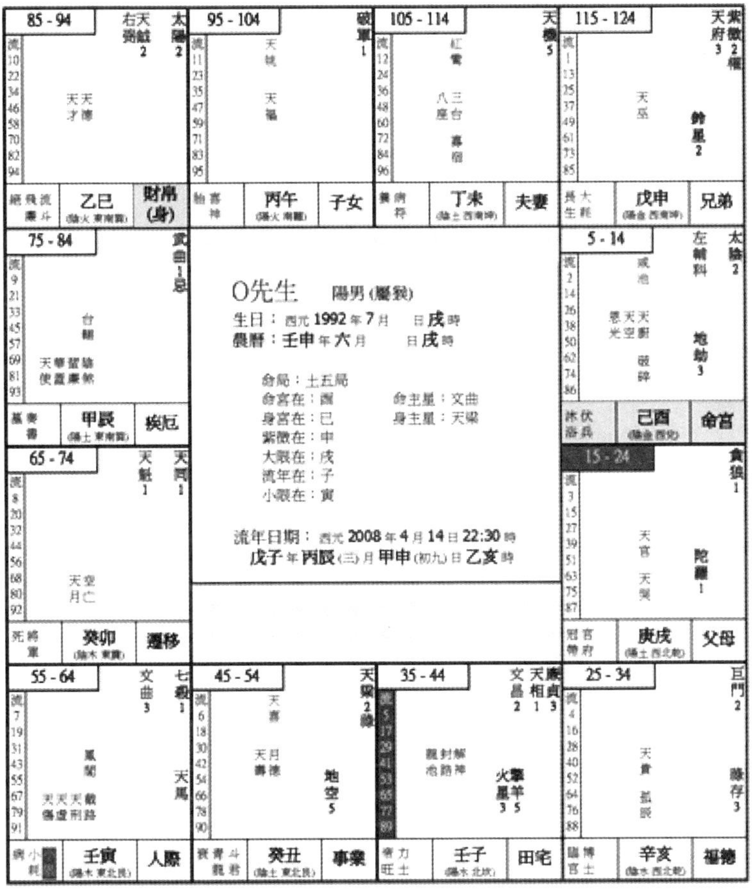

案例解盤大印證

此命盤顯示：由於命宮為太陰 2，且在下旬出生，所以相對於個性光譜上的表現，應只是善解人意。筆者建議可以多鼓勵往藝術方面去學習，從命盤中看來，有自尊心較強，肺或皮膚功能較差的現象。

◇不傳之秘◇

1、陰煞、華蓋同在疾厄宮，代表命主的健康有著神秘不可解的干擾。

2、華蓋：代表神秘事務。（多半是正面的，例如神仙。）

陰煞：代表神秘事務。（多半是負面的，例如祖先牌位、祖墳。）

3、想看一個人的健康情形，必須結合父母的出生年，才能更細緻的看出端倪，因為畢竟只是共盤，還太過粗糙。

九、貪狼星：

貪狼星	
南北	北斗星（N）
五行	陽木
化	桃花
屬性	福禍主

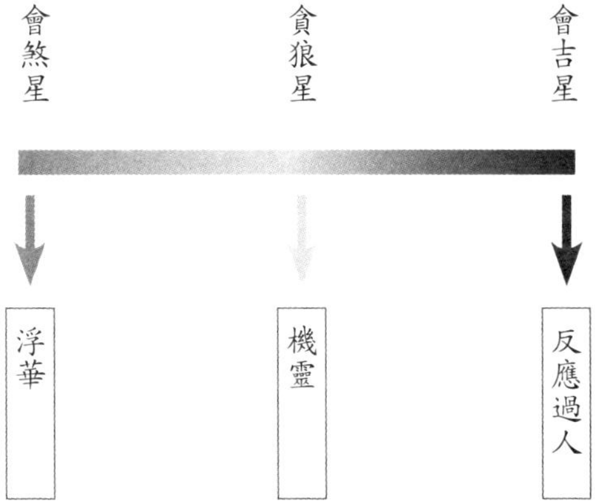

◎個性光譜顯示如下：

會吉星時	
長相	女為美艷型，男為粗獷型。臉型為長圓略帶方形（同字型）。
特性	豪放活躍、機靈健談，好交友喜應酬，浪漫激情，重享受，多情愛享豔福（男女皆然）。多學多能，明快幹練，爆發力強，有色彩方面之藝術才能。
會煞星時	
長相	女為美艷型，男為粗獷型。臉型為長圓略帶方形（同字型）。

特性	虛偽浮誇，好高騖遠，好交友喜應酬，浪漫激情，重享受，多情愛享豔福（男女皆然）。雜學而不精；多疑不踏實，不按牌理出牌；佔有慾特強。

有些書說貪狼屬水，這是錯誤的說法，因為貪狼星一定為兩個水星所夾。研究時應了解星曜屬性，仔細觀察，勿人云亦云。另外貪狼代表欲望，也代表變化多端。命宮如有貪狼星入座，其他宮位也都會帶有貪狼的味道，在欲望的表現上較強。

命宮有此星者喜愛追求流行的事物，例如對於流行投資什麼可以發財也有強烈興趣。幼時表現為好時尚，年長時是對所有有關於流行的資訊、活動、事業都想參與。尤其貪狼化祿時特別容易對金錢的追求產生興趣。

貪狼對養生之道也特別有興趣，表面上看來是重養生，但事實上是因內心的欲望很強，在投資、理財、感情上都如此。會想要有屬於自己的社交圈或舞台，想要有頭銜，綜上所述，會有容易接觸瑜珈、肚皮舞、國際標準舞等可能。

有此一說，當貪狼星入座子女宮且亮度1時，性能力較強。

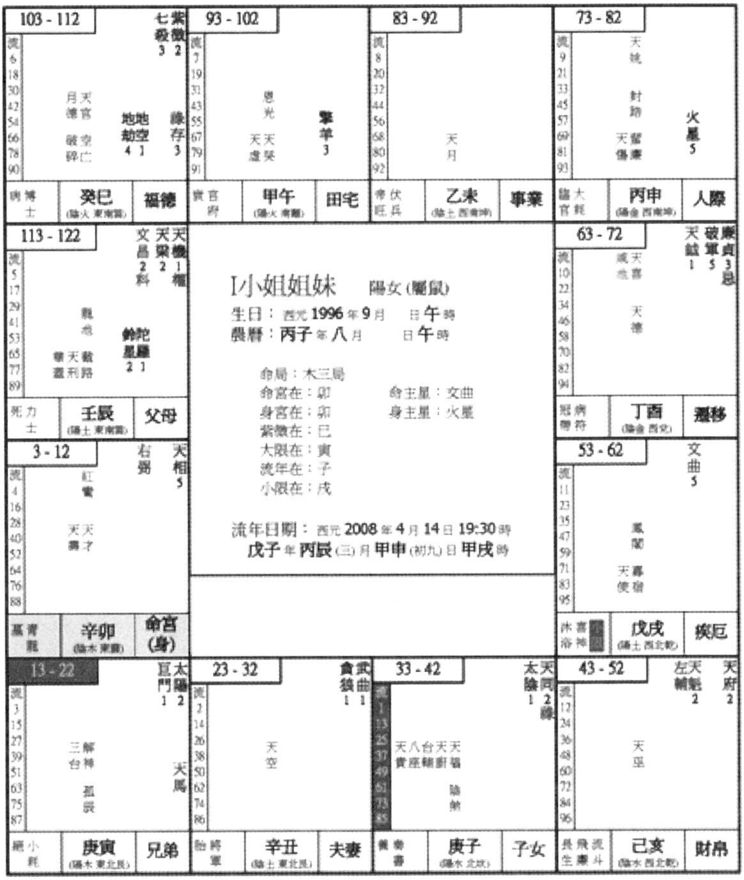

案例解盤大印證

此命盤顯示：妹妹的命宮在遷移宮，會貪狼星且亮度高，所以會有好打扮的興趣，甚至濃妝、奇裝異服的傾向。

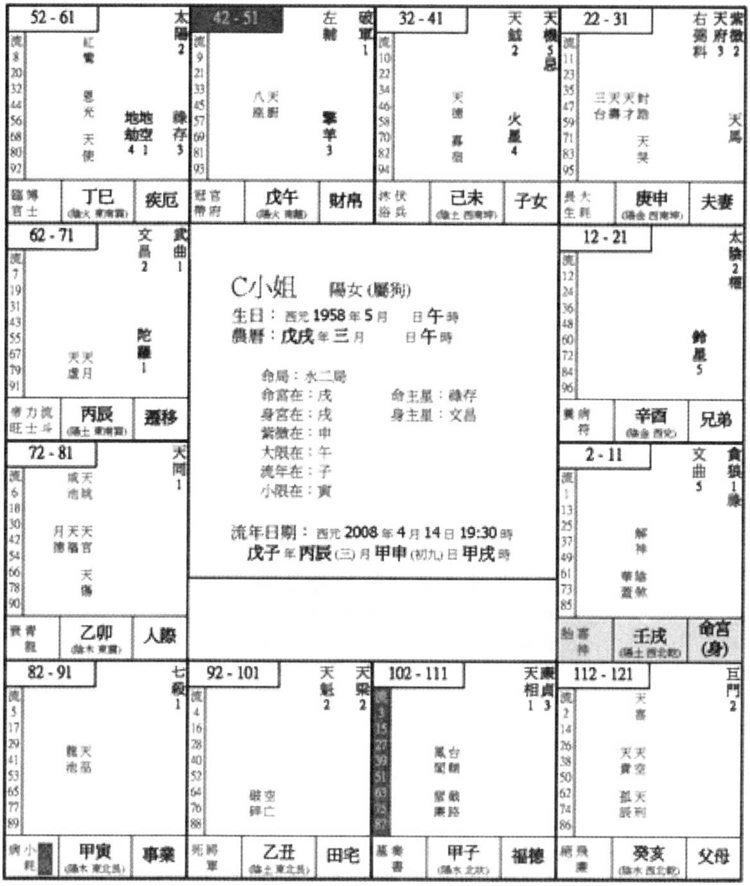

案例解盤大印證

此命盤顯示：由於命宮中有陰煞、華蓋二星，命主好接受神鬼類的訊息或觀念。筆者曾看過相似的出生命盤者，後來在讀博士班時，撰寫的是神鬼類的論文研究。

十、巨門星：

巨門星	
南北	北斗星（N）
五行	陰水
化	暗
屬性	是非主

◎個性光譜顯示如下：

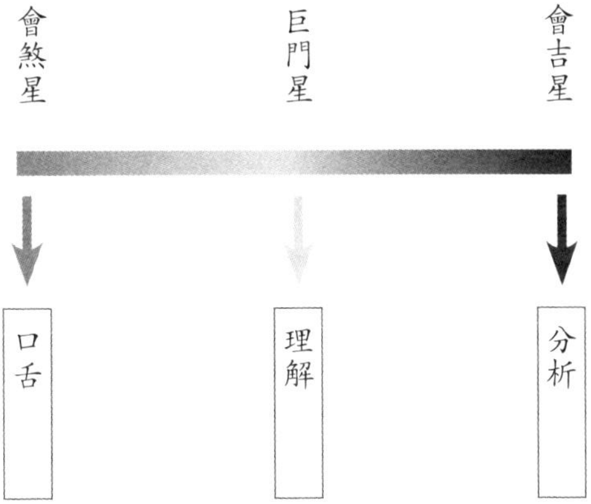

會吉星時	
長相	男女皆長相秀氣，口大唇薄，雙眼銳利，有許多嘴邊有痣為其特色。
特性	聰穎敏捷，樂於助人、善口才、具交際手腕、注重儀表。
會煞星時	
長相	男女皆長相秀氣，口大唇薄，雙眼銳利，有許多嘴邊有痣為其特色。

特性	孤獨刻薄，積極主觀，注重儀表。不合群，自尊心強，說話刻薄易傷人，喜道人長短，多口舌是非，易惹官司上身。

巨門依太陽而決定吉凶，看巨門星必須先看太陽，如有太陽星照射會更好。據筆者經驗，巨門也代表的是家中水脈，因為陰代表潛藏，陰水代表的是地下水。有些書籍說巨門代表地下水，是骯髒的水、水溝等。後段的評述失之片斷和主觀。不過巨門很多時候的確顯示出壞的情況，而且機率很高。

會吉星 →	乾淨的深層水
巨門星 →	批判的能力
會煞星 →	化忌…官司是非 污水

◇不傳之秘◇

依面相學來看，唇相的四種情況：

(1)薄：節儉，甚至吝嗇（巨門遇煞星）

(2)厚：寬容、敦厚、大方（巨門遇吉星）

(3)上厚下薄：為人傲，喜人捧

(4)上薄下厚：謙虛

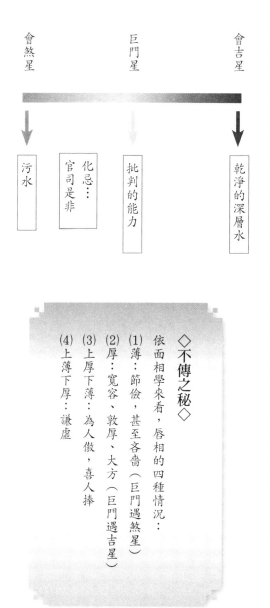

96 - 105		106 - 115		116 - 125		6 - 15	
	天府 3		天太陰同 1 5 5		貪武狼曲 1 1		巨太門陽祿權 1 4
天鉞 天貴 恩光 天空 癸亡		月台 天德 龍斷		天姚 天虛		陀羅 5
臨官 病符 **癸巳** 子女		帝旺 大耗 **甲午** 夫妻		衰 伏兵 **乙未** 兄弟		病符 官府 **丙申** 命宮(身)

86 - 95			W小姐　陰女(屬牛)		16 - 25	
	文右曲弼 1 科	生日：西元 1961 年 8 月　日 子 時			天相 5	
截路		農曆：辛丑 年七月　日 子 時		天天鳳宮 壽才閣宿 紫廉	祿存	
冠帶 喜神 **壬辰** 財帛		命局：火六局		死 博士 **丁酉** 父母		

命宮在：申　　命主星：廉貞
身宮在：申　　身主星：天相
紫微在：亥
大限在：子
流年在：子
小限在：申

流年日期：西元 2008 年 4 月 14 日 15:30 時
戊子 年 丙辰 (三) 月 甲申 (初九) 日 壬申 時

76 - 85		26 - 35	
	破廉軍貞 2 3		文左昌輔 5 忌　天天梁機 2 1
天天 使刑	火星	天德 喜神	鈴擎星羊 1 1
沐浴 飛廉 **辛卯** 疾厄		墓 力士 **戊戌** 福德	

66 - 75		56 - 65		46 - 55		36 - 45	
	天魁 2						七紫殺微 3 2
紅鸞 八天封天解 座空詰品神 孤辰 辰絞			天華破 傷蓋碎		三台	恩光 天月	地地劫空 2 5　天馬
長生 奏書 **庚寅** 遷移		養 將軍 **辛丑** 人際		胎 小耗 **庚子** 事業		絕 青龍 **己亥** 田宅

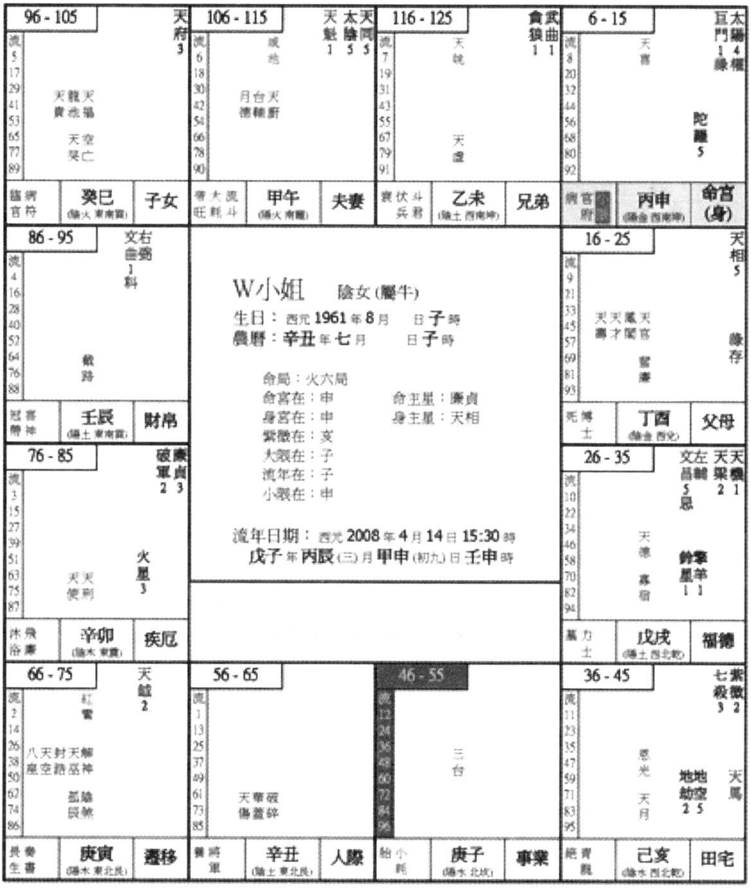

案例解盤大印證

此命盤顯示：命宮有太陽、巨門入座，所以講話頭頭是道，且因為化祿，所以態度較柔軟。另外，由於命宮中有陀羅 5，所以很多事情都放在心中。

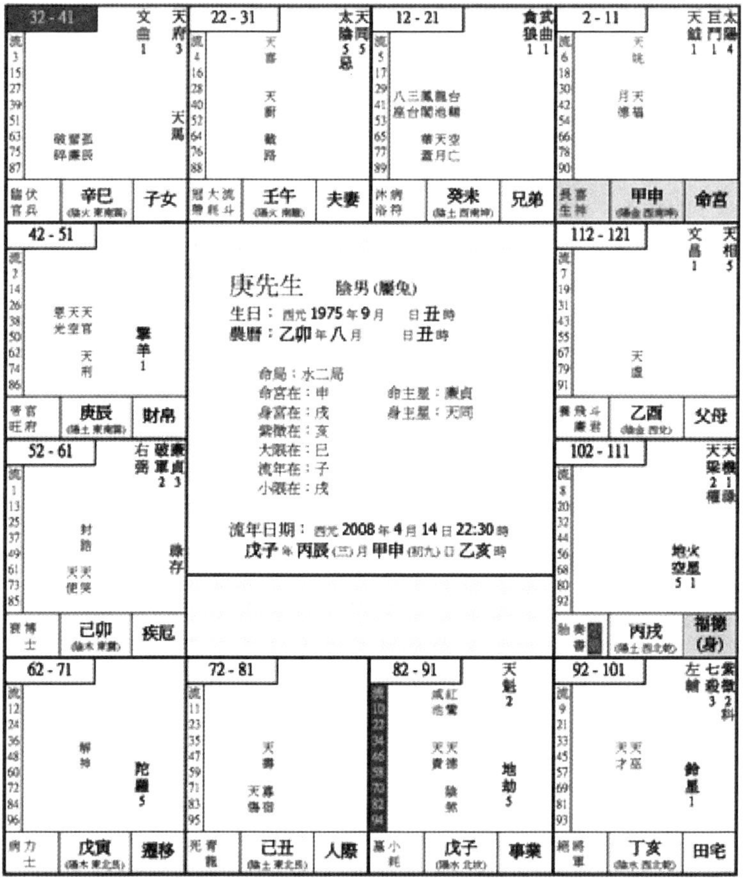

案例解盤大印證

此命盤顯示：命宮有太陽星亮度4，巨門星亮度1，所以會有想辯解什麼但有氣無力的現象。據提供命盤的友人言，命主雖做門市的業務工作，但是說話很直，並不是口才很好的業務。

◇不傳之秘◇

太陽星如亮度不夠以致不能照會巨門時，可多晒太陽或利用太陽光反射到家中巨門的方位，也有所助益。

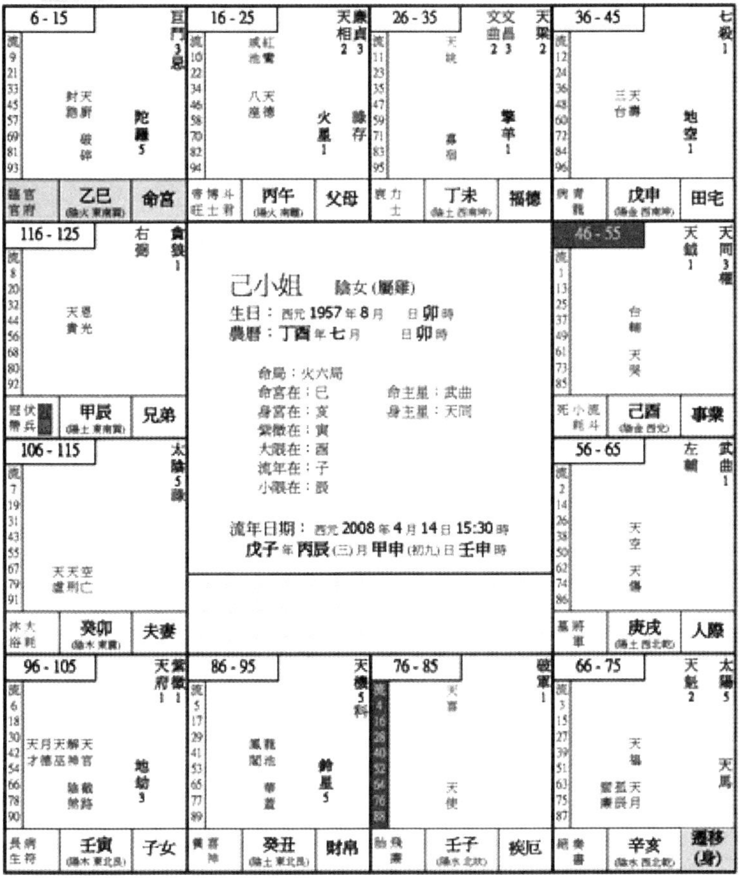

案例解盤大印證

此命盤顯示：命宮為巨門化忌，對宮太陽星不亮，無法制煞為用，不妨在居家西北方引光線或照明用具照向東南方，以提升能量。遷移宮有天魁坐命，故有男貴人幫忙，陀羅坐命多半較胖。

十一、天相星：

天相星	
南北	南斗星（S）
五行	陽水
化	印
屬性	官祿主

會吉星 → 樂於助人

天相星 → 正義感

會煞星 → 木訥　難婆　官司

◎個性光譜顯示如下：

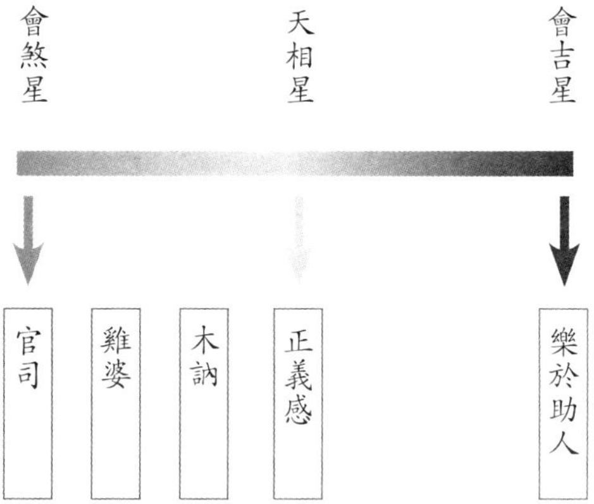

會吉星時

長相　男女皆為忠厚幹練負責型。臉型為圓中帶方，大眼，下巴呈方形，長相端正、體面、有氣派。

特性	思考周密，穩重謹慎，積極勤勞，忠誠耿直，樂於助人。自尊心強，擅外交手腕，具安定力量。
會煞星時	
長相	男女皆為忠厚幹練負責型。臉型為圓中帶方，大眼，下巴呈方形，長相端正。
特性	過度木訥老實，無論感情或錢財上，常易受騙；個性上也因過度節儉常成吝嗇。

有些書上認為天相為正義之星，基本上，天相所屬的水為善水，協助的水。與天相星座者為友，會有意外的幫助。

|---|---|---|---|---|---|---|---|---|---|---|---|---|---|---|
| 流4
16
28
40
52
64
76
88 | 天貴
孤辰 | 鈴星 2 | 流5
17
29
41
53
65
77
89 | 龍天
池姚 | | 流6
18
30
42
54
66
78
90 | 天喜
恩光 月德
天月 | | 流7
19
31
43
55
67
79
91 | 天姚
鳳閣 台輔
天虛 | 天馬 |
| 絕飛
官廉 | 乙巳
(陰火 東南隅) | 夫妻 | 胎奏流
養書羊 | 丙午
(陰火 南離) | 兄弟 | 沐將流
浴軍斗 | 丁未
(陰土 西南坤) | 命宮 | 長小
生耗 | 戊申
(陽金 西南坤) | 父母 |

32 - 41		太陰 5						102 - 111		七殺 4	武曲 2 忌
流3 15 27 39 51 63 75 87	封誥 天天 哭刑					流8 20 32 44 56 68 80 92	天天 才廚 地空 破碎 1	
墓喜 旺神	甲辰 (陽土 東南隅)	子女				養青斗 龍君	己酉 (陰金 西兌)	福德

辛小姐　　陽女（屬虎）

生日：西元 1962 年 9 月　日 寅時
農曆：壬寅 年八月　日 寅時

命局：水二局
命宮在：未　　　命主星：武曲
身宮在：亥　　　身主星：天梁
紫微在：丑
大限在：卯
流年在：子
小限在：午

流年日期：西元 2008 年 4 月 14 日 15:30 時
戊子 年丙辰（三）月 甲申（初九）日 壬申 時

42 - 51		右天 弼魁	天府						92 - 101		太陽 5
		1	3						流9 21 33 45 57 69 81 93	天廚 蜚廉 蓋 華蓋	
流2 14 26 38 50 62 74 86	戒 池	八天 座空 空亡	火星 3					將力 軍士	庚戌 (陽土 西北乾)	田宅
貫病 索符	癸卯 (陰木 東震)	財帛									陀羅 1

52 - 61				62 - 71		破軍 1 權	紫微 1	72 - 81			天機 1	82 - 91		左輔 科
流1 13 25 37 49 61 73 95	解神 天截 使路		流12 24 36 48 60 72 84 96	紅鸞 天壽 嘉喜		流11 23 35 47 59 71 83 95	地劫 5	流10 22 34 46 58 70 82 94	天姊 傷航	擎羊 5			三天天 台德巫	祿存 3
喪大 門耗	壬寅 (陽木 東北艮)	疾厄	死伏 兵	癸丑 (陰土 東北艮)	遷移	墓官 府	壬子 (陽水 北坎)	人際	絕博 士	辛亥 (陰水 西北乾)	事業 (身)

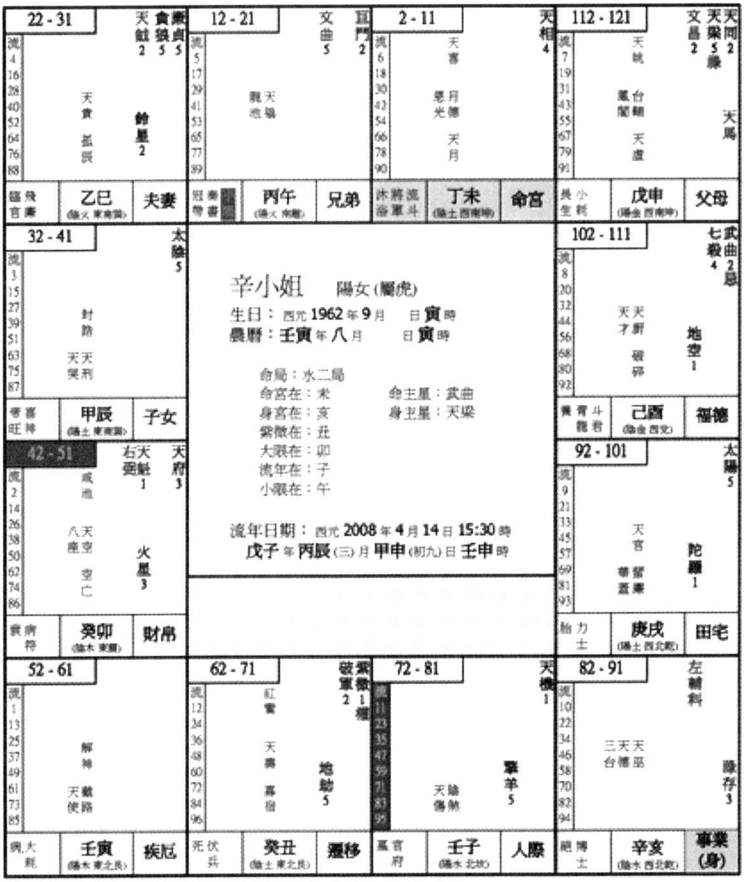

案例解盤大印證

此命盤顯示：命宮為天相星獨坐，沒有會煞星，基本上是好人。從福德宮中武曲化忌的情況來推論，可能會有財務上的問題。有此一說，如能用鑷子插在西邊土地或花盆，可以化解這種情形。大限走到晚年時要特別注意財務問題，尤其是51歲時注意武曲遇壬會再化忌一次。化解之道是藉由關係人中的出生年來轉移。

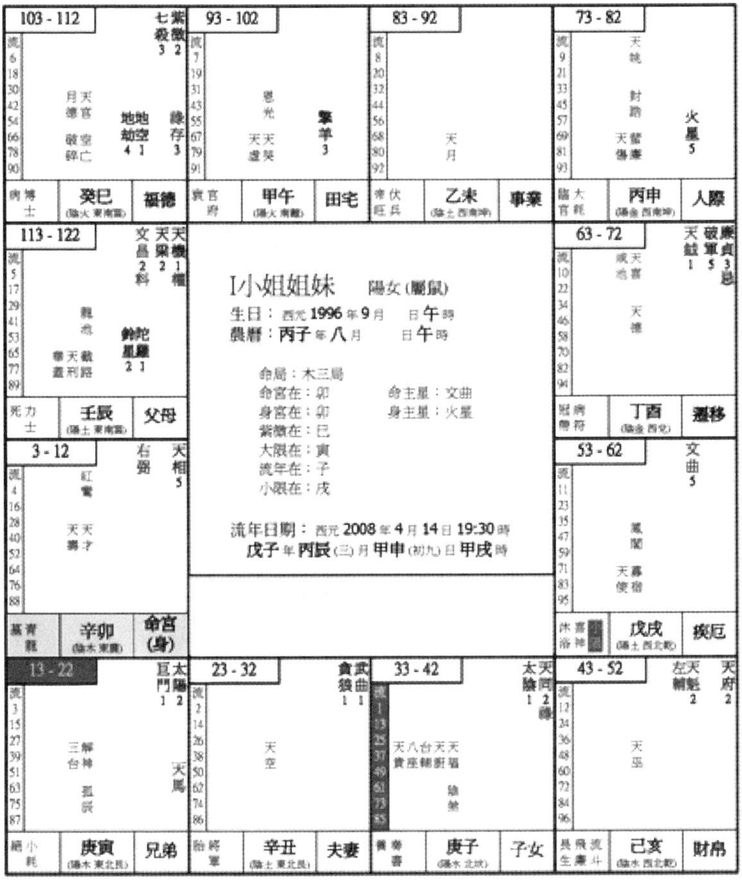

案例解盤大印證

此命盤顯示：父母宮代表父親，兄弟宮代表母親，由命盤推論，因為太陽巨門代表的是遠方，所以古代說法是易娶異族。據提供命盤友人所言，此命主的父親和母親為外省人與本省人的合婚。

◇不傳之秘◇

男女性的重點宮位有所不同，其優先順序茲說明如下：

男命的重點宮位：1、命宮　2、事業宮　3、財帛宮　4、福德宮

女命的重點宮位：1、命宮　2、福德宮　3、夫妻宮　4、子女宮

十二、天梁星：

天梁星	
南北	南斗星（S）
五行	陽土
化	蔭
屬性	壽解、厄制化主

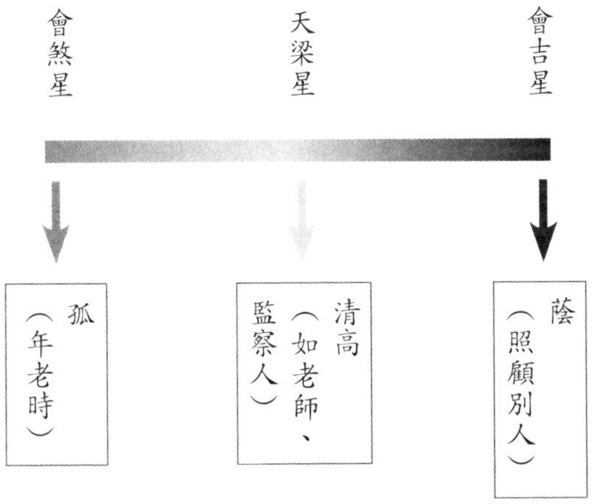

◎個性光譜顯示如下：

會吉星時	
長相	男女皆具長方形（略長）臉，臉色黃中帶白，稍帶威嚴之美。身材高大，眼睛不小，多半為雙眼皮。
特性	具清高孤獨特性。容易化解危機渡過困境。處事公正老練有原則，頗得人敬重。

會煞星時	
長相	男女皆具長方形（略長）臉，臉色黃中帶白，稍帶威嚴之美。身材高大，眼睛不小，多半為雙眼皮。
特性	為非公平、正義的長者或貪財斂財之神棍之類。女性可能淪入特種行業，或會有老大心態，如大姊頭之類。

天梁星屬陽土，表現明顯，且包容性大，對什麼都有興趣。尤其天梁星號稱「蔭星」，會有長壽及逢凶解厄的特性。

另外「蔭」也有照顧的意味，除了前述對本人的照顧外，也代表了天梁星坐命者常有比較照顧他人的保護特性。

有一些前輩看過不少例子，天梁星坐命者，如有會桃花星，有很多是特種行業中的老大姐，較具有

天梁星所衍生的意義有三大方向：宗教、醫藥（傾向中醫）、教育。

主事和解危的能力。

天梁星亮度不高且會煞星時，要特別注意培育孝順的子孫，以免老時孤單。筆者在美國時曾看過有這顆星坐命的，從事教授工作，未婚也沒有子嗣，孤老一生。

天機星代表善心人士，會從事飢餓三十之類的慈善活動；天梁星代表的是慈善家，甚至會有募集基金會做善事之類的舉動。

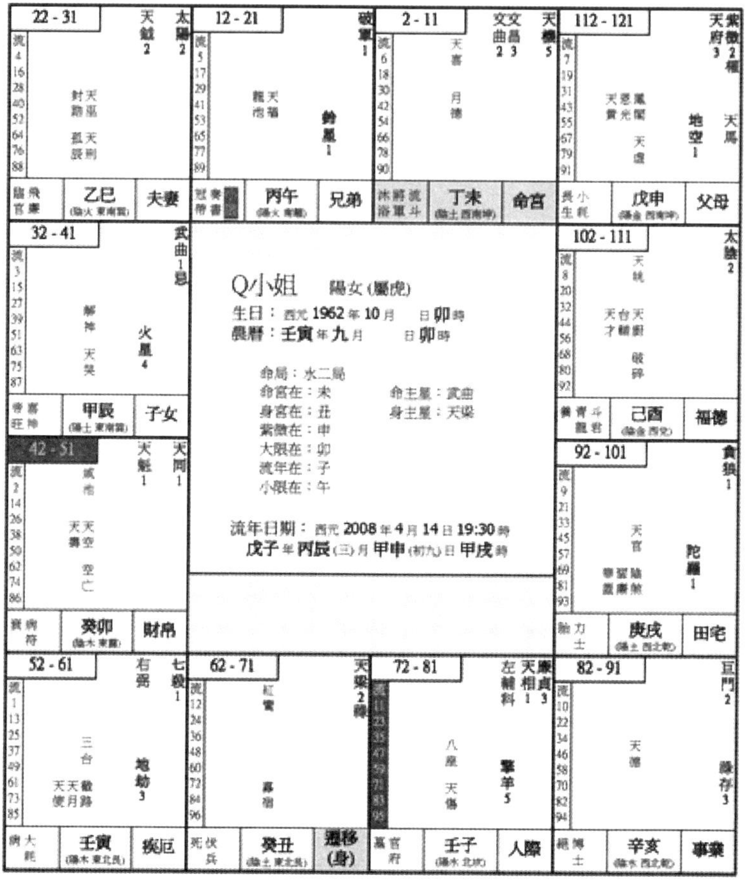

案例解盤大印證

此命盤顯示身宮、遷移宮有天梁星化祿，會非常照顧子女，且十分周到，所以常有巨大的遺產留給小孩。（相對的，也可能衍生出子孫爭產的情況。）

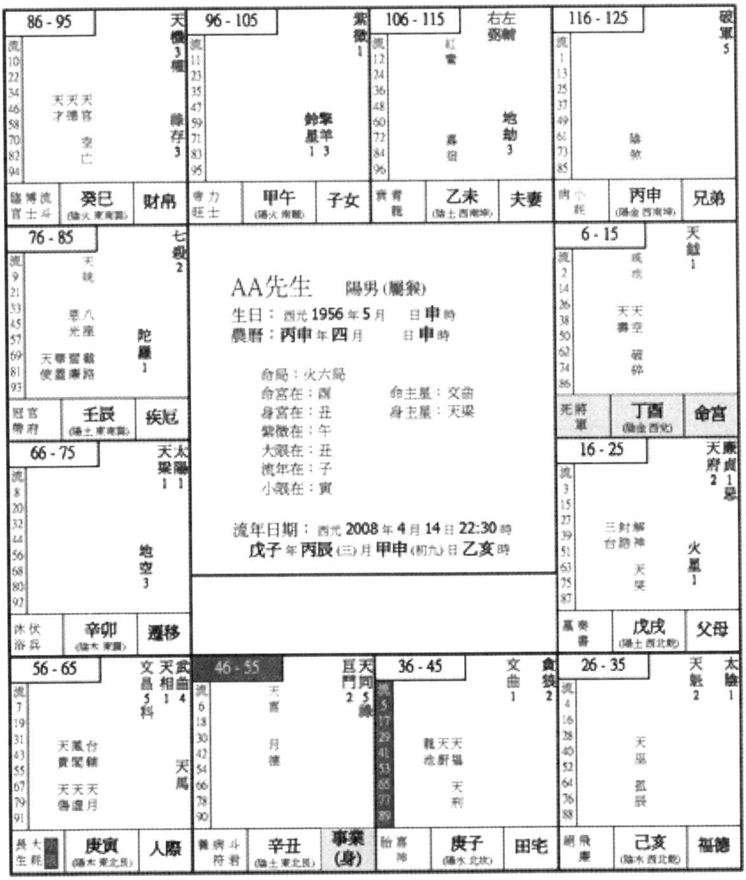

|---|---|---|---|---|---|---|---|
流10 22 46 58 70 82 94	天才 天遷宮 空亡 祿存 3	流11 23 47 59 71 83 95	鈴擎星羊 1 3	流12 24 48 60 72 84	紅鸞 地劫 3 喜昴	流1 13 25 37 49 61 73 85	陰煞
陽流 博流 官士 兵	癸巳 財帛 (陰火 東南隅)	曹力 旺士	甲午 子女 (陽火 南離)	貴青 龍	乙未 夫妻 (陰土 西南坤)	肉小 耗	丙申 兄弟 (陽金 西南坤)
76 - 85	七殺 2					6 - 15	天鉞
流9 21 33 45 57 81 93	天姚 恩八 光座 天寡輩龍 使盧庫路 陀羅 1	AA先生 陽男 (屬猴) 生日：西元 1956 年 5 月 日 申 時 農曆：丙申年四月 日 申 時				流2 14 38 50 74 86	咸池 天天 壽空 破碎
冠官 帶府	壬辰 疾厄 (陽土 東南隅)	命局：火六局 命宮在：酉 身宮在：丑		命主星：文曲 身主星：天梁		死將 軍	丁酉 命宮 (陰金 西兌)
66 - 75	天太 梁陽 1 1	紫微在：午 大限在：丑 流年在：子				16 - 25	天廉 府貞 2 忌
流8 20 32 44 56 68 80 92	地空 3	小限在：寅 流年日期：西元 2008 年 4 月 14 日 22:30 時				流3 15 27 39 51 63 75 87	三封解 台詰神 天哭 火星 2
沐伏 浴兵	辛卯 遷移 (陽木 東震)	戊子 年 丙辰 (三) 月 甲申 (初九) 日 乙亥 時				墓奏 書	戊戌 父母 (陽土 西北乾)
56 - 65	文天武 昌相曲 5 1 4 科	46 - 55		耳天 門同 2 5 祿		36 - 45	文曲 2	26 - 35		天鉞 2	太陰
流7 19 31 43 55 67 79	天鳳台 貴閣輔 天傷月 天馬	流6 18 30 42 54 66 78 90	天喜 月德	流5 17 29 41 53 77 89	龍天天 德蔭福 天刑		貪狼 2	流4 16 28 40 52 64 76 88		天哭 孤辰
官大 生耗	庚寅 人際 (陽木 東北艮)	養病斗 符君	辛丑 (身) (陰土 東北艮)	事業 (身)	胎喜 神	庚子 田宅 (陽水 北坎)		絕飛 廉	己亥 福德 (陰水 西北乾)

此命盤顯示：遷移宮中有太陽星亮度1和天梁星亮度1入座，大致而言，太陽亮度1—2時，尤其在遷移宮者，利於外出，且會有不定時在某些地方駐點，同時也會很受長官照顧。

案例解盤大印證

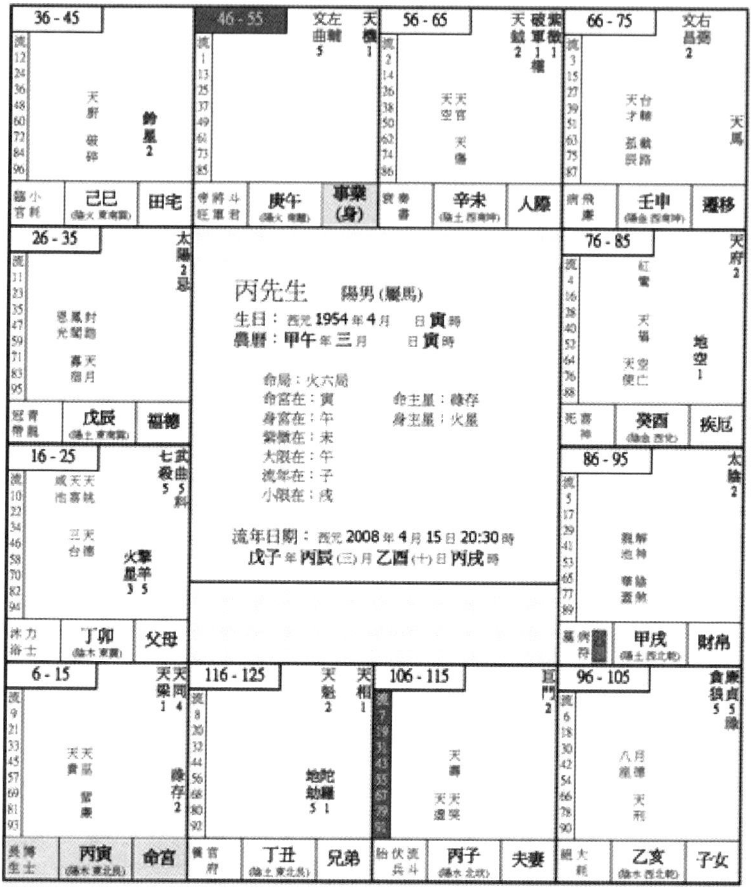

案例解盤大印證

此命盤顯示：從天梁星亮度1和天同星亮度4同坐於命宮，且有祿存入座來看，可以看出很照顧屬下。由於天梁星亮度很亮，要照顧不亮的天同星者，所以較為辛苦。

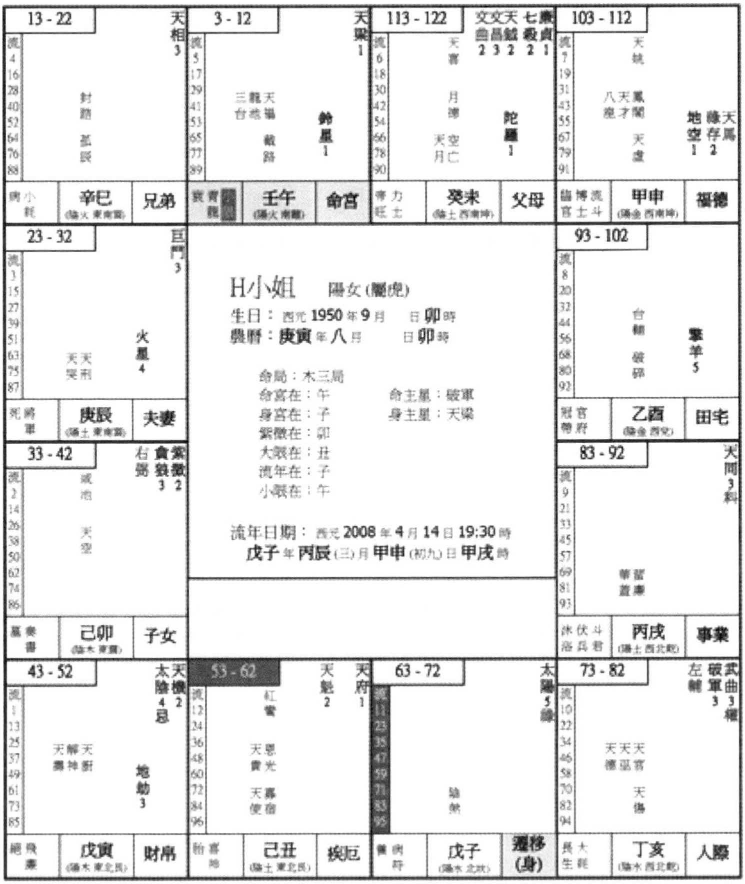

案例解盤大印證

此命盤顯示：命宮有天梁星入座，加上鈴星，所以傾向於對中醫有興趣或研究，建議可以培養一些宗教信仰，從命盤上來看，63－74歲時有這樣的現象。命主大概63歲後會有一些大的身體毛病，但大多能逢凶解厄。且由於56歲時有會擎羊，所以會有開刀之類的血光之災。

據提供命盤的當事人印

證，的確有在這年紀時動手術。亮度越不亮時，所進行的開刀手術會越大。所以建議看醫生時，尤其是重大手術或疾病時，可看看自己命盤中，挑選流日有會天梁星，這樣就有更大的機會找到好醫生。

天梁星亮度如果是1—2，且在命宮、身宮者，解一生之疾厄，在其他宮位大概就只有一年。

十三、七殺星：

七殺星	
南北	南斗星（S）
五行	陰金
化	肅殺
屬性	遇紫化權主

◎個性光譜顯示如下：

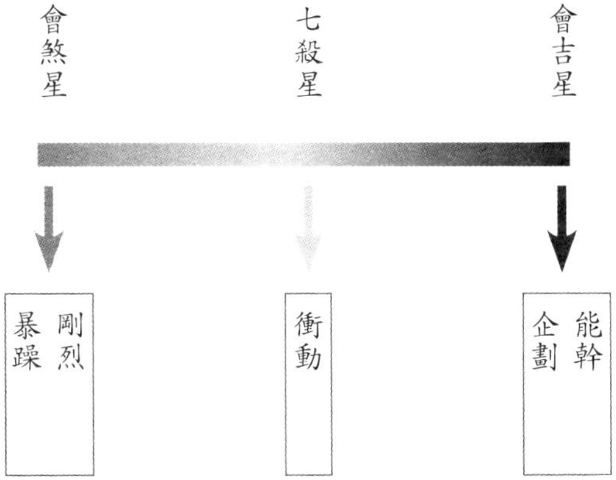

會吉星時	
長相	男女皆屬精明能幹型。為方長型臉，濃眉大眼，顴骨明顯，個子不高（偶有高大的身材），有威嚴，帶煞氣。

特性	個性獨立，觀察入微，雄才大略具膽識，有冒險性，但能謀定而後動；且不喜受管束。
會煞星時	
長相	男女皆屬精明能幹型。為方長型臉，濃眉大眼，顴骨明顯，帶煞氣。
特性	個性剛烈難捉摸。工作上落落寡合無知音，感情上易孤芳自賞。有冒險性，但不喜受管束。

七殺星是變化中樞，尤其在大限時，更是重要指標。七殺星表現出的面向，在好壞程度上是相差很多的，主要是依照星曜亮度以及會到吉星或煞星。七殺星坐命者多半性剛烈。另外，七殺主肅殺，在排盤上是最後一顆星，尤其是跟生命的終點很有關係。

35 - 44	45 - 54	55 - 64	65 - 74
太陰 祿忌 5	文昌弱 右弼 5	貪狼 2	巨門門 天同 武曲 文左天 天相武曲 3 1 3
天城 鳳閣 天巫	咸池 天刑 天廚 陰煞 解路	天才 天官 天空 天傷 月亡 地火空星 3 4	天福 孤辰
絕青斗 輩君 辛巳 (陰火 東南震) 田宅	胎小 耗 壬午 (陽火 南離) 事業	養將 軍 癸未 (陰土 西南坤) 人際	長奏 生書 甲申 (陽金 西南兌) 遷移

25 - 34			75 - 84
天府 廉貞 1 2			天梁 太陽 3 4
天喜 天官 寡宿 擎羊 1	JJ小姐　陰女(屬蛇) 生日：西元1965年6月　日辰時 農曆：乙巳年五月　日辰時 命局：土五局 命宮在：寅　　命主星：祿存 身宮在：戌　　身主星：天機 紫微在：子 大限在：巳 流年在：子 小限在：子 流年日期：西元2008年4月15日20:30時 戊子年丙辰(三)月乙酉(十)日丙戌時		龍池 天破 使碎
墓力 士 庚辰 (陽土 東南巽) 福德			沐飛 浴廉 乙酉 (陰金 西兌) 疾厄

15 - 24			85 - 94
天壽 祿存 3			七殺 1
地劫 3			紅鸞 月台 陰輔
死博 士 己卯 (陰木 東北震) 父母			冠喜 帶神 丙戌 (陽土 西北乾) 財帛(身)

5 - 14	115 - 124	105 - 114	95 - 104
破軍 5		紫微 2 科	天機 3 祿
三天 台德 鈴陀星羅 1 5	天貴 寡天天 宿哭刑	天魁 2 八解 座神	恩光 天虛 天馬
病宮 君符 戊寅 (陽木 東北艮) 命宮	衰伏 兵 己丑 (陰土 東北艮) 兄弟	帝大 旺耗 戊子 (陽水 北坎) 夫妻	臨病 官符 丁亥 (陰水 西北乾) 子女

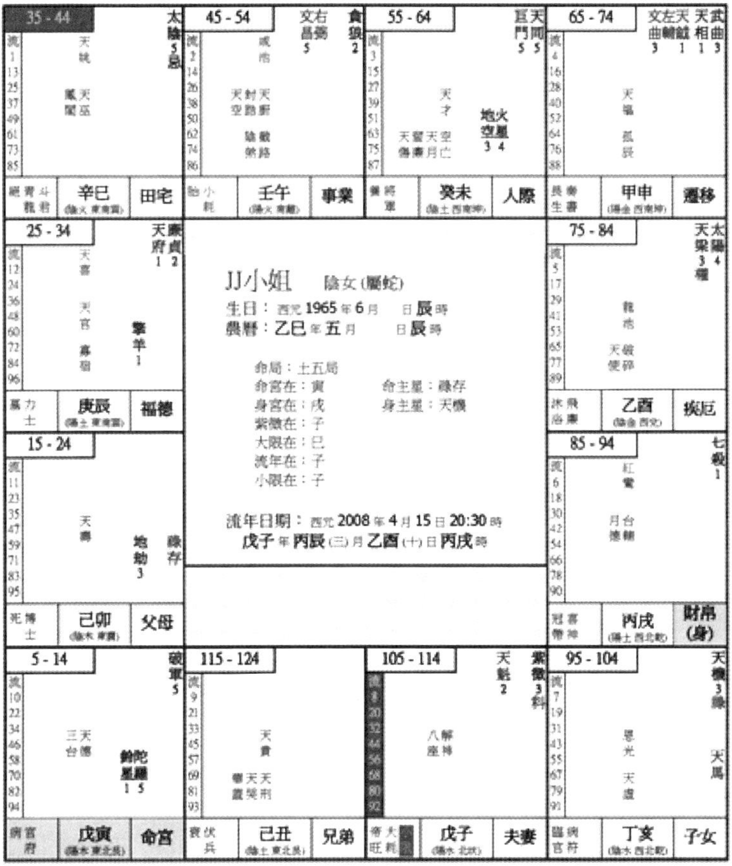

案例解盤大印證

此命盤顯示：命宮為破軍星亮度5，身宮、財帛宮為七殺星，個性有剛烈傾向，由於今年已45歲，所以個性也會開始朝向身宮發展，表現出能幹而果斷的個性特質。

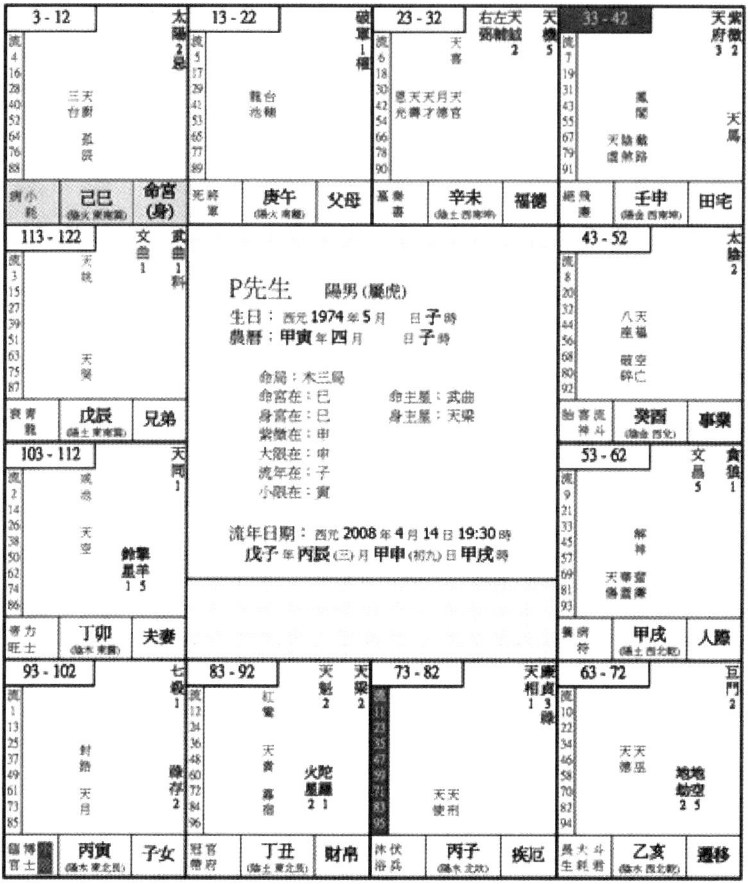

案例解盤大印證

此命盤顯示：七殺星在大限（33—42歲）的遷移宮，因有祿存會大限命宮的天馬星，易有因錢滾錢而改變本命主在此大限的人生境遇。

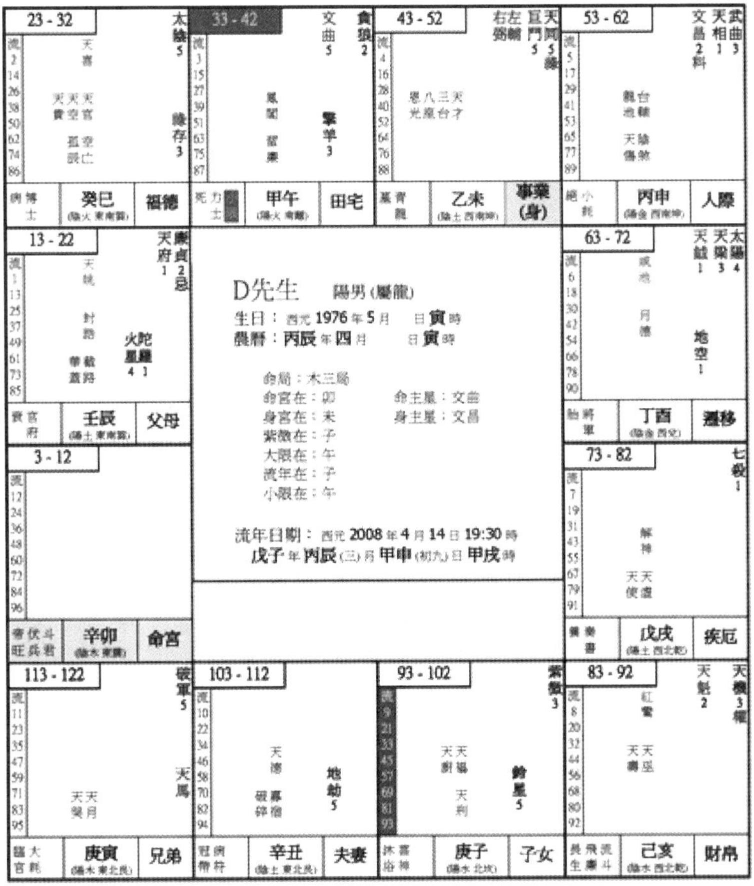

案例解盤大印證

此命盤顯示：七殺星入疾厄宮，所以在73—82大限時，要注意健康可能會有問題。

十四、破軍星：

破軍星	
南北	北斗星（N）
五行	陰水
化	耗
屬性	主禍福、司夫妻、子女、奴僕

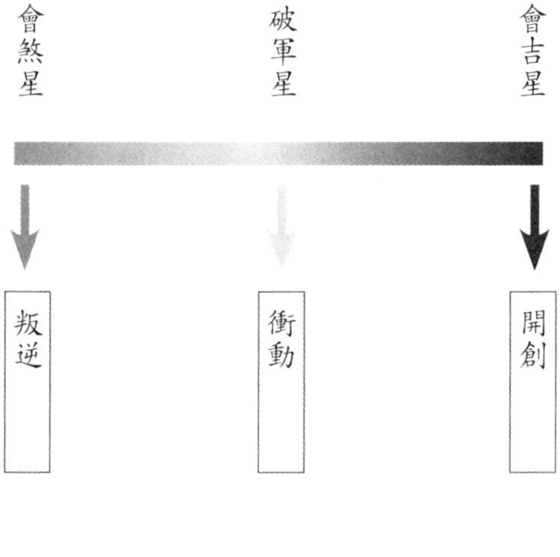

◎個性光譜顯示如下：

會吉星時	
長相	男女皆為中長臉型，類「風」字臉，兩顴骨高，兩腮寬，額頭寬（甲字形）、嘴大。

特性	自尊心強，有恆心毅力，責任心強，樂於助人，具叛逆性，喜歡冒險，有開創力，具領導能力。
會煞星時	
長相	中長臉型，類「風」字臉，兩顴骨高，兩腮寬，額頭寬（甲字形）、嘴大唇厚。
特性	辛勞奔波、具叛逆性、破壞性；任性狂傲、衝動暴躁，喜新厭舊。

相較而言，破軍星比七殺星在表現出變化中樞的程度上更為強烈，破軍星尤其在亂世或選舉時具有領導能力，在會煞星時，棄舊揚新的態度十分明顯。

由於是變化中樞，所以與七殺星一樣，由於亮度和會吉星煞星的情況不同而有好壞的差別。

命盤

35 - 44	45 - 54	55 - 64	65 - 74
太陰 5 忌 天姚 鳳閣 天壽 截路 旬空 流 1 13 25 37 49 61 73 85	文昌廟 右弼 2 咸池 天刑 天廚 陰煞 解神 流 2 14 26 38 50 62 74	貪狼 2 巨門 天同 5 5 地火空星 3 4 天哭 天空 傷使 月亡 流 3 15 27 39 51 63 75	文曲 左輔 天鉞 武曲 天相 3 1 1 3 天福 孤辰 流 4 16 28 40 52 64 76
絕 青 斗 龍 神 君 **辛巳 田宅**（陰火 東南隅）	胎 小 耗 **壬午 事業**（陽火 南離）	養 將 軍 **癸未 人際**（陰土 西南坤）	長生 奏 書 **甲申 遷移**（陽金 西南坤）

25 - 34	中央資料		75 - 84
廉貞 天府 1 2 擎羊 1 天官 天喜 流 1 13 24 36 48 60 72 84 96	**JJ小姐　陰女（屬蛇）** 生日：西元 1965 年 6 月　日 辰時 農曆：乙巳 年 五月　日 辰時 命局：土五局 命宮在：寅　命主星：祿存 身宮在：戌　身主星：天機 紫微在：子 大限在：巳 流年在：子 小限在：子 流年日期：西元 2008 年 4 月 15 日 20:30 時 戊子 年 丙辰（三）月 乙酉（十）日 丙戌 時		太陽 3 4 龍池 天破碎 便哭 流 5 17 29 41 53 65 77
病 力士 **庚辰 福德**（陽土 東南隅）			沐飛 浴廉 **乙酉 疾厄**（陰金 西兌）

15 - 24			85 - 94
天廚 地劫 3 祿存 流 12 11 23 35 47 59 71 83 95			七殺 1 紅鸞 月台 德輝 流 6 18 30 42 54 66 78
死 博士 **己卯 父母**（陰木 東震）			冠 喜 帶 神 **丙戌 財帛（身）**（陽土 西北乾）

5 - 14	115 - 124	105 - 114	95 - 104
破軍 5 鈴星 陀羅 1 5 三台 天德 流 10 22 34 46 58 70 82 94	天貴 擎羊 天哭 天刑 流 9 21 33 45 57 69 81 93	紫微 2 科 八座 解神 流 8 20 32 44 56 68 80 92	天機 3 恩光 天虛 天馬 流 7 19 31 43 55 67 79
病 宮府 **戊寅 命宮**（陽木 東北艮）	寶伏兵 **己丑 兄弟**（陰土 東北艮）	帝大旺耗 **戊子 夫妻**（陽水 北坎）	臨病官符 **丁亥 子女**（陰水 西北乾）

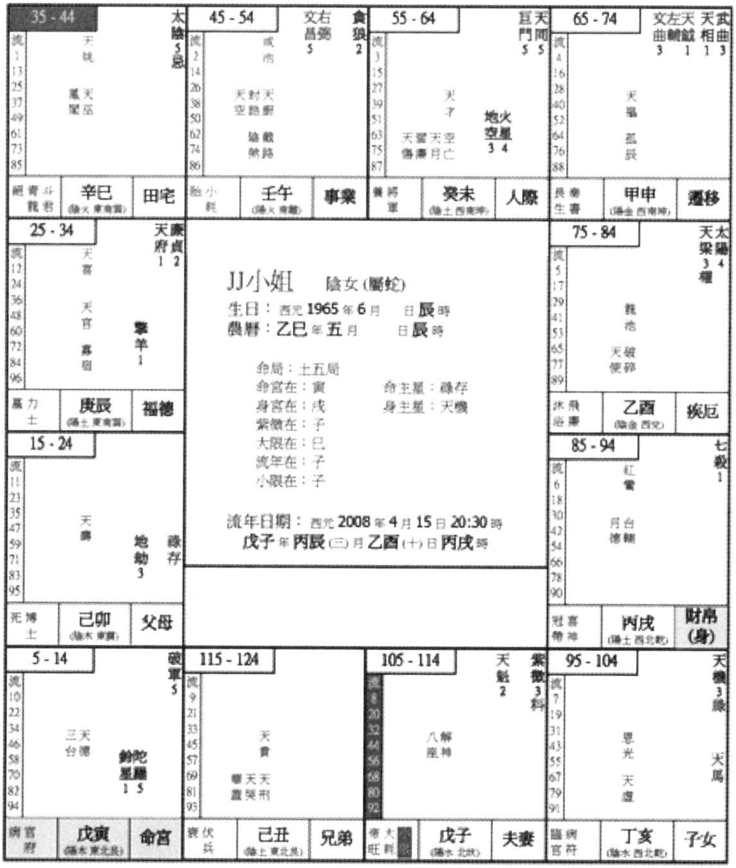

案例解盤大印證

此命盤顯示：命宮為破軍星亮度5，陀羅星亮度5及鈴星亮度1，且命宮在四馬之地，所以較勞累，精神上很操勞。在第二大限時較叛逆，很有個性，命主有主見，但是如遇受限時便不能發展。田宅宮中有天姚星者，多半有容易養寵物的情況。

在瞭解完本章及第四章有關主星的特性後，在看盤時，要先區分各星系，再進行推論。

星系分組	穩定性排名
紫府廉武相	3
機月同梁	1
殺破狼（雙星殺破狼）	4
巨日	2

- 紫府廉武相
  - 好時大格局好
  - 壞時大格局壞
- 機月同梁
  - 好時一生規律正常
  - 壞時會孤獨一生
- 殺破狼（註1）（雙星殺破狼）
  - 好的人生變化
  - 壞的人生變化
- 巨日
  - 好的公眾人物（註2）
  - 壞的公眾人物

註1：「殺破狼」代表的是一種人生異路，就波動性而言，排名第一是破軍，第二是七殺，第三是貪狼星。

註2：公眾人物可能是演藝人員或者政治人物等。

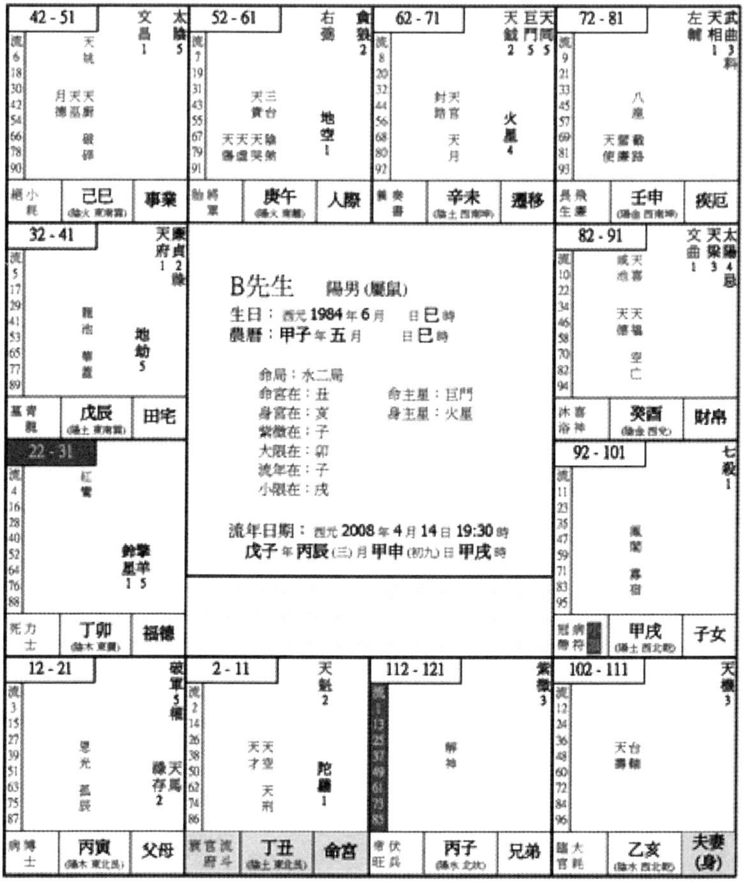

案例解盤大印證

如舉一九八四年農曆五月某日子時生男性為例，命主本身為空宮，調借對宮及三方四正來看，命格屬於巨日星系。父母宮又代表父親，屬於殺破狼星系，兄弟宮又可以代表母親，屬於紫府廉武相星系。

命主的夫妻宮為「機月同梁」星系，本身是想要追求安定的感情，但是因為遇到太多煞星，所以會有雞犬不寧的現象。甚至可能因為感情而影響身體或個性、心態。由於紅鸞遇空宮，所以需要人為合婚較為穩定長久。

所謂的桃花星是指：

1、定義：人緣好

2、分類：好的桃花

3、桃花星：貪狼、廉貞、太陽、太陰
咸池、天姚、紅鸞、天喜
大耗、小耗、沐浴

4、歸屬於好或壞，端看行運而定

第六章 星子與生命的對話（下）

——七吉七煞星系列

一、概說

七吉七煞星為輔星，其存在意義主要是為輔助解釋主星的作用，而使命盤發出更多符合人們生命經驗發展的可能性。在談完前一章的十四顆主星之後，本章將進入輔星的探討。這也是在命盤中佔有重要影響力的一個部分。

在紫斗學習的過程中，由於筆者注意到有很多人都對六吉六煞星的認識十分混亂，都搞不清楚究竟是吉還是煞，因此在詮釋過程中不免發生謬誤。事實上，如前面幾章敘述過的觀點，看來是好，未必真好，表面看來是壞，也未必全壞。

吉凶並非全然或片面就可遽下定論的，而是透過一些條件或原則的搭配而下的判斷。

「吉非全吉，凶非全凶」，這是學習紫斗時務必先建立的觀念，我們學習的重點在如何分辨什麼情況是吉，何時屬凶，這才是真正學習輔星的奧秘和看盤功力所在，而判斷要領是：「看亮度，定吉凶。」亮度1、2時則為吉，亮度如是3、4、5時則表現為凶星。

七吉七煞星系列（六吉六煞+祿存、化忌）

吉星	文昌	文曲	左輔	右弼	天魁	天鉞	祿存
煞星	擎羊	陀羅	火星	鈴羊	地空	地劫	化忌

口訣簡稱：昌、曲、左、右、魁、鉞、祿
羊、陀、火、鈴、空、劫、忌

綠色好星：指的是六顆輔星及兩顆副星天馬、祿存，大多數對人生影響為良性的。以下試兩兩分別介紹之。

二、各輔星簡介

輔星可以分為吉星和煞星，但真正表現為吉或凶，主要還得透過亮度來看，且所謂「雙煞定律」中也顯示，同時會兩顆煞星時，對命盤的表現來說，反而是好的。

牢記每顆輔星所代表的意義，特別是對照輔星在會主星時所產生的意義，尤其是學習、體會輔星內涵的重要方法。

以下同第四、五章，在介紹主星時，用實際命例予以說明，讓讀者在學習上更易了解。以下試就吉星和煞星分別來討論。

甲、吉星篇

★文昌、文曲

星斗名	文昌	文曲
性質	南斗星	北斗星
	陽金	陰水
	主科甲亦主能文	主科甲亦主舌辯
	求知之星，偏向正統學業	求知之星，偏向非正統學業

文昌星屬性為陽，所以表現較為外顯，金代表內斂、內容、內涵性，所以會此顆星時，學習能力很好。因為是「陽金」的屬性，所以代表正統學業，所謂正統學業諸如老師、教授等工作。

文曲是陰，較為隱藏性的表現，水代表流動、天馬行空，所謂非正統學業，諸如演藝人員的工作。坊間有說文昌代表契約書的說法，其實皆源於文昌星屬性為金的特性，我們學習紫斗時，抓住特性和屬性比死記代表的事物來得更重要。

文昌、文曲代表正統、非正統之外，還可以對應為「陽、陰」、「正、副」等關係，除此之外的應是，符合當地文化來分主從關係。例如，對東方人開的餐館來說，文昌星代表中餐，文曲星代表西餐或其他異國料理。對美國人來說，文昌星代表西餐，文曲星則是西餐以外的異國料理。此外，在武術上，氣功代表陽剛，所以可以用文昌星代表，太極拳代表陰柔，可以用文曲星代表。

個性光譜的表現依亮度不同依序如下：

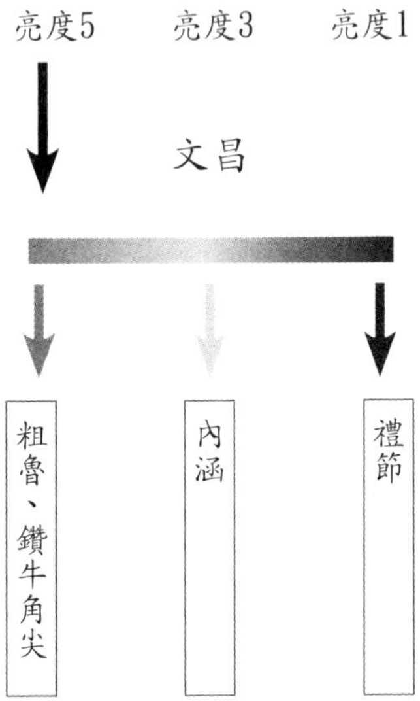

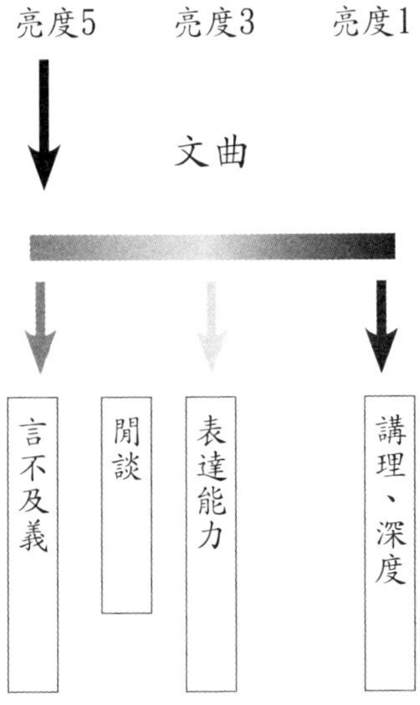

文昌、文曲星在命盤中常有相遇的機會。文昌星坐命宮者，命主表現出來為「清」的氣質，文曲星坐命宮者，命主表現出來為「秀」的味道。在行運好時會文昌星，代表婚慶之禮，尤其在命主適婚年紀時特別容易如此展現；但在行運不好時，則代表喪家禮節。

文昌星在亮度1、2時，表現清秀儒雅，眉清目秀，有文昌星坐命宮者尤其有較強表達能力。其特性為聰穎上進、心思縝密，口才佳且善辯有內涵，具有才華，富正義感。從小求學時期幾乎各科表現都優秀，考大學時（請對照第二大限時）也能順利進入較好的學校，戀愛時也有要求高的傾向，（因為自己也是表現不差，相對也會有此要求，尤其是女性），且後來求職時也容易從事教職工作。

文昌星在亮度3—5時，尤其是亮度5時因為落陷，所以近視較重。同樣也表現出聰穎上進、心思細密、口才佳等能力，但有時較易鬱悶、鑽牛角尖的現象。小時候求學階段容易學習勤苦，考運艱辛。

尤其是文昌化忌時，尤其容易發生求學中斷的現象。戀愛時也會有高標準，但傾向於無理的要求。但整體而言，命宮或者三方四正位即便有落陷的文昌星，但有此星總還是比沒有的表現來得更好。

文曲星在亮度1、2時代表表達能力、講理及深度，亮度3—5時則代表言不及義。亮度1、2時其特性是具異性緣，聰穎敏捷、文思好、口才佳，具邏輯思考及分析能力，處事活潑開朗，尤其是完美主義者，因為推理能力佳，所以容易說服別人。

在幼時好學外語，甚至上大學或更年長時展現絕佳口才，所以建議在第二大限會文曲昌時不妨讓命主多接觸語文學習。戀愛時很窩心，會說浪漫好聽的話，且工作時亦容易成為公關人員。

文曲星亮度為3—5時，同樣具異性緣，溫文儒雅，外貌清秀有氣質，有理想及進取心，文思好，口才佳，但有時易有近似強辯、雄辯的氣勢。具邏輯思考及分析能力，但文雅層次較低，較常有說錯話及道人是非的情況，尤其是文曲星遇其他煞星時，也可能有罵髒話的情況。

在小時候說話用詞較俚俗，上大學之後易有好辯現象，戀愛時好說人閒話，道人是非，工作時易成為公關人員，工作表現上比起亮度較亮者略差，常有會錯意的情況。

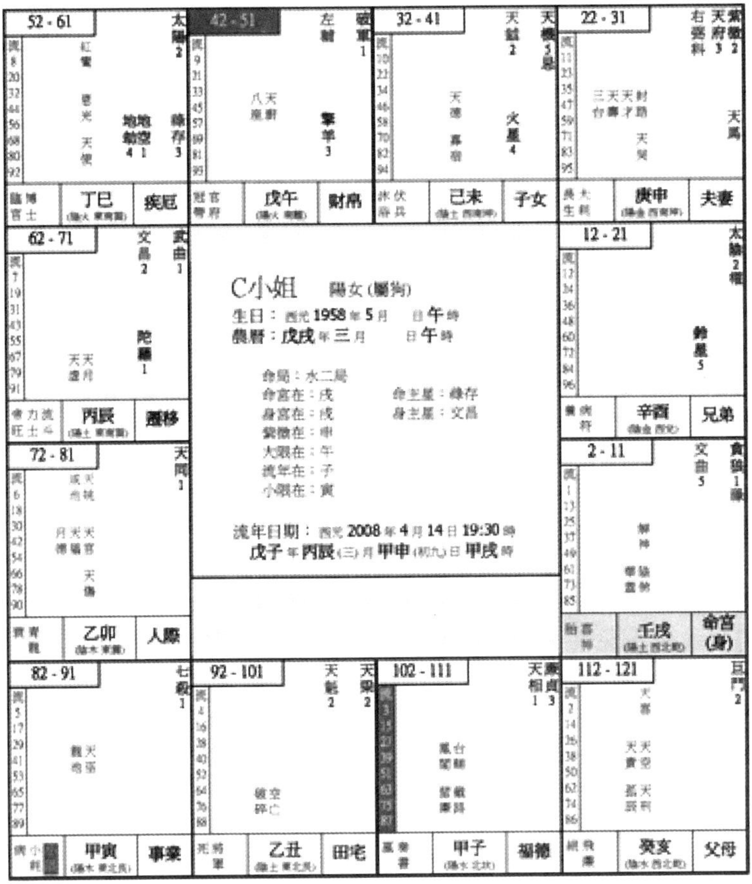

案例解盤大印證

命主二○○八年為50歲。命宮為文曲5，所以傾向談話言不及義（所談非正事），對宮會文昌星2，代表學習能力很不錯，且座落於遷移宮內，表示所交皆有內涵之人。

命宮有陰煞、華蓋，所以表示對神祕事物有興趣。

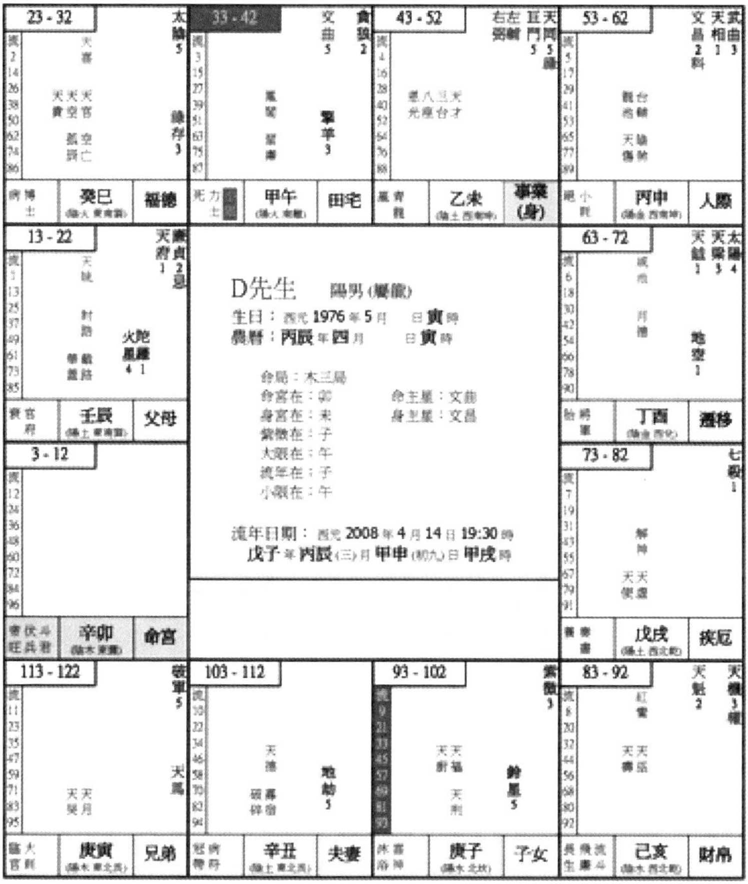

案例解盤大印證

命主二〇〇八年為32歲。所學為電子，現為從事電腦程式研發工程師。命主媽媽有提及命主特別的經歷：命主少時，因幼時體弱及好哭，所以有聽長輩說法把他過繼給往生的親戚為子。

筆者依命盤看出命主為空宮，調借對宮來看，三點至五點生人，太陽尚未出來，且對宮太陽5，所以父親在工作上較辛苦。

在求學的第二大限時，正值父親在事業上較為辛苦且有外遇的情況發生。但命主本身在求學時期遇文昌星且亮度好，所以求學表現一直也都很順利。

唯求學時不能全然專心，因為家裡父母相處的氣氛會造成內心壓力的影響。未來在父親的血壓方面要多注意。

第三大限33—42歲時，貪狼、文曲星坐大限命宮，較有感情上的困擾，且會有聚少離多的現象。文曲星在論感情時，代表好說閒話，是是非非多。

尤其是命主從事的工作單純和社交圈較為狹小，妻子相對活潑及社交圈大，如沒有協調好，可能易有爭執。

官祿宮代表學業，在有文昌、文曲星夾時代表求學時期會默默學習、努力。大致上來說，文昌、文曲在三方四正或夾宮時都有影響，尤其學習能力對每個人在第二大限求學時期尤其重要。

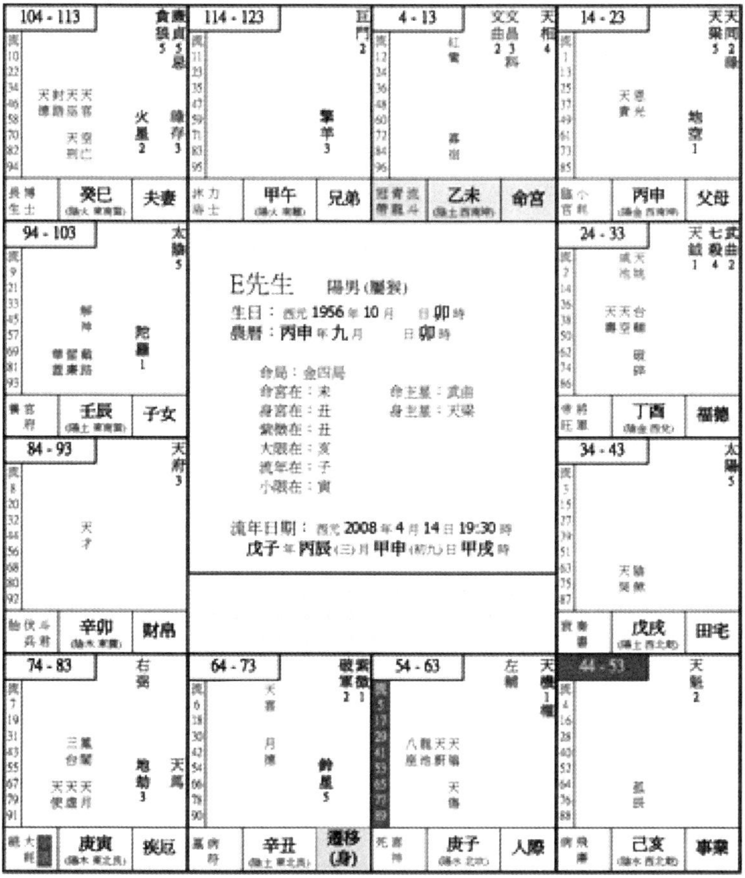

案例解盤大印證

命主二〇〇八年為52歲。命宮為天相4遇文昌、文曲，天相星如很亮，代表語文、學習能力都很好，但因命主亮度4，所以必須要再努力才能表現較好。文昌星屬於3，且化科，表現還好，有內涵。但是很多想法都放在心裡，小時候還算活潑，學習能力不錯，但長大後學習能力傾向下降的情況發展。

文曲星為2，所以第二大限遇文昌、文曲對人求學順利是重要的。命主在此大限時又遇巨門，以及擎羊等煞星，所以求學過程不順，印證諮詢者的確知道當事人只讀到高中。官祿宮雖無主星，但會吉星，所以應有貴人相助，目前待業賦閒在家；筆者建議可以去學藝術方面的知識，有助於自己發揮。當事人學習能力一般，遇文昌星化科，所以是一位講話實在的人。為人較為木訥，而他的太太則較為活潑。

|---|---|---|---|---|---|---|---|
| 流 6 18 30 42 54 66 78 90 | 天姚 月德 天廚 敗神 | 流 7 19 31 43 55 67 79 91 | 天台 三台 天貴 天傷 天哭 寡宿 地空1 | 流 8 20 32 44 56 68 80 92 | 對路 天空 天月 火星4 | 流 9 21 33 45 57 69 81 93 | 八座 天寡 截路 天使 寡路 |
| 絕 小耗 | 己巳 事業 (陰火 東南巽) | 胎 將軍 | 庚午 人際 (陽火 南離) | 養 奏書 | 辛未 遷移 (陰土 西南坤) | 長生 貴廉 | 壬申 疾厄 (陽金 西南坤) |

32 - 41	天府1 廉貞2祿
流 5 17 29 41 53 65 77 89	龍池 華蓋 地劫5
孤辰 青龍	戊辰 田宅 (陽土 東南巽)

中央命盤資料

B先生　陽男(屬鼠)
生日：西元 1984 年 6 月　日 巳時
農曆：甲子 年 五 月　日 巳時

命局：水二局
命宮在：丑　　命主星：巨門
身宮在：亥　　身主星：火星
紫微在：子
大限在：卯
流年在：子
小限在：戌

流年日期：西元 2008 年 4 月 14 日 19:30 時
戊子 年 丙辰 (三) 月 甲申 (初九) 日 甲戌 時

82 - 91	文曲3 太陽4忌
流 10 22 34 46 58 70 82 94	咸池 喜 天刑 天福 空亡
沐浴 喜神	癸酉 財帛 (陰金 西兌)

22 - 31		92 - 101	七殺1
流 4 16 28 40 52 64 76 88	紅鸞	流 11 23 35 47 59 71 83 95	鳳閣 寡宿
	鈴星 擎羊 星單 1 5		
死 力士	丁卯 福德 (陰木 東震)	冠帶 病符	甲戌 子女 (陽土 西北乾)

12 - 21	破軍5祿	2 - 11	天魁2	112 - 121		102 - 111	紫微3
流 3 15 27 39 51 63 75 87	思光 孤辰 祿存2 天馬1	流 2 14 26 38 50 62 74 86	天才 天空 天壽 陀羅1	流 1 13 25 37 49 61 73 85	解神	流 12 24 36 48 60 72 84 96	天梁3 天台 壽褚
病 博士	丙寅 父母 (陽木 東北艮)	衰 官府 流昌 歲驛	丁丑 命宮 (陰土 東北艮)	帝旺 會伏兵	丙子 兄弟 (陽水 北坎)	臨官 大耗	乙亥 夫妻(身) (陰水 西北乾)

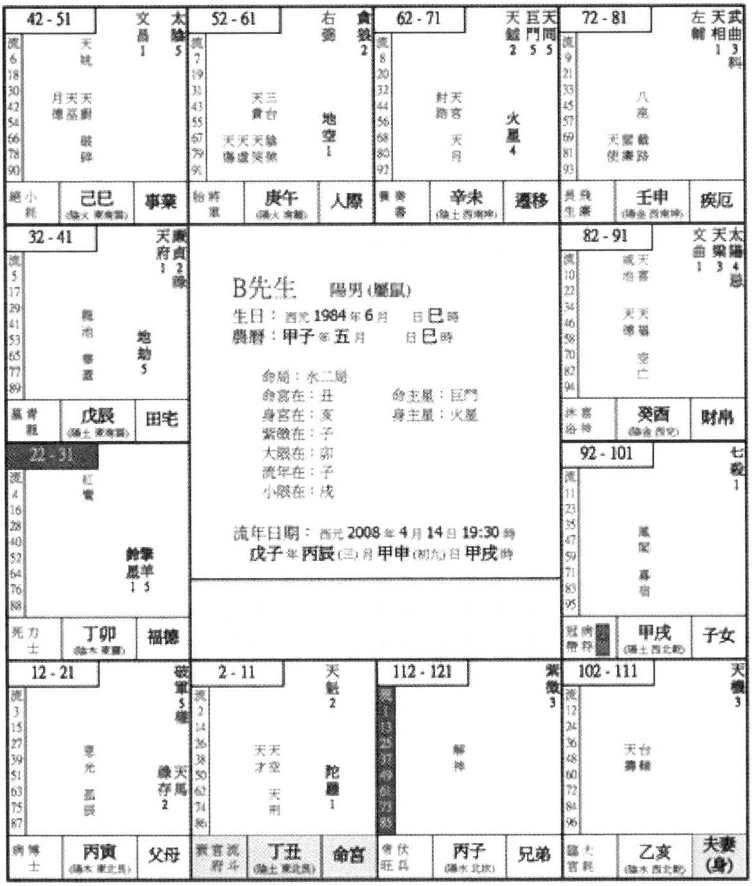

案例解盤大印證

命主二〇〇八年為24歲。此人命宮只有陀羅、天魁，接近為空宮，不過不完全空，要調借對宮來看。

有個性，有時候好，有時候壞，比較陰晴不定的現象。

三方四正遇太陽4化忌，太陰5，代表父母親都很辛苦，據提供命盤者所說，命主小時候的確比較有愛哭的傾向。

命主的父親常常有因為職務而到處調動的現象，職位很高，擔任公司相當高階的主管。命主的父親是甲午年一九五四年生，屬馬，爸爸做事是很謹慎的人。因為父親是甲午年生，兒子是甲子生，一個年代表一個人的個性，兩人相同，所以會有較良好的互動關係。

此人父母宮中沒有煞星，所以跟父母相處良好，唯一較不佳的是破軍5，顯示波動性，所以跟父親比較有聚少離多的現象。且命主對某些特定事物可能會有特別嚴苛的要求原則，據提供命盤者所言，命主個性內向，不大會表達想法，且的確很挑食，而這樣的個性也會慢慢影響到他的婚姻。

命宮是空宮，福德宮也是空宮，夫妻宮為天機星，且亮度為3，命主雖重感情，但是將來婚配時還是要慎選，因為就男性來說，娶到好太太是福氣，所以要對照福德宮來看。

從命盤上看，容易有感情上的困擾，因為太陽化忌，所以命主的父親可能也會對他的想法有一些干涉。

命主遇到文昌、文曲都是亮度1，太陰、太陽都落陷，所以父母都非常忙碌。2—11歲時，父母親日月反背，日夜都在忙；12—21歲的第二大限來看，沒有會煞星，所以唸書應該是很能專心於此。一輩子中，感情可能為其弱點所在，又因為空宮的關係，所以可能有不欲為人知的感情存在。

因命主命宮及對宮有天魁、天鉞，尤其是2—11歲時，可能有遇到因貴人相助而獲得不錯但少見的機會，據提供命盤者所印證，的確因而得以進入不易進入的私立學校。

因命主為空宮，所以相對需要貴人相助，尤其對宮有巨門，所以有稍微幫忙說情的情況。巨門5，所以可能只是地方上有力人士，如果是巨門1，代表貴人的地位聲望更高。

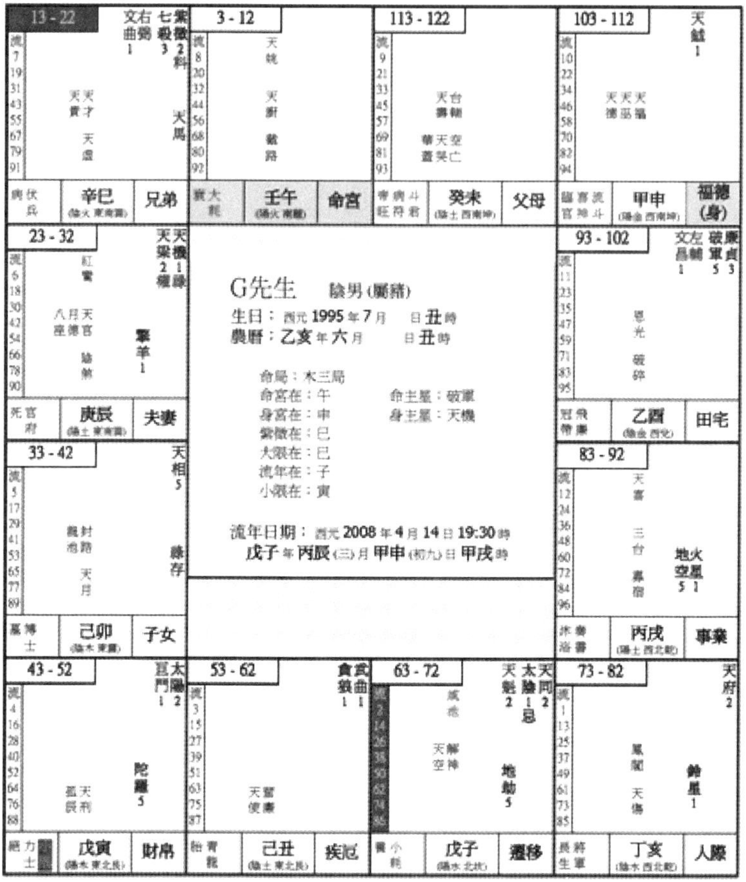

案例解盤大印證

命主二〇〇八年為十四歲。命宮為空宮，據提供命盤者所言，命主小時健康狀況還好，但是過敏體質，小時易感冒。進入青少年時期個性轉變很多。

筆者據命盤來看認為，由於命宮為空宮，所以也代表有比較內向的情況，因為沒有主星，個性保守且膽小。

但隨時間轉變，命主進入第二大限時，命宮中有紫微、七殺等星，所以也展現出不同的特質，朋友增多了，故變動性也大增，表現出較有主見及活潑的個性。

因為「殺、破、廉」為變化中樞，所以在交友上要特別注意。在今年特別容易有往外跑的現象。此外，第二大限又值文昌文曲，且亮度皆為1，所以代表學習能力也增強。據媽媽言，功課表現不錯。筆者建議因文曲坐命宮，所以加強語文能力是有利的學習。據命盤來看，唸到大學沒有問題，如唸研究所，可能是在職教育班。

命主未來會很健談，迥異於小時候的內向。命主的第二大限遇左輔、右弼時，朋友特別多，如果是左輔右弼又會文昌文曲，且在第二大限中，代表同學很多。且因紫微星坐第二大限命宮，所以有當股長的情況。

求學時期遇紫微星，容易有當股長、幹部、小老師的現象。如果是遇鈴星，可能當的是微生物方面。

由於命宮中有天廚星，代表好吃或將來想從事跟廚技有關的工作。據媽媽描述，從小時就好重口味，且甚至決定以後要去參加鐵板燒大賽，但為健康著想，筆者建議命主應少吃零食較好。

從上述諸例證來看，文昌、文曲星在第二大限尤其是重要的影響力，如在此大限時會二星，將相當能夠讓命主在求學時的發展更形順遂，表現更優異，否則可能只是普普通通。

另外，文昌、文曲星對男性而言，也有以下代表的意義：

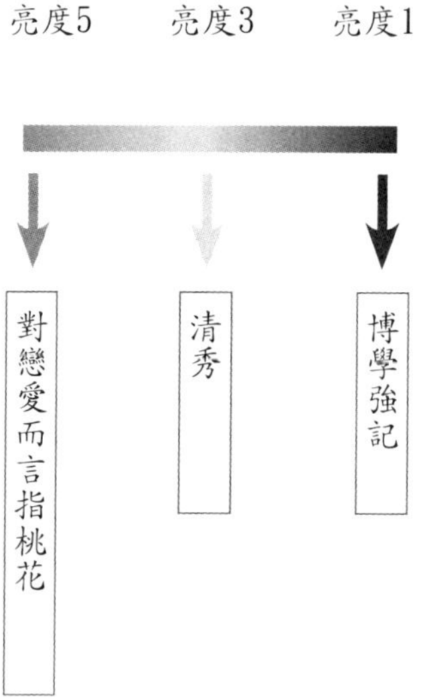

★天魁、天鉞

天魁：貴人之星，偏向才名，對白天生的人較有利。

天鉞：貴人之星，偏科甲，對晚上生的人較有利。

星斗名	天魁	天鉞
性質	南斗星	南斗星
	陽火	陰火
	化陰貴	化陽貴
	貴：利於白天生人	貴：利於晚上生人
	司才名	司才名
	說到做到，直接有力的實質幫助	多是精神上的鼓勵支持

註(1)陽表示明顯，陰表示隱藏，所以天魁能展現實際的幫助，天鉞表現的只是隱藏的，會先考慮看看，多以口惠式的幫助居多，是一種非實質性的幫忙。

註(2)貴指的是較能凸顯該星斗的特質。

個性光譜：

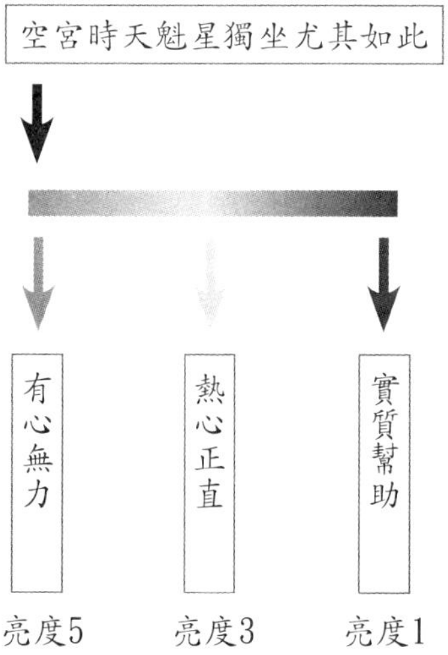

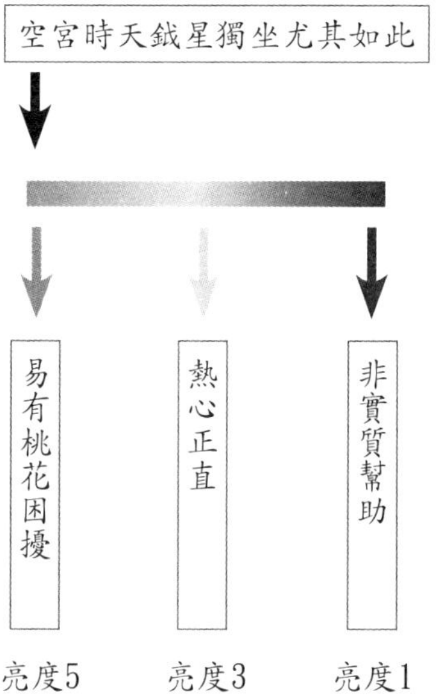

天魁、天鉞星號稱貴人星，亮度只有1、2兩種分類。天魁星的特性是氣質威儀，肅穆高貴，溫文有禮，其特性是聰穎剛毅，自尊心強，有主見、好面子。樂於助人，說到做到，尤其是幫助別人時多能熱心提供實質幫助。行事能顧大局。

在求學時按部就班、中規中矩，生活時表面雖有不怒而威的情況，但內心慈祥和善。戀愛時也因為正直而較為忠誠。能有急公好義的熱心。

天鉞星氣質高貴，溫文有禮。聰穎剛毅，內心潛藏強烈自尊心，有主見、好面子，樂於助人，行事會顧大局，重禮儀，常常鼓勵別人，但能提供的實質幫助有限，常常都是考慮過後再說，或者只是口頭上的鼓勵。

天鉞星在小時會是循規蹈矩的小孩，按部就班，出社會工作時能鼓勵後進或同事，但未必能真正幫上忙。

戀愛時屬於較為隱藏式的愛，易有愛慕長輩的情形，尤其是天鉞星會桃花星時，會有師生戀或辦公室戀情的發生。此外，在一些生病或意外時，也容易有良醫或貴人相助。

關於感情上的配對好壞情況，天魁、天鉞星也是佔重要的一個影響力，此部分詳見第七章詳述。

◇不傳之秘◇

1、天魁坐命者很受人喜歡，命宮夫妻宮有天魁者不易外遇。
2、流日天魁也有助益。
3、天魁、天鉞星有認某某人為貴人的意味。

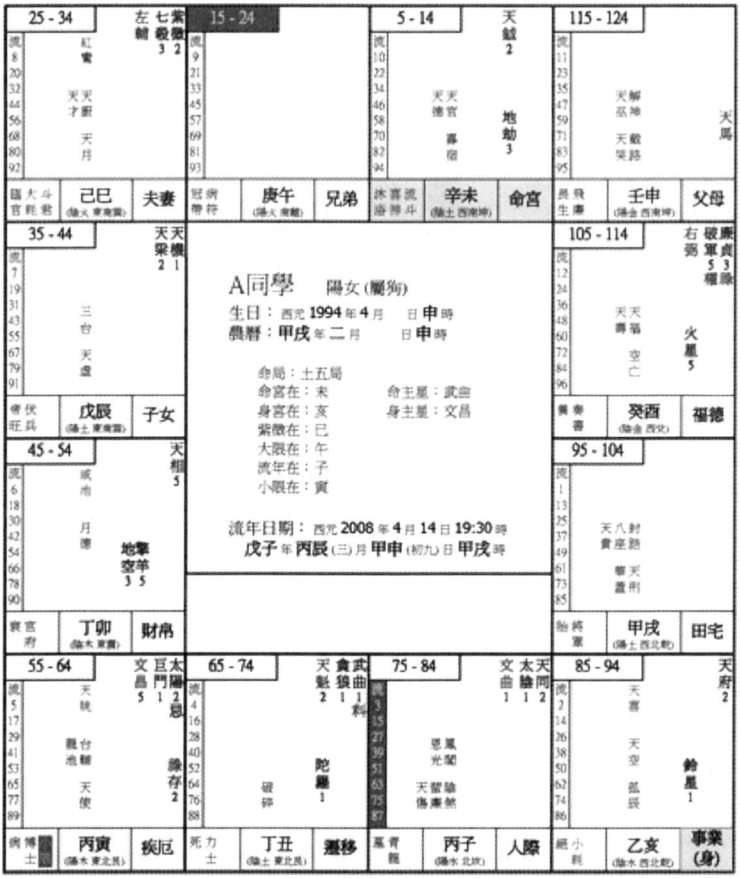

案例解盤大印證

命主二〇〇八年為15歲，命宮為空宮，天魁、天鉞星分坐命盤的遷移宮和命宮。天鉞星和地空、地劫星在命宮的三方，據筆者觀察，下巴佔全臉比例會比一般人來得短。天鉞星在命宮者，長相端莊，且天鉞星代表女性、母親，有此星在命宮也代表較受母親關注。命主的父母宮有天馬，所以代表在其幼時，父母都在外工作勞動。

天魁星主陽貴，天鉞星主陰貴，所以男性命宮有天魁星，代表容易受男性長輩愛護；同理，女性命宮有天鉞星者，則較是女性照顧。

命宮有地劫者，在小時學步有較不穩，或學習進度較慢的現象。此外，從遷移宮來看，有文昌、文曲夾其兩旁，代表出外有很多求學機會，或者是好的求學環境可供其運用，例如有很多讀書的小組或好同學相互激勵討論。化科也是求學有關，所以命主求學應相當順利，會讀到研究所的機會很高。

昌、曲在遷移宮，代表出外更利於自己專心唸書。昌、曲夾遷移宮，代表出外有利於自己求學的好環境，包括人事物。

由於命主遷移宮利於出外，且易受男性長輩幫助，甚至是一輩子易受男性主管照顧。

命宮和遷移宮比較，代表相對性而言，自身命格的條件，與出外相對比，出外是否有更多輔助其發展的資源。
另外，命宮和夫妻宮相對比，看的是命主和夫或妻互動之間的剛柔或互助關係。
由於人跟人相處是一種相對關係，在命理的推論上，也符合這樣的原則。

以命主命盤來說，出外更有利，尤其是出外唸書的發展會更順利。如能培養其追根究柢的學習習慣，以後讀書表現會更好。

其命盤天魁天鉞星並沒有會桃花，所以在成長時期的戀愛比較不致讓家人擔心。

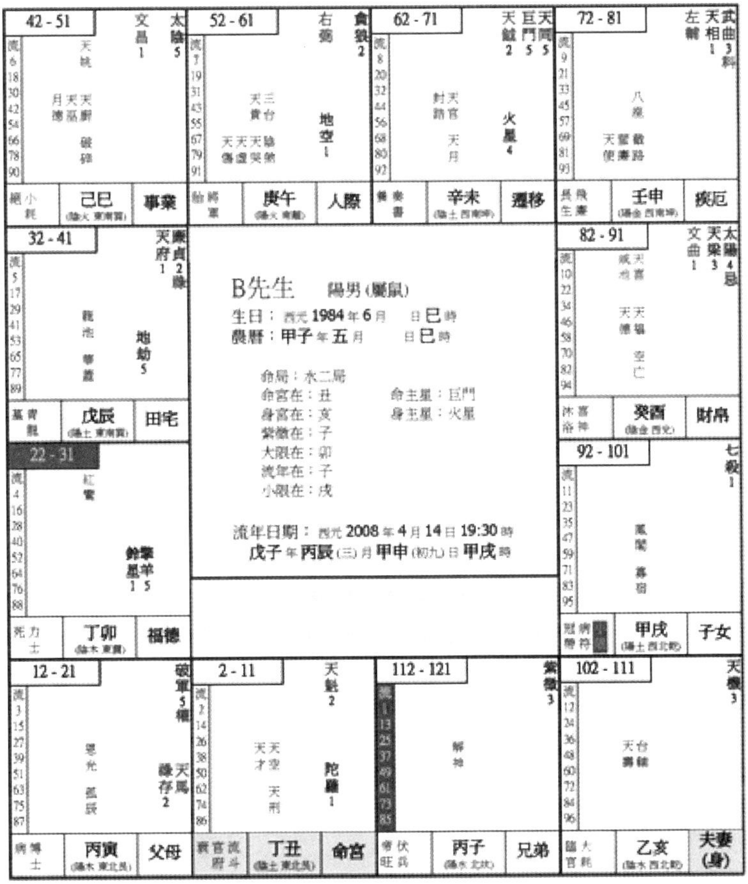

案例解盤大印證

命主二○○八年為25歲，命宮為空宮，命宮有天魁星會對宮天鉞星，且三方四正內會三顆桃花星，桃花很旺，所以代表命主在遇到女孩子求救時，會很熱心幫忙，且面臨感情時會有主動和直接追求的表現，且由於是空宮，所以可能會比較不穩定，這個也想要，那個也想要。

桃花星如咸池之類的，如在命宮，代表此人長得帥或美，會引人喜歡，如果咸池在遷移宮，代表命主會喜歡對方。

註：咸池代表性，紅鸞代表婚嫁。天姚、天喜代表好的桃花。

命主長相較帥氣有型，從流年來看，命主應在今年有桃花星相會，且女性友人因太陽的影響，應是長相清秀，個性活潑、主動。

天魁星坐命宮，自尊心很強，所以如果要詢問命主感情可能必須以尊重為原則，否則可能會引來不悅。

★左輔、右弼

左輔：輔助之星，偏向善良及包容。

右弼：輔助之星，偏向活潑及異性。

星斗名	左輔	右弼
性質	中斗星	中斗星
	陽土	陰水
	主助力 行善令	主助力 司制令
	說到做到，直接有力的實質幫助	多是精神上的鼓勵支持
代表	願景	執行
象徵	方向盤	輪胎

比較：左輔右弼指的多是同輩友人之間的幫忙，天魁天鉞指的多是長輩貴人的助力。

個性光譜：

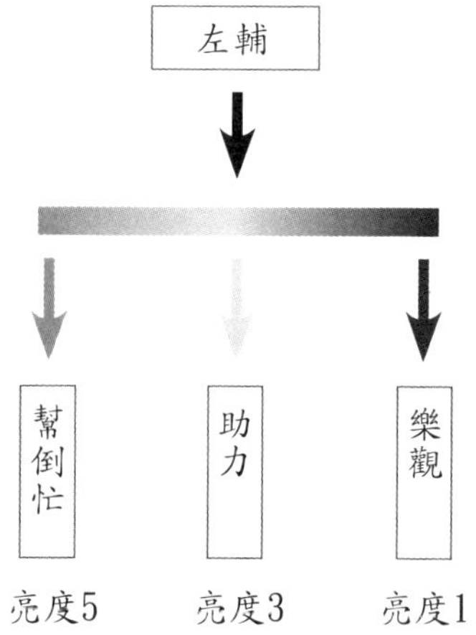

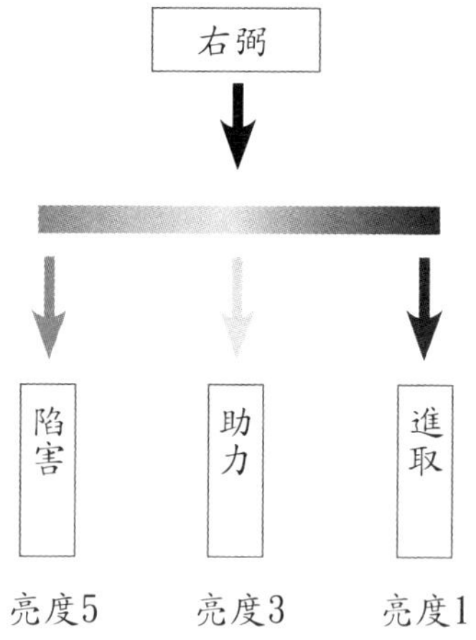

就左輔和右弼來比較，左輔的「善令」代表出發點是良善的，右弼的「制令」代表的是一種節制的力量。此外右弼還代表桃花多的意義。

筆者曾經有推算過子女宮有右弼和桃花星相會時，在外有私生子的情況。其實是吉是凶，有時得看主星。會煞星或者煞星獨坐時，多半會呈現的負面情況就會很明顯。

右弼之所以會有這樣的特性也源於「陰」的屬性，所以會有潛藏的、陷害的情況發生。

有些書有錯誤觀念，認為夫妻宮中有左輔右弼入坐時，就有再婚或者有另一配偶的可能，這都是很片段性的偏差結論。

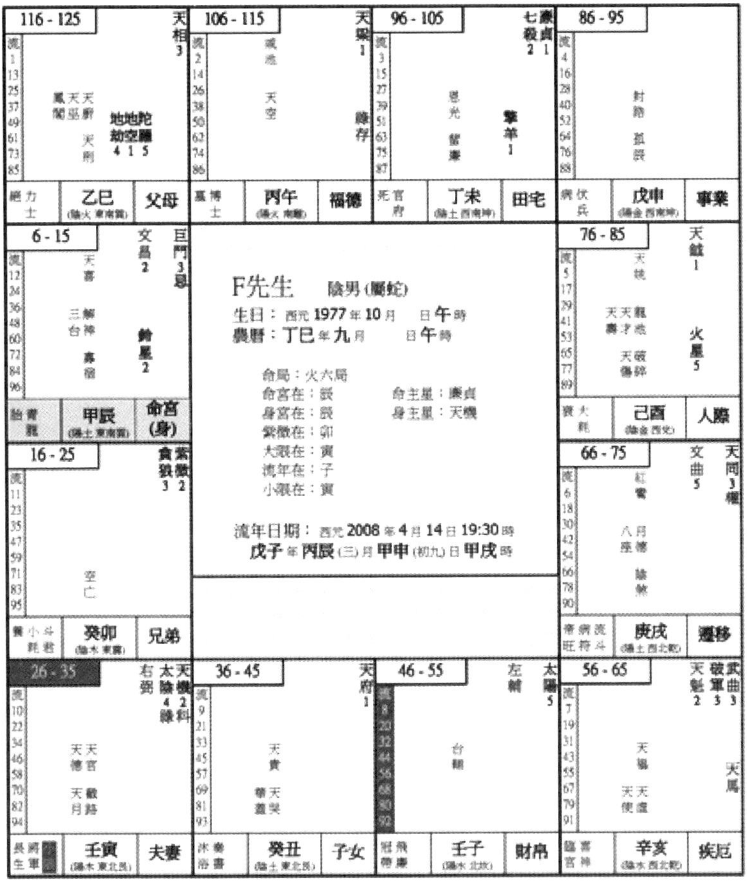

案例解盤大印證

命主二〇〇八年為32歲。

巨門、文昌、鈴星坐命宮，應是求學上表現相當不錯，聰穎反應快。巨門、文昌坐命，會是精打細算型的人，所以應用於科技上很能適才發揮。命主的命宮中沒有左輔，但夫妻宮有右弼，要特別小心，白天生人更是如此。

天喜和紅鸞屬好桃花，咸池和天姚較屬爛桃花。在26—35歲大限時，福德宮有咸池星，尤其是鈴星在命宮，在感情發展上，常出於自己的關係，因鈴星代表做事較為私下、隱藏。如外遇，常是自己造成。右弼較活潑，夫妻宮太陽亮度5，落陷無力，太陰4，感情上又呈疲憊，有氣無力，故易生變。

案例解盤大印證

目前為12歲的雙胞胎姊妹命盤。姐姐的命宮在命盤上，妹妹的命宮在遷移宮。姐姐命和夫妻宮相比，命宮有右弼，所以有好交朋友的現象，但夫妻宮中沒有左輔，較為可惜。

妹妹的夫妻宮為空宮，妹妹在異性交往上較不穩定、不耐久，尤其是廉貞星坐命宮，妹妹是較活潑的，只是會化忌和咸池，要特別注意其異性互動的情況，可能會太開放，所以需要再教育。

夫妻宮有左輔、右弼，如果命宮又顯示出長相或個性不錯，代表很多人追。

據筆者推測，由於妹妹的夫妻宮是空宮，所以感情是有不穩定的現象。如果搭配命宮個性來看，可

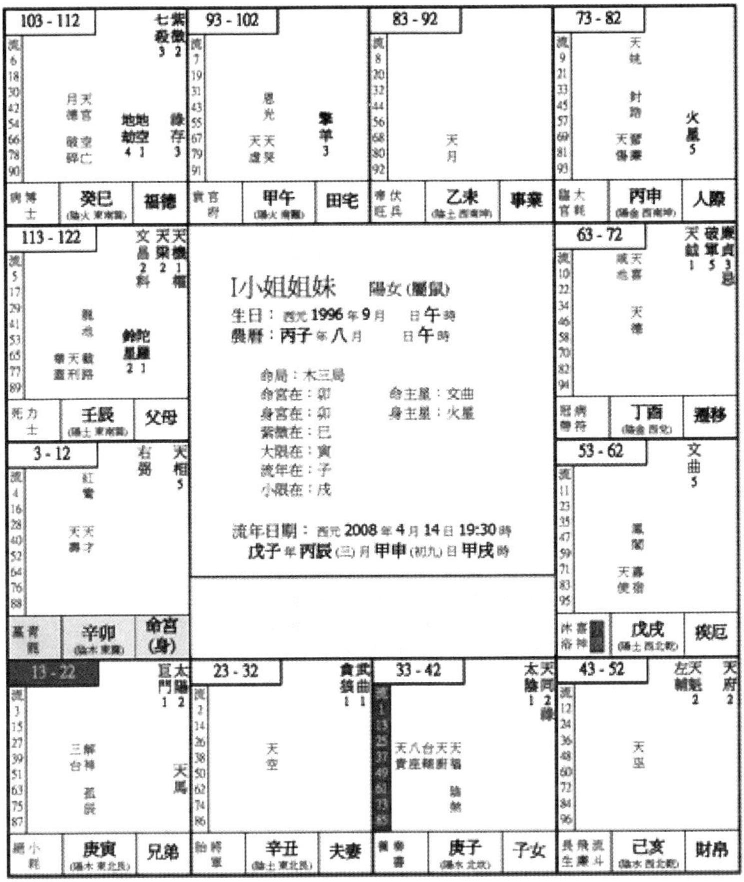

能未來在感情上有趨於務實，甚至是現實的傾向，所以在挑選對象上可能會有對對方期望過高，選來選去的情形。

夫妻宮有主星，代表感情有寄託的地方，如果是空宮，代表不穩定。「不穩定」表示：

好的方面：因工作忙碌而聚少離多；壞的方面：指輕者生離，重者死別。

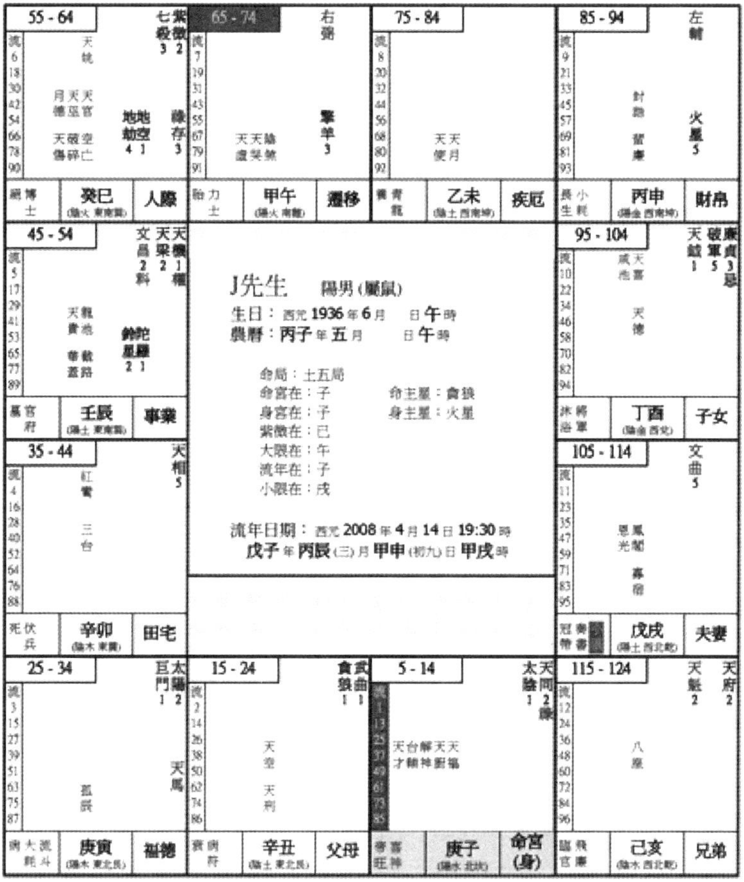

案例解盤大印證

命主二〇〇八年為74歲。命宮有會左輔、右弼，交友廣闊，且為太陰、天同等桃花星坐命，有溫柔、善良、浪漫等特質，故頗有女性緣。由於會天機，所以命主應是健談，口才很好。

男生有太陰坐命宮者，多有女性緣；女性有太陽坐命宮者，多有男性緣。

夫妻宮為空宮，所以夫妻感情不穩定，調借對宮來看時，有鈴星存在，代表有隱性的第三者存在，且夫妻宮又會到右弼，所以代表有感情上的第三者。（右弼代表女性，所以感情上有第三者出現；如果是會左輔還好一點，代表有朋友相助。）命宮有天廚，所以有開餐廳、賣廚具等跟飲食相關的行業。

夫妻宮很怕鈴星、右弼入坐，或者於三方四正位相會，都有不利的影響。

所以從命宮及夫妻宮來看，命主容易與女性產生感情，且子女宮會很多桃花星。15—24歲時大限命宮，有貪狼星為大桃花，大限福德宮有紅鸞，所以有福氣。25—34歲時夫妻宮遇鈴星、右弼有人幫忙，也就意味有人陷害。

如果命宮代表命主自己，遷移宮代表的就是對外的關係，在感情中表示出現的第三者，由於此宮有右弼和擎羊同座，所以可以看出第三者的女性有想橫刀奪愛的意圖。

命宮中的天同不喜化祿，其財帛宮為空宮，沒有經濟概念，有左輔和火星入座，代表花錢之後又有人三不五時會接濟。由遷移宮中可以看出對交友的部分會有所選擇，因為擎羊＋右弼會有挑的味道，所不管是交友或感情方面都是自己有意識的挑選而來。

在15—24大限事業宮中，因為地空星且亮度為1，所以在工作上會有所突破，所從事的工作會跟之前有所不同，且對照此時的夫妻宮來看，會有左邊事業宮所賺的錢，都因感情桃花之故，到右邊財帛宮中花用。

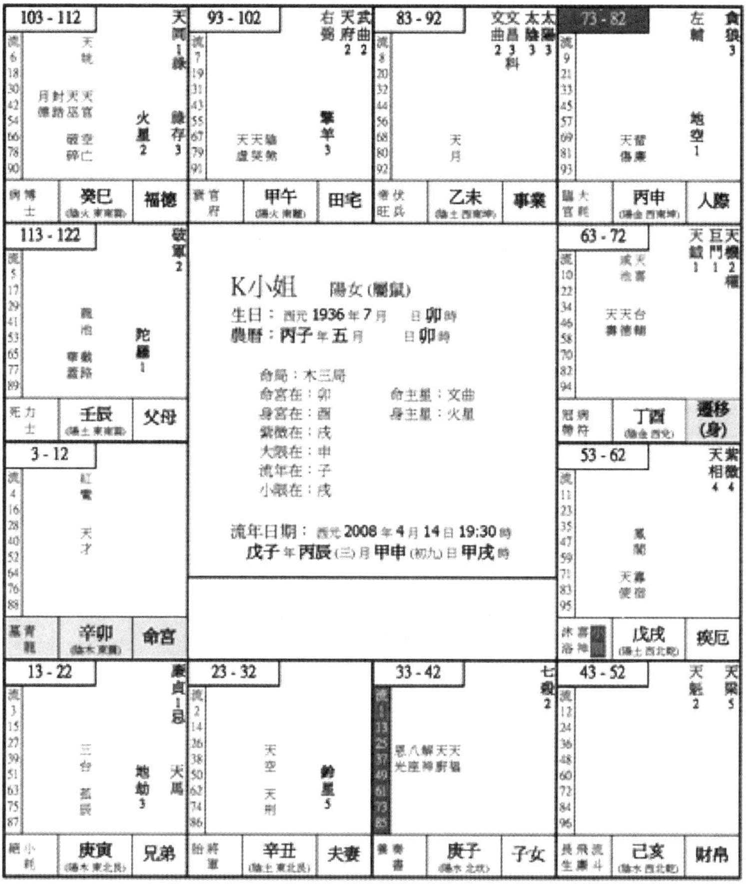

案例解盤大印證

命主二〇〇八年時為74歲。命主的流年命宮為天梁星，心直口快，對宮有祿存，可是前有擎羊後有陀羅夾，所以容易想不開。另外，天梁也代表宗教，尤其會火星，代表點香、燒金紙等儀式，命主應有佛道教方面的信仰，尤其大限又會地空地劫，所以是道教的機率更大。

由於女性的重點宮位為

命宮和夫妻宮，夫妻宮為天機及巨門星入座，所以研判命主易喜歡口才好且甜言蜜語的卯怕鈴星或者異性。此外，命主的文昌文曲同在福德宮，顯示其為很有能力的女性。

但古云女子如有昌、曲同宮則福不全，在古代認為能幹、有才華的女子是不好的，以現代的解釋來看，其實也就是能者多勞。

夫妻宮會四顆桃花星咸池、天喜、天姚、紅鸞等，顯示夫妻關係之外，對外皆桃花。子女宮有地劫代表子女會有所損傷，所以推論命主年輕時應有失去子女的情況。

★天馬、祿存

天馬：遷動的誘因。

祿存：財富之星。

星斗名	性質				
天馬	浮曜	陽火		主驛、司祿、主遷動	特性：動
祿存	北斗星	陰土	化爵祿	主貴壽	特性：存

祿存和天馬星定要同看，天馬是浮星，指到哪裡皆有動的現象，所以天馬一定在四馬之地，「天馬」的位置是跟隨本命出生年地支在跑，影響的時間比較長久。「流馬」的位置則是跟著流年地支在移動，隨著個人命盤轉動，屬於短暫時間的影響。

祿存到任何一處皆能顯其靈，但需注意其前提是祿存需跟甲級星在一起才能發生作用，否則以「委屈」論。祿等於鹿，代表古代多出來的食物，相當於現在所謂的肉乾，衍生為存糧、錢。筆者比較過兩個人的命盤，祿存此星有會天馬和沒有會天馬，際遇會差很多。

祿存和天馬星一為土，一為火，火生土，所以祿存靠天馬生，才能存，因為祿存本身只是存，如果祿存不是很好，就不能發揮存的特性，反而花光。

筆者有見過祿存如和地空、地劫同宮時，常有花光積蓄的情形。此外，兩顆星的差異是：命宮有天馬星者，個性好動，命宮有祿存星則做事平穩。祿存因為前後宮位各有會擎羊、陀羅，所以做事有瞻前顧後的現象。

祿存獨坐於命宮時，命主可能有保守的現象，如再會煞星，則更易有吝嗇、猶豫不決的現象。凡是遇祿存天馬在同一宮，稱「祿馬交馳格」，則有凡事易迎刃而解的情況，且在任何宮位皆有加分效果。祿存的影響大於流祿。

個人天馬的位置推算如下：以邱小姐一九五八年出生，戊戌年為例，地支在戌，由寅宮為子，逆時間推算，可得天馬位置在命盤的申宮，二〇〇八年的流馬位置則相對在寅宮。

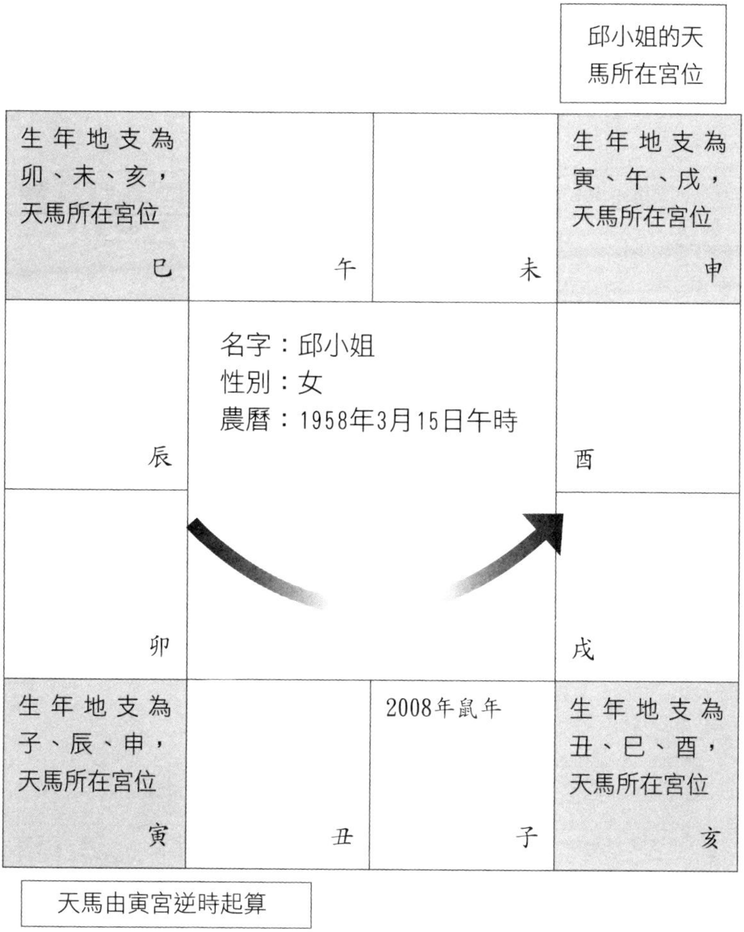

今年為子年，所以邱小姐的流馬在寅宮，本命天馬與流馬相對，互相引動。二〇〇八年為鼠年，地支為子，故邱小姐流年命宮在子，流年福德宮在寅，所以會有想變動的心態。

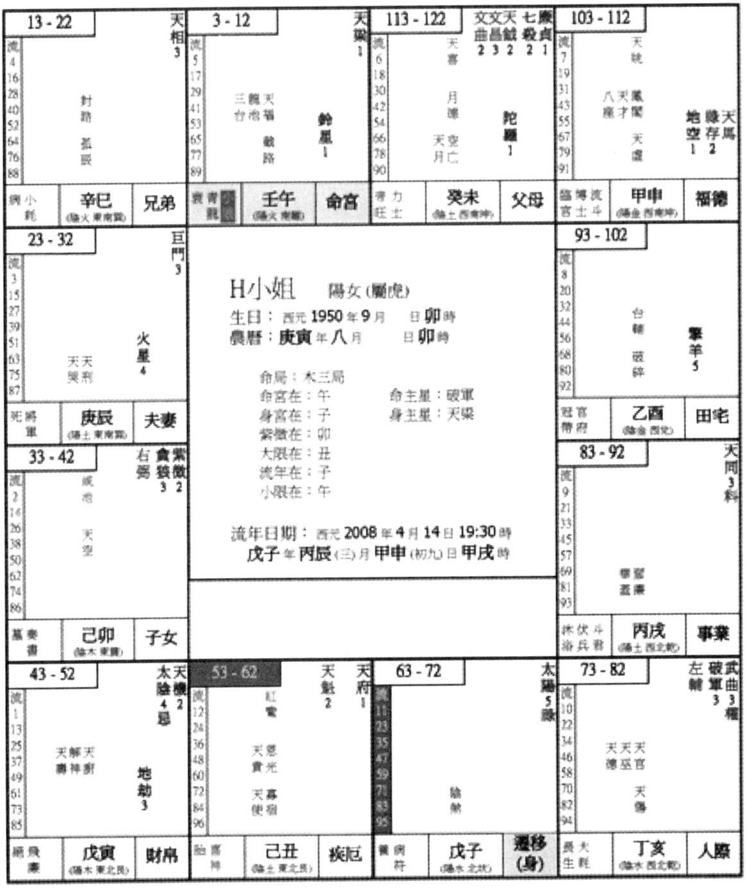

案例解盤大印證

命主二〇〇八年為59歲，因本命福德宮為空宮，借調對面的天機、太陰星來看，祿存的前一宮位為擎羊，後有陀羅相夾，所以可以判斷命主對自己很節儉，羊陀夾祿存，所以為人節儉。加上地空，所以有想買而買不下手的情況。祿存如在財帛宮是最有利於命主的。

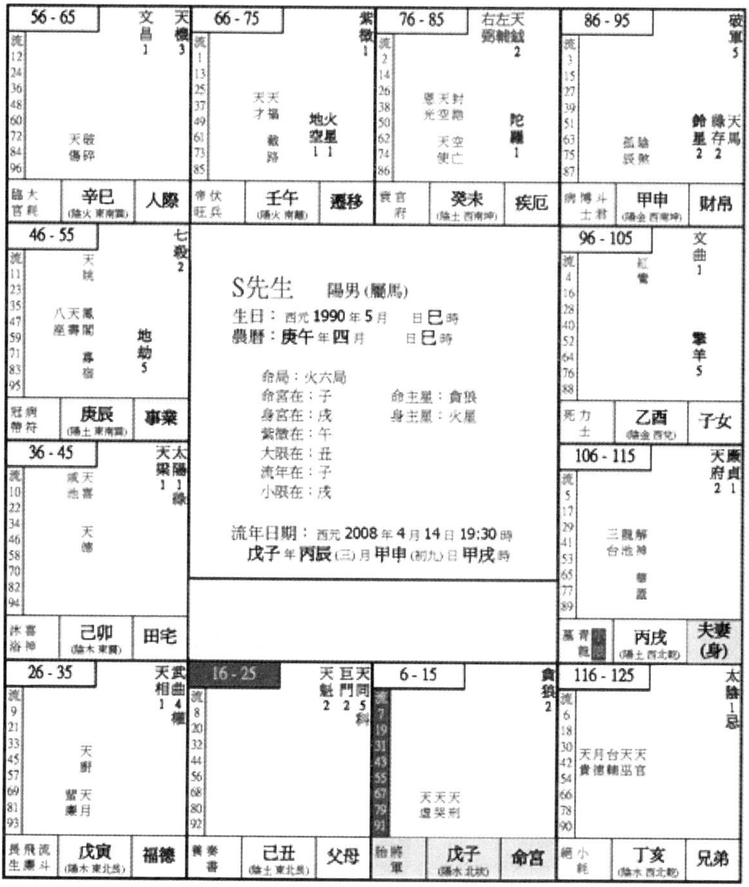

案例解盤大印證

命主二〇〇八年為19歲，命盤的大限走向，陽男陰女為順行，夫妻宮在反方向，所以統計上來說有晚婚、財晚發的現象。此命盤的祿存、天馬皆在財帛宮，可以說是對命盤主人最有利的。

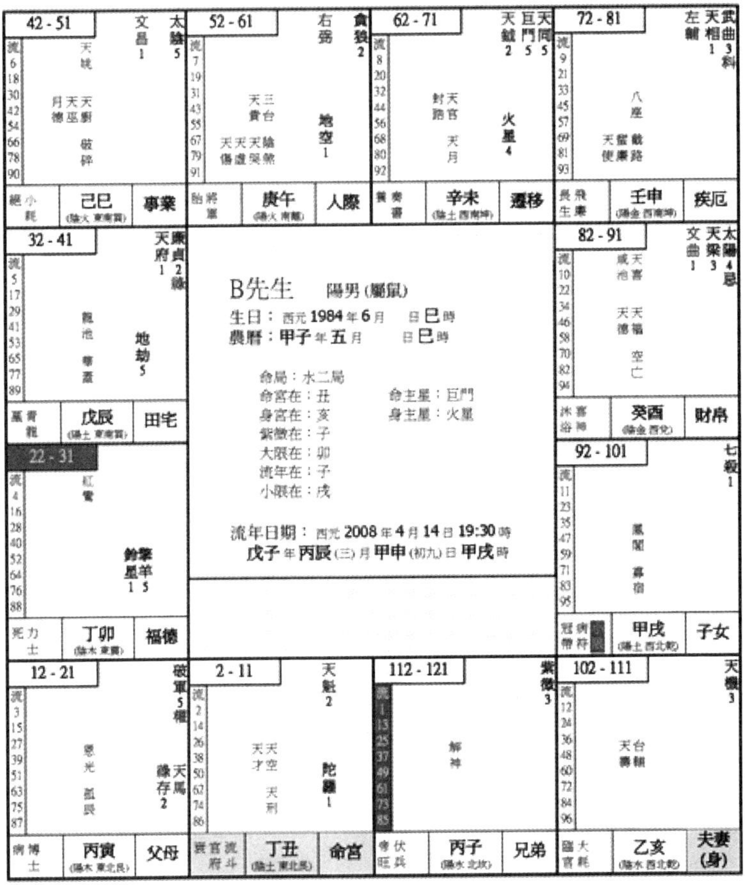

案例解盤大印證

命主目前為25歲，祿存天馬在父母宮，所以父母的表現會比當事人好，此命盤顯示「祿馬交馳格」，一般走到祿存天馬都是比較順利的。

12—21時有祿存天馬一般是順利，因遇地空，所以錢財的花費應該變大的。福德宮會很多桃花星，所以享受愛情，但又因會很多煞星，所以會有為情所苦的情況。

學業表現有一點開高走低的味道，縱觀命盤來看，感情影響學業。太陽化忌，代表父親對他的發展較有意見，母親比較寬容。看來之後繼續讀書會相當辛苦。建議父親勿給太大壓力，否則易走極端。

祿馬交馳格：

1、祿存要有主星同宮。

2、天馬不可為病馬、死馬、絕馬、塞馬、折足馬。

乙、煞星篇

紅色壞星：共有六顆，再加上化忌星共七顆，大多數對人生的影響為負面的，以下試兩兩介紹之。

☆擎羊、陀羅

擎羊：是非之星，偏向速來速去。

陀羅：是非之星，偏向拖延。

星斗	擎羊	陀羅
性質	北斗星	北斗星
	陽金	陰金
	主刑傷	主延緩
	主刑剋（立即性）	主刑剋（拖延性）
	1.工作上指從事「精密機械」 2.疾病的情況代表迅速，病來得很急且很快就走了	1.工作上指從事「重機械」 2.疾病的情況代表的是「拖延、慢性病、久病」

個性光譜：

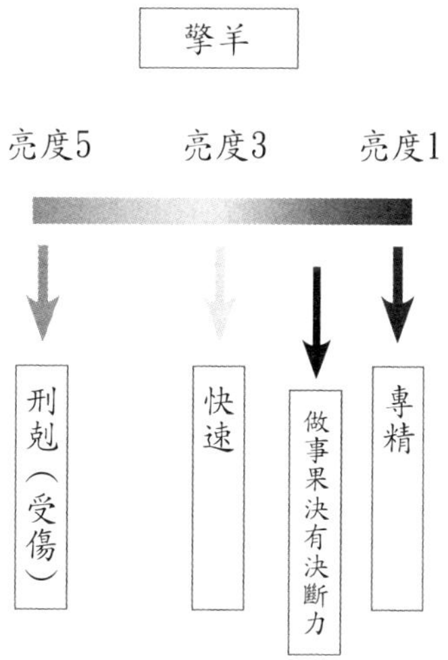

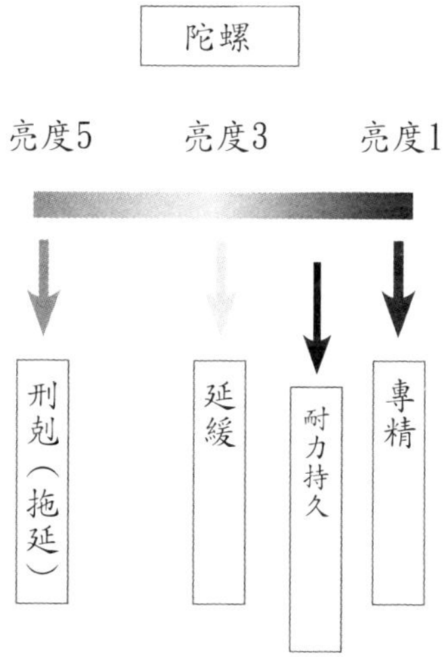

羊陀是「年系星」，在學習時要同時參看對照，因為是依出生年所排出來的，年的時間更大於出生月、日、時，所以對一輩子的影響性較久，要特別注意這兩顆星。擎羊星亮度1、2時，通常身材瘦長，有禮貌，兩眼有神（指一般時候，並非勞累的時候）。

個性上會有堅強果決、不易妥協、重義氣的傾向，小時候喜歡行俠仗義，求學時能專心一致，戀愛和工作上會有快、狠、準的特性。

擎羊星在亮度3—5時，身材比較是瘦得不好看的皮包骨型，尤其是擎羊加天相時臉上有傷痕。個性孤獨、不易妥協，急躁衝動、爭強好鬥，具有破壞性，尤其是亮度5時婚姻感情較不和諧。

小時候和求學時也同樣有正義感，但性急，會有像黑道的鬥狠動手的情況。戀愛時具有破壞性，所以會有橫刀奪愛的情況。工作上快狠準，可能從事類似屠宰之類的工作。

陀羅亮度1、2時，體型壯碩、微胖，能吃苦耐勞，有恆心毅力，具有強人條件。小時候不怕失敗，求學時更能展現驚人毅力，因此在戀愛和工作上都能表現強烈的執著個性，不斷的努力和嘗試。

相對於亮度1—2，陀羅在亮度3—5時身材上較會有胖得不像話的情況，內心剛烈，喜鑽牛角尖，頑強固執、常猶豫不決，個性保守，難以接受新的事物，有自閉的傾向。

陀羅亮度5者，小時候好甜食，在求學時好逸惡勞，心思不放在學業上，所以表現不佳，口傳心授才能吸引其注意力。戀愛時不易成功，工作上易有延滯的情況。

祿存的前一個宮位為擎羊，後一個宮位為陀羅，

(1)好的解釋是：前為護衛，後有隨扈隨從；

(2)壞的解釋是：前有強盜，後有小偷。

☆火星、鈴星

火星：剛烈之星，偏向明顯的表現。

鈴星：剛烈之星，偏向較不為人知的表現。

星斗名	性質			
火星	南斗星	陽火	化殺	主剛
鈴星	南斗星	陰火	化殺	主烈

個性光譜：

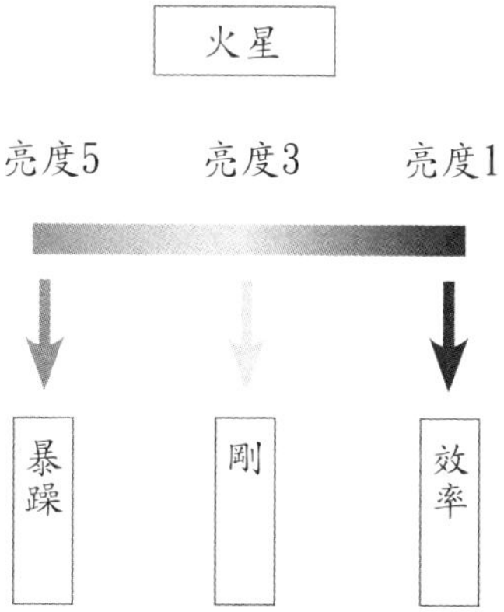

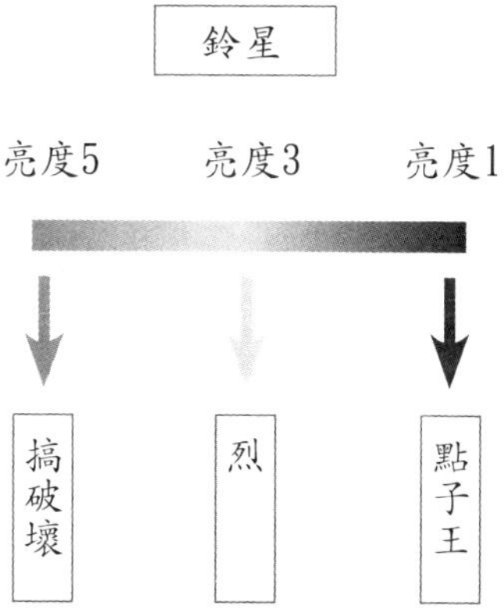

火星、鈴星皆屬南斗星，南斗應主柔，但此處解「主剛烈」是指遇到事情時就會顯現出來的一面。這個概念主要同於物質不單純指某一面向，如太極的運用中，就是剛中有柔，柔中帶剛。也因此北斗星不全主剛，也有柔的一面；南斗星不全主柔，也有剛的一面，之所以表示某一特質應是比例問題。

因此火鈴二星雖屬南斗星，但分別有剛、烈特性，意指二者平時有一種隱藏性，遇特定時候或者特殊事件才會表現出來。火鈴是「時系星」，所以重要性比不上羊陀，因為羊陀是「年系星」，就時間的影響性來說，後者更長遠，所以相形之下更重要。

剛烈的特性是由「火」推衍出來，火星是陽火，所以會表現出來；鈴星是陰火，代表一種潛藏的破壞性、分離性和滲透性。在軍人方面指的就是政戰、間諜，感情中的解釋則代表第三者，在家中代表的就是小偷。

就鈴星的破壞性來說，反而要比火星更注意，因為陰的性質代表潛藏，也代表時間很久，是一種慢性的、延長性的影響，且不為人所覺察，等確知時多半事情已至嚴重地步，所以可見這顆星的負面影響很大。

我們看坊間很多書籍的介紹，不要只看到表面的各種解釋，而應該掌握的是背後的原理。抓住原則和原理再對照各方面做可能的推測較為合理。

火星帶有阿莎力的特色，有擔當、肯做事，利於比賽或競技。尤其不記恨、活潑好動、豪放為其特色。火星同時也代表化學，可引申到化學製品或者塑膠品，結婚時求快速，當然，離婚時也是，做事很有效率。

亮度3—5時，開朗重義氣，做事有警覺性但脾氣很壞。小時候性情暴躁，喜歡打人。

相較而言，擎羊常打人，火星是打過就算了，表現的現象和頻率不同。其中差別就是因為擎羊是年系星，火星是時系星，所以前者對一輩子的影響性、延續性較長。

火星求學時可能有標新立異的傾向，這源於火星的「剛、陽、火」的特質，所以會想求獨特。在戀愛時會有給人壓迫感的感覺，因為屬性為剛的關係，在工作上也比較會有為求目的，不擇手段的現象。

鈴星比火星更重要，因為鈴星為一種長期的破壞性。鈴星代表一種神態機伶，有擔當，肯做事，膽大心細，聰穎有謀慮，如果亮度是1—2表現出來的多是正面的點子，如果亮度是3—5則是負面點子。所以尤其要特別注意鈴星5的情況。再者，鈴星也有先計畫後行動、反應快的特質。

亮度1—2時，小時候鬼點子多，在求學時很能舉一反三，戀愛時很用心、周到，心思細密，工作上十分細心。

筆者看過不少命宮有鈴星加擎羊或者天刑的，（擎羊代表比較大的針，天刑代表比較小的針）有當護士的情形。

亮度3—5時，對當事人較有負面影響。但是要搭配主星解釋才能更貼切。鈴星多表現出個性較為陰沉，具有心機，行動多急躁，且有把事情放在心裡，隱藏和壓抑的傾向，尤其是亮度不亮時。

鈴星3—5時，在小時候會有非分之想，如偷錢，尤其亮度最不亮時，可以指小偷。當鈴星在田宅宮時，代表被小偷光顧，要特別小心。求學時會有投機的現象，戀愛時也許會有不專情的現象，工作時則可能從事非法。鈴星也可以代表病毒。命宮有鈴星，且亮度不亮時，代表投資時比較喜歡投機性質。

舉例而言，如果有一個人想不開要自殺，命宮中有火星的，可能採取比較直接的方式，如跳樓、（傾向往外），鈴星則採取較間接的方式，如燒炭、割腕、吃安眠藥等（傾向往內，如在家裡）。

命理的東西脫離不了社會的常理，換言之，觀察社會現象，如新聞或是官方網站統計資料，都可以讓自己增加社會閱歷和見聞，在自己解盤時的觀點上會有很大的助益。

如上述所言，火星鈴星在亮度不亮時，是否全部皆如此負面呢？雖不至於百分之百肯定，但就機率上來說，也的確八九不離十。

火星會較直接，鈴星較深思。如前章所述，在生命週期中，星曜也會隨著時間而老化。早期時可能是鈴星亮度1，在老年時可能陷落至亮度5。

另外，鈴星在命宮，老年時，也代表會去接觸中醫的知識。天梁星代表宗教、醫學、教育。

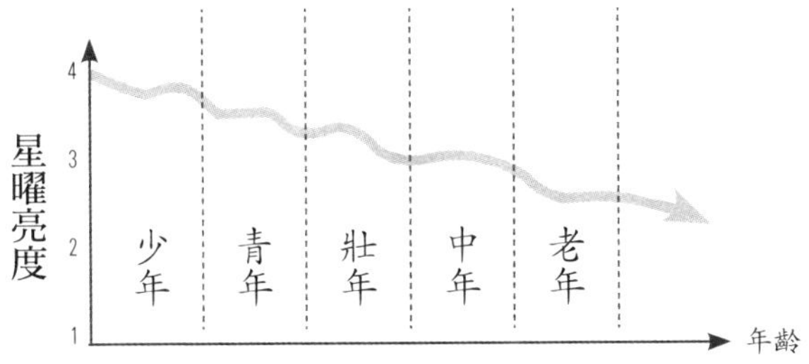

生命成長週期

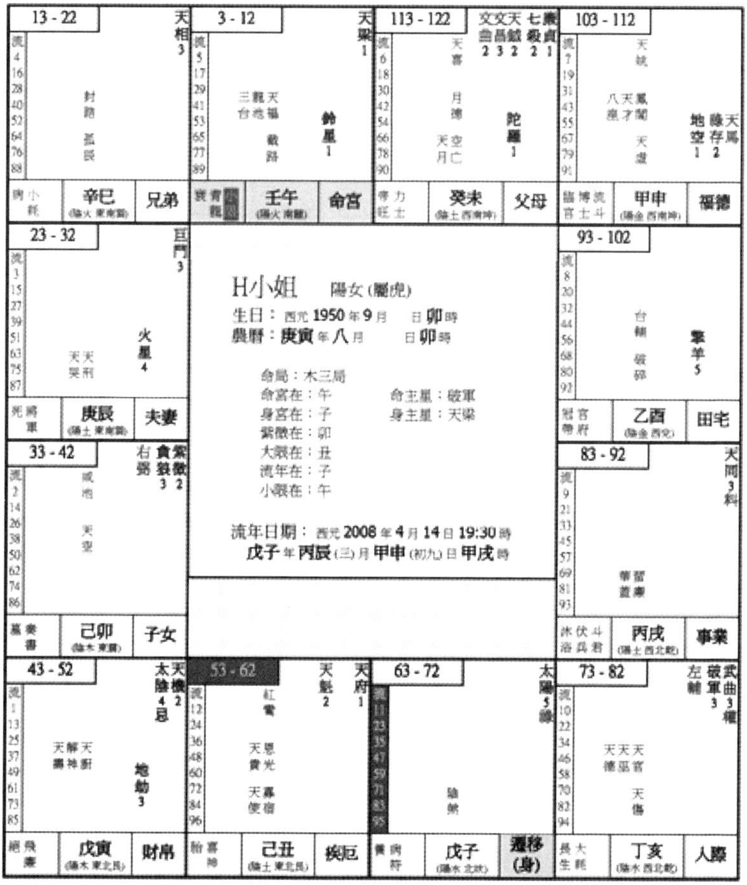

案例解盤大印證

夫妻宮有火星4，代表相處有壓迫感，會逼得當事人去做一些事。加上巨門3，所以兩個會吵到想離婚。然而，有這樣的經驗就正面意義而言，易助人諮商，因為有相同背景。

有十幾個兄弟姐妹，且感情很好。老師推論在其兄弟之中會有某一個個性是平常溫和，但偶因事故會情緒暴躁。當事人也的確有此體會。

25 - 34	15 - 24	5 - 14	115 - 124
左輔 七殺3 紅鸞 天廚 天月 流 8 20 32 44 56 68 80 92	流 9 21 33 45 57 69 81 93	天鉞2 天德 天官 嘉耦 地劫3 流 10 22 34 46 58 70 82 94	解神 天巫 天截 天哭 蜚廉 天馬 流 11 23 35 47 59 71 83 95
福 大耗 宮 祿 己巳 夫妻 (陰火 南離)	官符 病符 庚午 兄弟 (陰火 南離)	沐喜飛 浴神廉 貫官斗 辛未 命宮 (陰土 西南坤)	長殘生廉 壬申 父母 (陽金 西南坤)

35 - 44	中央資料		105 - 114
天梁2 天機1 三台 天虛 流 1 19 31 43 55 67 79 91	A同學　陽女 (屬狗) 生日：西元 1994 年 4 月　日 申時 農曆：甲戌 年二月　日 申時 命局：土五局 命宮在：未　　命主星：武曲 身宮在：亥　　身主星：文昌 紫微在：巳 大限在：午 流年在：子 小限在：寅 流年日期：西元 2008 年 4 月 14 日 19:30 時 戊子 年 丙辰 (三) 月 甲申 (初九) 日 甲戌 時		天壽 空亡 火星5 流 12 24 36 48 60 72 84 96
帝伏旺兵 戊辰 子女 (陽土 東南質)			養奏書 癸酉 福德 (陰金 西兌)

45 - 54			95 - 104
天相5 咸池 月德 地擎空 3 5 流 2 14 26 38 50 62 74 86			天八封 貴座詁 蜚刑 流 3 13 25 37 49 61 73 85
衰宮府 丁卯 財帛 (陰木 東震)			胎將軍 甲戌 田宅 (陽土 西北乾)

55 - 64	65 - 74	75 - 84	85 - 94
文巨太曲門陽 5 1 2忌 天姚 龍台池輔 天使 祿存2 流 5 17 29 41 53 65 77 89	天鉱 陀羅1 破碎 流 4 16 28 40 52 64 76 88	貪武殺狼 2 1 1科 恩風 光閣 天耀 傷廉 流 3 15 27 39 51 63 75 87	文太曲陰 1 1 2 天貴 天空 孤辰 天府2 鈴星1 流 2 14 26 38 50 62 74 86
病博士士 丙寅 疾厄 (陽木 東北艮)	死力士 丁丑 遷移 (陰土 東北艮)	墓青龍 丙子 人際 (陽水 北坎)	絕小耗 乙亥 事業(身) (陰水 西北乾)

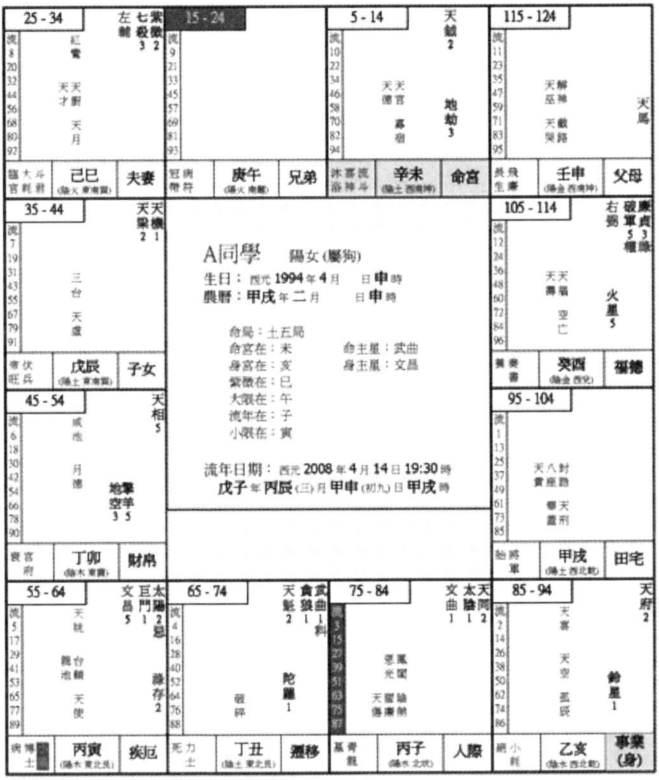

福德宮是精神單位，火星在福德宮，在本命盤顯示中，某一程度也代表了命主的個性，因其命宮為空宮，沒有藍色星曜座落。命主的廉、破在福德宮中，所以會展現出服從性高或叛逆性高的現象，且十分具有創意。判斷時應以主星為主，輔星做為輔助說明用。

在福德宮中可以看見很多星曜，所以十分熱鬧，且傾向於良性的發展。由於火星座落於此時，且亮度是5，較暗，所以在做事上容易有個性急躁的問題。但此並不見得視為個性中一大損傷，因為做事時，有時非得有一些急躁才能有效率。

筆者看來，命主臉部較小，尤其是下巴部分顯得較短。目前在第二大限求學期間表現良好。另外，鈴星亮度1座落在官祿宮（同時也是身宮），在未來從事電子或電腦行業的機率很高。

命主的家人希望她從事設計或美術方面，但筆者從命盤判斷，建議其將來可從事電子方面設計，而且將來讀書可以讀得更好。

筆者看出平均三年搬家一次，搬家頻率很高。尤其田宅宮是空宮，所以可能代表沒有自己的房子或者是房子大多座落於小巷子中，而非大馬路上，較為隱藏性。（這是其5－14歲時的田宅宮位置，代表先天的居住環境。）

筆者推測其遷居時應有急促匆忙的現象，且就其命盤來看，居住的房子較傾向於住在兩旁有高樓，以致居住其中頗有壓迫感的感覺。由於田宅宮對命主的影響也是很大的，所以建議如果能居於較高的位置，對於自己的發展會更好。

什麼個性傾向於找什麼樣的房子，但是如果憑自己的直覺或主觀感受就隨性決定，有時候選擇的並非是對於自己最好的居住環境，所以建議還是可以輔以命理上的建議，對自己才能有最大的幫助。

☆地空、地劫

地空：離散之星，偏向事出突然。

地劫：離散之星，偏向較有預期之事。

星斗名	性質				
地空	中斗星	陰火	主多災、吉則為大度	半空折翅	引申為創意
地劫	中斗星	陽火	主破失	浪裡行舟	引申為追根究柢

關於地空地劫古有「空上劫下」的口訣，地空、地劫在佛家語中代表的是時間單位，坊間說不好是一種錯誤的說法。地空、地劫除空間意義的表示外，也代表一種時間的意義，地空代表過去，地劫代表未來。在學習時也要特別掌握。筆者曾經看過命宮有亮度高的地空星，擔任某報系總編輯，地劫則適合從事數字方面的工作。

有時候在條件式的推論裡，例如有一個人在某電信公司工作，如果命宮有地空星，大概可以從架纜線等地上物或空中方向去推測，如有地劫星，則可往埋管線等地面、地下的方向去思考。此外，地空星和地劫星還可以引申為外部和內部，硬體和軟體的對應關係，在推論命盤時，不妨將這些觀念融入思考，可以在推論上做到更為細緻的程度。

地空、地劫是除了四化星之外最難領悟體會的兩顆星，其對命盤的影響也非常大，其重要性比擎羊、陀羅和火星、鈴星等相形之下更高。很多人學習紫斗的障礙也常產生在這個部分。

地空、地劫是根據出生時間，從「亥時」起算，以亥時為子時，依命主的出生時為原則，逆時針是地空星的位置，順時針是地劫星的位置。所以只透過這兩顆星可以讓人迅速判斷生辰。

◇不傳之秘◇

凡子、午時出生者，其地空、地劫的位置會同宮，分別在亥宮和巳宮，遙遙相望。

七殺和地劫坐命宮，筆者有看過這樣的命例，且唸到博士，對於追根究柢很有興趣。

個性光譜：

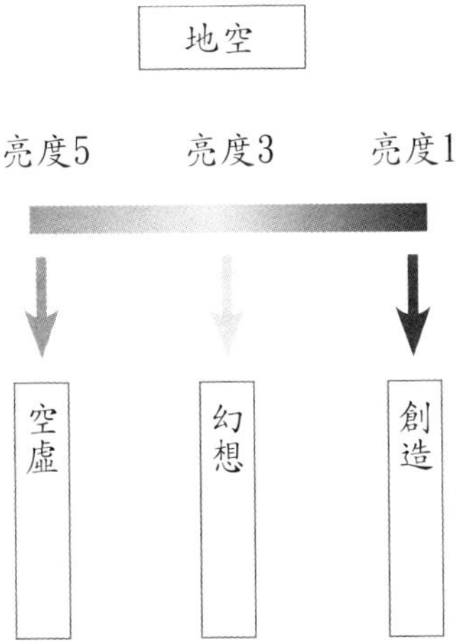
地空
亮度5
亮度3
亮度1
空虛
幻想
創造

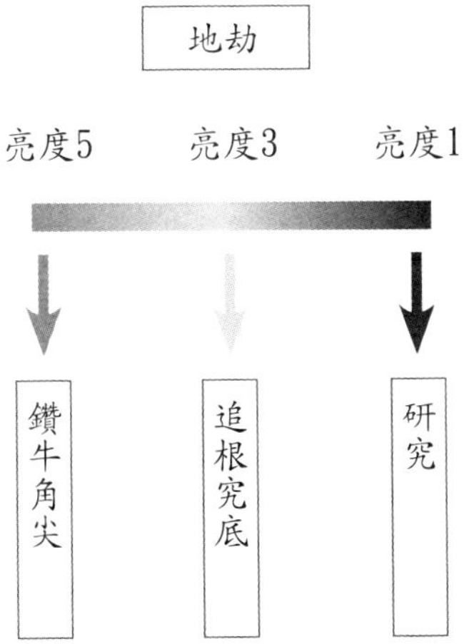
地劫
亮度5
亮度3
亮度1
鑽牛角尖
追根究底
研究

案例解盤大印證

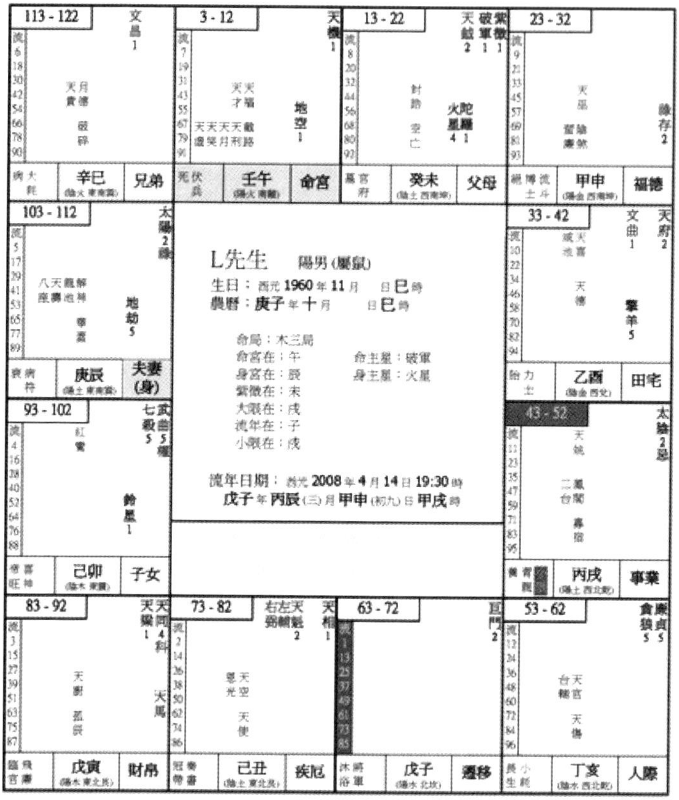

命主二〇〇八年為48歲。因命宮有天機、地空星且亮度皆1，所以是一位為工作或學問研究而勞心的人。

天機星坐命者易忙碌，因其聰明、領悟力強，能舉一反三，說話很有條理，加上地空星輔助，多從事想像或創意性工作。命主在電信公務機關擔任工程師，且在大學兼課，同時還進修博士班學位。在夫妻宮的表現上是：和妻子有聚少離多的情形，比較冷淡，同時命盤上也顯示太太較易鑽牛角尖。

案例解盤大印證

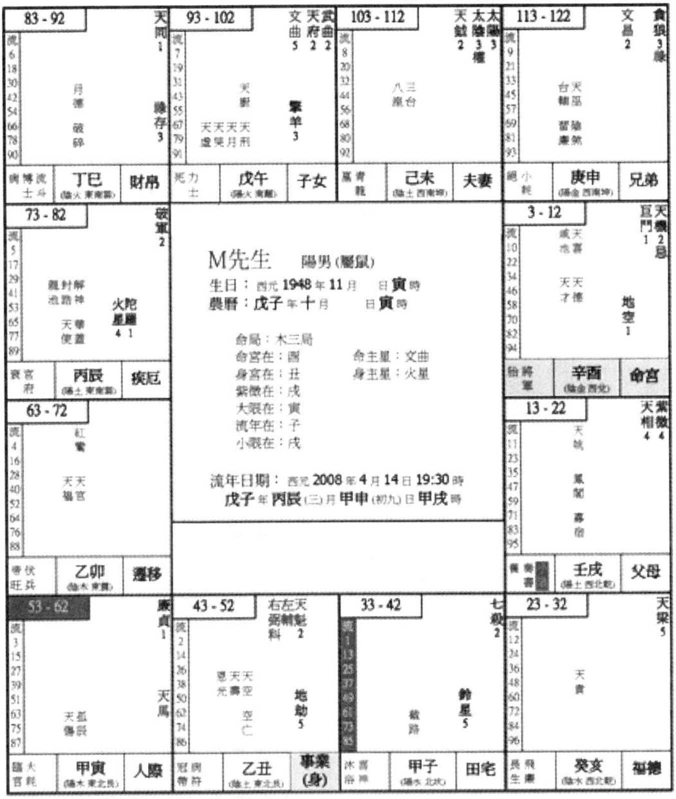

命主二○○八年為61歲。因命主的命宮為天機星，天機星為兄弟主，所以常為家裡事煩心，且心事多放心中。如搭配地空星，代表為家煩惱，且有不該煩而煩的傾向；如搭配地劫星，則有為過去煩惱的情緒。

從夫妻宮來看，易娶得有能力的太太，筆者建議家裡的西邊應清空，對個人健康較好。天機化忌者，容易在肝膽經絡方面，還有眼睛部分比較有一些老化或疾病的狀況，要特別注意。

案例解盤大印證

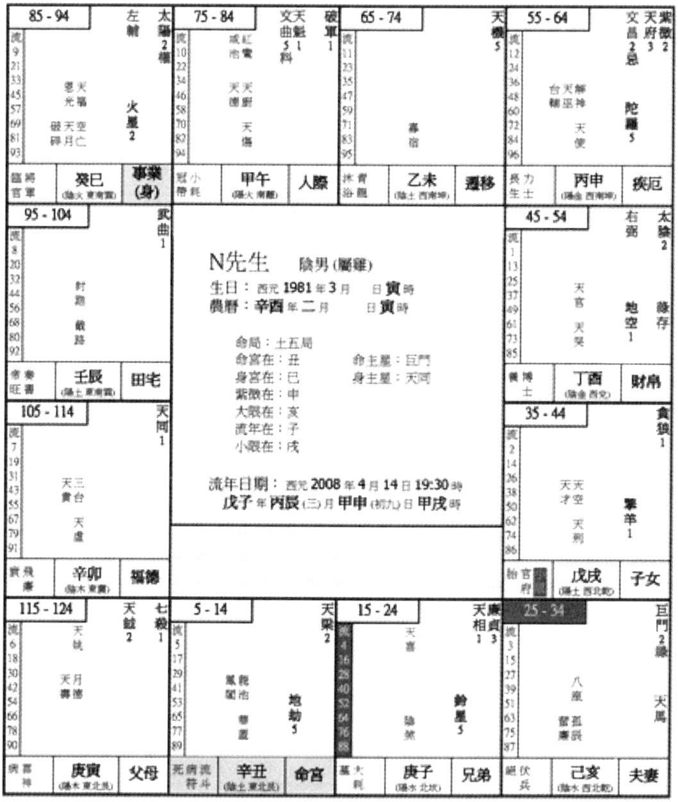

N先生　陰男（屬雞）
生日：西元 1981 年 3 月　日寅時
農曆：辛酉年二月　日寅時

命局：土五局
命宮在：丑　　命主星：巨門
身宮在：巳　　身主星：天同
紫微在：申
大限在：亥
流年在：子
小限在：戌

流年日期：西元 2008 年 4 月 14 日 19：30 時
戊子年丙辰（三月）甲申（初九）日甲戌時

巳 事業（身） 癸巳	午 人際 甲午	未 遷移 乙未	申 疾厄 丙申
85-94　左輔　太陽2權　火星2	75-84　文曲5科　天鉞	65-74　破軍	55-64　紫微2　天府　文昌2忌　陀羅5

辰 田宅 壬辰			酉 財帛 丁酉
95-104　武曲1			45-54　右弼　太陰2　祿存　地空1

卯 福德 辛卯			戌 子女 戊戌
105-114　天同1			35-44　貪狼1　擎羊1

寅 父母 庚寅	丑 命宮 辛丑	子 兄弟 庚子	亥 夫妻 己亥
115-124　七殺2	5-14　天梁2　地劫5	15-24　天相 廉貞1　鈴星5	25-34　巨門2祿　天馬

命主二○○八年為 27 歲。命主命宮為天梁星，一輩子逢凶解厄，空劫星亮度 5，地空、地劫有沉默的味道，據筆者推測，命主好鑽研於自己思考的內心世界。

在 25—34 大限命宮時，有孤辰坐夫妻宮，所以有不易結婚的現象。且從天梁星來看，易接觸宗教方面的信仰，朋友不多；財帛宮中有地空、地劫者易花掉積蓄，命主符合這個原則，且可以推算出命主的母親很照顧他，常提供金錢上的資助。

據筆者看過的命盤經驗來說，曾經有看過命宮有武、破、空、劫者，擔任波音飛機的設計者。此外，遷移宮中有地空地劫星相會，符合「雙煞」定律——也就是兩顆煞星相會時，其影響或結果反而是好的。

丙、四化星：人生變化的十字路口

★化祿、化權、化科、化忌

星斗	化祿	化權	化科	化忌
斗	中斗星	中斗星	中斗星	中斗星
陰陽	陰	陽	陰	陰
五行	土	木	水	水
特質	美好	企圖	名聲聲望	阻礙
主掌	財祿	權勢	聲名	嫉妒及是非

四化星的學問是探討紫微學問中很重要的一部分，是紫斗中變化的重要精神。化字代表轉化、延伸和加強，對整個命盤的吉凶的驅動展現重要的意義與力量。

「化祿」代表的是凡事樂觀、易有成果；化權代表的是權力欲望；化科代表的是分析、清晰；化忌則代表凡事懷疑猜忌，但有的時候也代表一種起死回生的可能。

四化星都屬於中斗星，代表對每個人一生的命運都有影響。四化星中只有化權屬陽，其他都屬陰。其中化科和化忌都屬水，化科主好水，化忌主惡水。

關於四化星的所化表現意義，按下列表格中分類可以看出其好壞的程度。◎表示最佳，⊙表示其次，△表示尚可，X表示比較不好，XX表示最差。

甲級四化星

宮位 天干	化祿	化權	化科	化忌
甲	廉貞⊙	破軍△	武曲△	太陽X
乙	天機△	天梁⊙	紫微⊙	太陰X
丙	天同△	天機⊙	文昌⊙	廉貞XX
丁	太陰◎	天同△	天機⊙	巨門XX

戊	貪狼⊙	太陰⊙	右弼△	天機XX
己	武曲◎	貪狼△	天梁⊙	文曲X
庚	太陽△	武曲△	太陰△	天同⊙
辛	巨門⊙	太陽X	文曲△	文昌X
壬	天梁△	紫微△	左輔⊙	武曲XX
癸	破軍⊙	巨門⊙	太陰⊙	貪狼△

如以前一張命盤來看，該命主的父母宮中，破軍有化權，代表父親很有企圖心，有掌權，很有開創性的人，加上祿馬交馳，表現相當不錯。此外，田宅宮如有天府星，居所多為大坪數，廉貞化祿代表屋子裝潢也都會很漂亮。對面宮位為天相星，主服務，會武曲星主財，所以命主父親有在大型金融機構中擔任要職的味道。

根據每顆星的屬性，搭配上「化」的作用時，有時是加分效果，有時反而相剋扣分。就上述表格來看，天機化祿表示尚可，只是過路財，紫微好化科，又遇左輔右弼時會有好名聲，如果沒會左輔右弼可能會聲名狼籍，例如黑道老大之類的人物。

太陰不好化忌，化忌會悶；太陰好化權，也好化祿，可以說是如魚得水。天同因屬享福之星，性懶，不好化祿，天同化權好投機，但天同好化忌。天機好化權，化權比化科更好；天機不好化忌，易有頭腦打結，思慮不清，反應緩慢。文昌好化科；廉貞不好化忌，很多不好的事情發生都因此，所以有廉貞化忌時要特別當心。

貪狼好化祿，化權時會有投機的情況。文曲化忌代表是非口舌多。太陽不好化祿，有點半公開性賄賂的意味，因為太陽代表公開。此外，太陽不好化權，因為過於陽剛。武曲好化權，但對女子不好，容易成為孤軍。巨門好化祿，筆者曾遇過此例的人，職業是聲樂家。有此一說，天梁化祿代表的意義可能是不清高的公務人員。

第七章 副星物語

——乙丙級星曜系列介紹

據筆者經驗，有時主星看不清楚時，可看副星，副星也可透露一些命盤中的玄機。以下是一般老前輩常用的各副星特性列表。

系	級		星曜	南北	五行	化	屬性
年干星系	乙	1	天官	C	陽土		主顯貴
	乙	2	天福	C	陽土		主福壽
	乙	3	天廚				
	丙	4	截空				主阻滯
年支星系	乙	5	紅鸞	C	陰水		主婚姻，會凶主桃花
	乙	6	天喜	C	陽水		主喜慶，會凶主桃花
	乙	7	咸池				好色，喜天德及空曜化解
	乙	8	龍池	C	陽水		主科甲亦主才藝
	乙	9	鳳閣	C	陽土		主科名亦主才藝
	乙	10	天德				化凶，尤能化桃花
	乙	11	月德				化凶助吉，仁慈
	乙	12	天才	C	陰木		主才華
	乙	13	天壽	C	陽土		主有壽
	乙	14	天虛	C	陰土		主空虛憂慮
	乙	15	天哭	C	陽金		主刑剋憂傷

星系	等級	編號	星曜		五行		說明
年支星系	乙	16	孤辰	C	陽火		主孤
年支星系	乙	17	寡宿	C	陰火		主寡
年支星系	乙	18	華蓋		陽木		孤高，主聰明才藝，亦主神秘
年支星系	乙	19	破碎	C	陰火		主財帛耗損，亦主失意
年支星系	乙	20	蜚廉	C	陽火		主孤剋小人，且有桃花
年支星系	乙	21	天空				
年支+生時	乙	22	台輔	C	陽土		主貴，為台閣之星，凶則為虛名
年支+生時	乙	23	封誥				主科，為封章之星，凶則為浮名
生年干支		24	旬空				主空散
月系星	乙	25	天刑	C	陽火		主孤剋，又主刑罰，吉則為自律
月系星	乙	26	天姚	C	陰水		主風流，凶則為色禍
月系星	乙	27	解神	C			主化解
月系星	乙	28	天巫				主陞遷，亦主遺產
月系星	乙	29	天月				主病
月系星	乙	30	陰煞				主小人
日系星	乙	31	三台	C	陽土		主貴，為主星之隨從
日系星	乙	32	八座	C	陰土		主貴，為主星之隨從
日系星	乙	33	恩光	C	陽火		主受殊榮，亦主為人服務
日系星	乙	34	天貴	C	陽土		主官爵，亦主為人服務

常用副星的特性

1．天廚：

天生較樂觀、個性隨遇而安、懂吃的享受、愛吃零食、食慾頗強、喜近廚房。

尤其是愛吃零食的部分據筆者多年看盤經驗的累積，如果會天同星時準確率更是高達一半以上（天同星坐命者看起來多半稍胖）。另外也有看過天機＋天府有會天廚的，從事冷凍食品業。天機在父母宮的，父母易有從事零售業的情況。

2．天刑：

喜歡忙碌、喜被人尊重，但為人孤剛、恃才傲物，易有「專業上的驕傲」，有時給人「拒人於千里之感」，但做人務實、腳踏實地而認真。

天刑看起來較為嚴肅、正經，尤其是專業上的驕傲。天刑又號稱「小擎羊」，如會擎羊和桃花星時，代表大的手術。筆者看過一個護理長的命盤中事業宮有天刑。很多檢察官、牙醫、外科手術醫師等，都會有天刑，表現出專業上的自律性。不論該星是座落於命宮、事業宮或財帛宮都有可能。

3．天姚：

非常浪漫活潑開放、大而化之，但其個性不羈小節、注重朋友道義，相當明顯具有異性緣，是個大方及「公開」的桃花，合則聚、不合則散、做人乾脆；對異性而言，風騷氣質、幽默而有點「三八型」。

天姚坐命宮者，在五官上容易有突出的特別漂亮顯眼的地方，活潑開放，易一見鍾情。

4．解神：

急公好益、喜歡排解糾紛。

5．天巫：

熱心為善、喜與人講道理、喜條理井然的事物、向上奮發、洞察事物的能力頗強，但偶爾得理不饒人，而顯得吹毛求疵。

有時此星代表遺產。

6．陰煞：

偶而個性較為陰鬱、有話放在心中；不開朗、雙眉間常打結、個性執著、給人弄不清為何生氣的感覺，或者代表不明事物的接觸，例如神鬼。陰煞坐命宮的人多半比較小心翼翼。想去瞭解一些事情，但又不敢躁進。

7．封誥：

外向開朗坦率並有幽默感、重感性、知上進、有些完美主義的傾向，易受人欣賞。代表的是物質上的獎勵，例如就職大典，或者獲得執照等。另外如有會恩光、天貴，都代表公務人員在職位上的晉升、受動、受獎等。

8．天空：

有遠景抱負、有理想，並具思考能力，說話或態度很謙虛，一切事情以別人為主。

9．天哭／天虛：

共同點是不易被瞭解、容易沮喪而易有失落感。

a．**天哭**：小時候愛哭，亦容易被感動，是個多愁善感的個性，易造成人際上的困境。

b．**天虛**：心事重重、無法快樂起來、容易自己壓抑、表現落寞寡歡。

這兩顆星常用於死亡。哭、虛二星是看親人生命情況重要的指標。哭虛坐命宮者小時常有半夜哭鬧的情況。

10．龍池／鳳閣：共同性是光明磊落、瀟灑大方、樂於助人、講義氣、人氣頗佳。

a．**龍池**：具才學、為人聰穎、做事有原則及理性、認真進取、老成具威儀。

b．**鳳閣**：能力或才藝出眾、好面子、喜美言、喜表現、偶而會太炫耀而招忌、好交際及華麗物品，但耳根有時會太軟，為其缺點。

二星尤其代表雕刻、繡花等手藝。

11．紅鸞／天喜：共同性是女的會陰柔撒嬌、秀麗可人；男子比較會有女性化的一面、易親近。

a．**紅鸞**：內斂含蓄、正經、愛面子。

b．**天喜**：較開心、活潑、頗為樂觀。

紅鸞代表婚姻，為結婚；有時也代表女孩子的生理現象；天喜代表訂婚。紅鸞如會很多煞星，常可能在生育上會有一些問題。所以年輕女性不妨注意一下自己命盤中紅鸞的位置，如有會很多綠色吉星，大致是順利正常，如會很多紅色煞星，可能要特別注意一下身體狀況。

12．孤辰／寡宿：共同性是常一個人獨來獨往、寡合、無依靠。

a．**孤辰**：固執、有觀念不易變通及堅守的特性，較不主動及氣悶。

b．**寡宿**：較不主動、鬱悶、神經質、胡思亂想、寡合及自得其樂。

又跟死亡有關係，男怕孤，女怕寡。有時兄弟宮中有孤寡二星，常代表命主為獨生子或獨生女。此外，此孤獨之星也不宜於老人，因為老人宜靜不宜動。（相對而言，小孩宜動不宜靜；男性宜動，女性宜靜。）

13．華蓋：內心寂寞但思想獨特，其聰明近似專研，適合神遊玄學（宗教）哲理等。

擎羊＋華蓋稱為「虎賁山林格」，代表在某行業中有極高的專業，代表一種高手中的高手。據筆者經驗，曾經在美國看過有牙醫就是擎羊＋華蓋在事業宮中，從事的是牙醫的顯微手術。

14．破碎：

有時易使人失望、幻想、憂愁、懦弱及易煩躁，凡事被打折扣，如果在感情上，則容易往失望的地方想。

命宮有此星座落，凡事易往失望的地方想，尤其是與感情有關的。

15．咸池：

喜熱鬧、感情豐富而具玩樂之心。除此之外，此星也代表與性有關。筆者看過有一個女性是天同、太陰、右弼、咸池座落田宅宮，可以推算出命主與一個浪漫的男性同居。

16．天才：

反應敏銳、為人機敏，屬於聰明於外，能舉一反三之人，具才幹，工作能力頗佳，相當有主見，好學，略有傲氣。天才多指的是先天的聰明，而非後天的智慧。

17．恩光／天貴：皆指受賞賜的意思。

a．**恩光**：個性樂觀、情感豐富、重視人際關係、為人聰穎、好學進取、態度明朗。

b．**天貴**：個性上較為一板一眼、做事有原則、穩重守信用、給人有威嚴的感覺、有貴氣、是個領導人才。

丙級星：長生十二星（神）（也能看出宮位的旺弱）

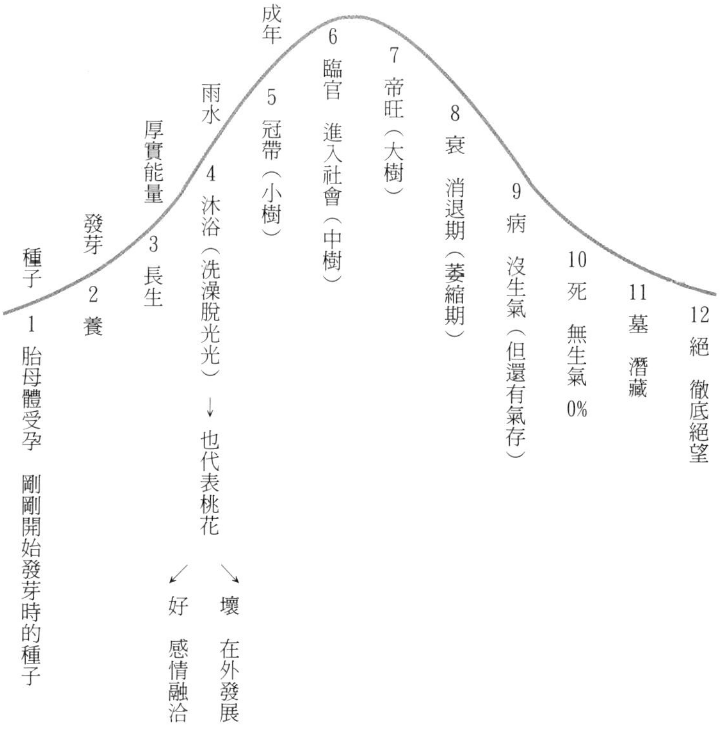

長生十二星的特性說明如下：

		南北	五行	化	屬性
1	長生				主生發，最喜天機同度，主才智，不畏諸煞。
2	沐浴				主桃花，入夫妻宮主和諧，忌居酉宮。
3	冠帶				主喜慶。利官祿，喜居命身宮。
4	臨官				主喜慶。十二宮皆吉。
5	帝旺				主魄力與體質。十二宮皆吉。
6	衰				主頹廢及冷退。
7	病				主病弱。
8	死				主無生氣，忌入命宮及命宮前後一宮。
9	墓				主暗力。喜財帛事業宮。不利化科化權。
10	絕				主孤獨。
11	胎				主增榮。忌空亡，不喜入旺運。
12	養				主培育。十二宮皆利。

第八章 先別急著下定論！

——改寫你人生的公式

紫斗特殊組合：

(一)中獎可能

沒有偏財命？

——一命二運三人際的最好寫照——運用紫斗的知識，尋找屬於你的「偏財貴人」！

組合	運用在紫斗上的星組合	中獎可能
個人運勢	貪狼＋火星在命宮、大限、流年 （影響的強度依次遞減） 另外，兩顆星同宮的影響最大，照會三方四正時其次。 座落於命宮是最強 福德宮其次 財帛宮再次 遷移宮再次	1、發票 2、樂透 3、抽獎
合買的群體運勢	左輔或右弼	

註：貪狼星代表一個人的欲望。

（二）最佳婚配指數

1、婚配的可能性

迷思：婚姻諮商在坊間有所謂三合或依生肖婚配的說法，從事實和機率上來說，全然不可信。因為生肖只是2/12，只有1/6機率，不符合統計學上比例越小越真實的原則。紫斗配婚之所以比較合理，可由以下敘述中找到較接近真實可能性的合理推論。

(1)基本命盤1/12*事項宮1/12（個人情況）＝1/144的可能性

(2)再以命盤配命盤，且分男女的可能性：144*2=288種可能性，所以是：

男1/144 ＊ 女1/144 ＝ 1/20736

(3)如果再考慮雙方出生年（地支）來計算：

（以一般常情來說，男女年紀大小可能級距來考慮。）

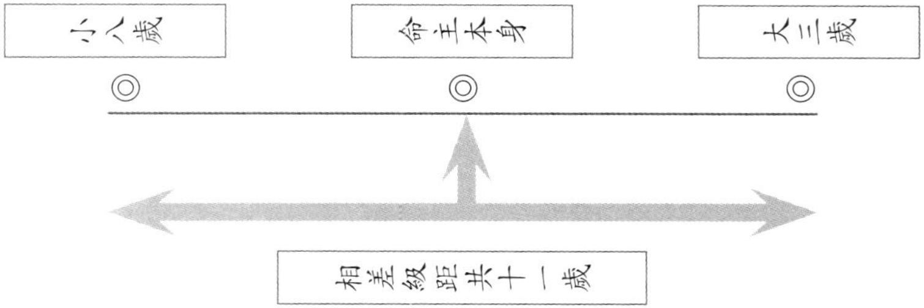

不論是男找女，或是女找男，都是個人基本命盤可能1/144 ＊ 1/11＝1/1584的可能性

所以命盤配命盤（1/144*1/144）

命盤配出生年1/144*1/11

單一命盤1/144*1/2

所以應用紫斗配婚比一般生肖配婚來得更合理。

2、紫斗婚配

主要桃花星　＋　次級桃花星　就會引動
（貪狼、廉貞……）　（紅鸞、咸池、天喜、天姚、大耗、沐浴）
（同宮、大限、流年或者會三方四正時，同宮最強，會到其次）

同宮代表自己，三方四正代表別人過來的；同宮代表自己很漂亮；三方四正代表別人喜歡自己。

註：咸池、天姚偏爛桃花，天喜、紅鸞偏向好桃花。

命理不脫離現實，現實也不脫離命理。犯桃花，看誰漂亮。（次級桃花星在命宮，己美；在外面遷移宮時，愛對方。）

☺關於感情上好的配對：

甲、天魁天鉞組合型

(1)一張命盤時：本命天魁／天鉞＋夫妻宮天鉞／天魁

這是最佳組合，既有實質上的幫助，又有精神上的鼓勵。如這樣搭配的命盤，我們幫人諮商時不宜判離。

(2)兩張命盤時：本命天魁，對方命宮有天鉞；或本命天鉞，對方命宮有天魁。

乙、左輔右弼組合型

(1)一張命盤時：本命左輔／右弼＋夫妻宮右弼／左輔

(2)兩張命盤時：本命左輔，對方命宮有右弼；或本命右弼，對方命宮有左輔。

坊間曾有這樣流傳的錯誤迷思，論夫妻宮有左輔或右弼者定嫁娶兩次。

☹關於感情上不好的配對：

(1)一張命盤時：擎羊和陀羅兩相對應不好。

本命擎羊＋夫妻宮陀羅或本命宮陀羅＋福德宮擎羊。

（夫妻相鬥最厲害）

(2)兩張命盤時：本命有擎羊，對方命宮有陀羅；或本命有陀羅，對方命宮有擎羊。

如果就破壞性來說，擎羊如同強盜，明著來；陀羅較不明顯，如同小偷。亮度越弱吵越兇。

引申變化型

(1)本命擎羊，對方命宮也擎羊，（亮度越弱越厲害）會「明著衝」。

(2)本命陀羅，對方命宮也陀羅，（亮度越弱越厲害）會「諜對諜」。

(3)如果是亮度高對亮度低的，亮的因較具技術性，所以佔上風。

第九章 追「星」族特訓班

——解構生命密碼，開啓人生契機

（一）人生的守護神：五大明師

人生在世，每個人，上至總統及富豪，下至販夫走卒，每個人都有困難的時候。在這個社會上，有五大類的專業，是你必須接觸的，他們可以幫你改善很多事情，各有各的令人尊重的專業領域及無窮的市場需求。樂透難中，五師易求。

第一類：醫師（健康是一切之本）

第二類：理財／會計師（財富如同魚跟水）

第三類：律師（天堂跟地獄之差）

第四類：保險師（愛你所愛）

第五類：命理師（關鍵時刻、關鍵決定）

但是一般讀者，在各類專業的「師」字輩中，都有上千名，如何分辨素質好壞？名師等於明師？貴藥等於好藥？你得到的服務或答案是正確的嗎？通常，第五類是很重要但也是最難找的。

從以下一件真實故事，或許你會找到你要的答案。

某次一位淑女朱小姐，年輕貌美未婚，留美碩士，在某金控公司當主管。因身上長瘤，害怕失去所愛的家人，看了無數醫生，當然中西名醫都看，有的說要開刀，有的說不要開刀，弄得她自己也無所適從。

當然很不例外的也和許多人一樣——「求神問卜」。香火鼎盛的行天宮與龍山寺，當然也是有兩種意見，Yes/No。兩個選擇而已，但實在困惑……

當然也問到紫微生活網的吳孟龍老師。而在諮詢過程中，她得到一個終生難忘的答案！

她感嘆：「同樣是醫生，怎麼見解還是不一樣？同樣是神明，擲筊也不一樣？」難道，命運真的要靠運氣？找到好醫生會比中樂透難嗎？尤其在身體有問題時。每位醫生的經驗度不同，長期以來，醫師的素質有很大的差距，其實越需要專業的行業，越是如此。

每個人都可以為自己的命運做點事。知道自己的需求，遇到事情時不慌張，才可以真正找對人。命理也是如此，或許更為重要，因為一個好的引導與誤導，會改變你的一生。那又如何判斷好的「師」字輩？以下就以醫師與命理師做比喻，其他類型亦同。

A．問診是否仔細？（如同醫生）

中醫靠觀察，西醫靠檢驗來深入瞭解病情，因此好醫師多半會耐心問診，推敲致病原因及解說。甚至你的生活習慣，因為大病是由小病起（習慣不好）。

只把脈不問診，或是看診不把脈VS只看命盤不問事實，或只問事實不看命盤。「望聞問切少一項，會差別很多，都可能對診斷造成影響。」相信很多病人對一些中西醫都有的「三分鐘看病」經驗很熟悉，但無從改善也只能無奈以對。

從命理看人生及其他行業，又何嘗不是如此！

B．記錄是否仔細？

我們常常在看中西醫病歷時，常發現過於「簡單」的病例記載，「只寫個頭痛而已，怎麼個痛法、時間全沒寫，甚至以前服用什麼藥也沒注意」。西醫更是全盤草寫英文，病患哪裡知道重要的事是否有被記載下來？

明師中醫的游正賢院長就是其中一個力行記錄的醫師，很親切的引導病患談出病情的前因後果。也看過一位中西醫皆備的眼科醫生林名育，幾乎把病患的話及習慣皆記錄下來。這些都是等下一次病人來時，可以很直接的切入重點，並對症下藥或調整。記錄方式可以看出醫生是否用心，看出醫師的功力深淺：愈詳細，失誤率就愈少。

命理的進步化及其他行業，又何嘗不是如此！

C．確實掌握進展？

對於一個癌症病患者而言，醫生掌握病人的疾病進展，如化療的整個12次療程是很重要的。治療其間，病人有何反應，會掉髮或吐瀉，西醫必須掌控，才知用藥量的大小；而中醫更需瞭解體質的不同，來加減藥方，瞭解同症異因，時常瞭解反應及追蹤，才能徹底改善。

命理及理財，也是如此，大環境的變化多，時間點越接近，解析度越清晰！

D．態度誠懇開放

任何學問都有它的獨特性及侷限性，當然中西醫學也有它的侷限性。神醫、名醫也不可能樣樣都懂、百病都可治癒。網路流傳的：長庚中醫部副院長張恆鴻認為：「說什麼都能看的醫生，不能找。」另一個流傳的例子：個子嬌小的資深醫藥記者林嬪嬙，碰過許多拍著胸脯向她保證「沒問題」的中醫、西醫，卻一次次希望落空，仍為反覆發作的子宮肌瘤所苦。

當她常看的老中醫坦白告訴她：「這我可以幫妳改善，但是沒把握。」時，她鬆了口氣：「至少我知道他盡力了，也不會期望過高。」

各行各業的專業人士皆應都如此，時時求進步；尤其命理這個領域，所牽涉到的專業知識，幾乎跨遍所有領域及行業，更是需要誠懇虛心！

◎自己可以做什麼？

1．查詢相關資料

如今網路發達，上網找尋其他人的做法與看法，增加與醫生或命理師溝通的品質。自己可以先做好功課。例如投資理財，多聽；尋覓好的醫生，中西醫多比較，了解中西醫在治療上的個別優勢及特長。

對於自己或家人的生活習慣或家族史，必須要有所瞭解；病變的發展、目前的治療方法，必須有基本的認識。「了解，是增進醫病關係重要的一環。」中國醫藥學院教授林昭庚十分鼓勵患者找尋疾病資訊，有助於對自己的健康有更主動性的因應。

2．提供完整資訊

「隱瞞醫生，自討苦吃」，病患可以用A4紙張寫下自己的病情：a．什麼時候發生，b．最近的病情，c．曾經服用過哪些藥，d．哪些藥有效哪些藥沒效，e．最近的情緒，f．生活習慣等等。

醫師透過病患的簡介，才可坦白相告，他們能做多少及到哪種程度。就診時提供資訊愈多，才能協助更正確的診斷。

在命理諮商時，也應如此，現有或過去的事實能幫忙未來的預測更清楚。含蓄的病患或問命者，讓醫生或命理師多花時間，為考驗他們的功力而讓他們自行尋找蛛絲馬跡，所獲得的結果只是效率降低，品質打折扣的情況。

3・徵詢第二意見

當自己覺得有疑問，不妨再多請教另一個專業明師。現在是科學時代，可以選一個醫師，以他的意見為主，若第二個醫師意見相反，再去找第三個醫師看看。

要判斷「哪個說明的有理」，當然你得要先能有判斷的功力，那就是你自己必須做好第一項功課，才能明辨是非。在判斷上會較謹慎客觀，有時多一點警覺，便可以化險為夷，畢竟成功與失敗，自己才是要負最大責任的人。

紫微生活網的吳孟龍老師表示：「雖然命理或其他的統計電腦程式也可以做些比較不複雜的回答，但專業上的親口回答，會增加求問者許多信心，案例中陳小姐紫微斗數命盤中，求問者只要能以誠懇的態度詢問，我們也能很誠懇的告知：『根據我們相關的紫斗文獻及電腦統計類似案例，其實開不開刀皆可以，命盤上近幾年，看起來非凶格無解，好好主動跟你的中西醫生配合，自己好好調養，相信不久會痊癒的。』——果真陳小姐在強大信心的驅使下，已經來電告知，好轉很多。」

最後，建議與五類專業人士的溝通對答中，雖然專業是很複雜的，但讀者可以要求對方用簡單的語言來表達，你能理解、能接受，他應是你要長期配合的守護神！

（二）點亮自己的明燈，別人的明燈

1．個人研究及諮商需注意的大原則

一般來說，三方四正的暗合所呈現的情況，大多是符合規則性，如果明明是好的格局，但偏偏出現不好的發展時，例如有錢人可能因太太生病或死亡，又或者因子女發生意外之後，影響整個人生運勢。這就是典型的因「家庭問題」而破壞其貴格，眼看事業發展如日中天，後來卻因為某一些事件而整個垮掉，令人非常痛惜。再者一些特別的案例，例如全家都是乞丐，或者痲瘋病等，都是非常特殊的情形。

所以我們在看自身或者別人的情況時，要盡量平衡報導，所謂：「一賤破九貴，一貴抵九賤。」凸

顯整體命盤的評斷是看大格局才能論定，壞的格局搞壞整個人生，優良的格局抵掉其他缺點。

2．條件式推論

例如：諮商者如果是中華電信工作者，命宮有地空，傾向從事架纜線的方向；如果命宮是地劫，傾向埋管線的地下方向去推測。

幫人做紫斗諮商時，如果要分析其未來適合從事的行業，則應視實際工作內容性加以分辨，然後再給予命主建議，而非只是透過大類別的說明，如此才能更貼近命主的需要。單顆星坐事項宮時，較容易觀察其特性為何，這是研究時的重要方法。

每天摘一朵花，不如在家種一盆花。

如同祿存與流祿的關係，我們想追求的是長久的，而不要只是如流祿般稍縱即逝的福氣。

紫斗諮商重點舉例：如果要幫人

一、方位：大門口

二、客人引進的動線

三、發廣告傳單的方向：客人可能的來源

四、室內的採光（可引什麼方向的自然光）

五、主廚的選擇

六、外場及服務人員的面試安排及工作分配（出生年即可）

七、餐點的命名（如何針對客戶需求，提供適合的類型：諸如健康風或是快速供餐）

八、餐廳哪個區域特別受消費者喜愛或厭惡

九、房東的態度

第十章 黃金服務，大師親算！

——打點你的命理幸福計畫

案例一、投資篇

一個平凡主婦，如何在賠163萬後又逆漲為197萬！
令人興奮的真實故事……
——如果她能逆轉勝，妳也一定行！

吳式黃金三角定律是：外在投資環境＋資產配置＋個人運氣

時間：早上10:00 AM
參與者：投資女及其密友

某小姐從大學畢業後，算過無次命，也拉著友人「投資女」到處算命。但某小姐跟吳老師深談過一次後，已經不再到處尋師了，因此強力推薦「投資女」一起來跟吳老師請益，因吳老師擁有紫微斗數國家專利的精密排盤及智慧型定盤系統，相當具有口碑，且本身是金融界出身，對投資更有獨到的見解。

「投資女」是一個很平凡的家庭主婦，平常做些家事外，也想著試做一個「經濟獨立的女人」，畢竟，時代真正變了，男女平等，已經不是非靠「相公」不可的時代了。投資女也直接給了生辰（如下）：

105 - 114	95 - 104	85 - 94	75 - 84
貪廉 狼貞 5 5	巨 門 2	天 天 鉞 相 4 2	天 天 鉞 同 5 科 2
月德 破碎	三輔 天白傷福 天 盧�)	陀羅 1 空亡	八座 天慶 天福壽 鈴星 2 祿存 2
小耗 辛巳 (陽火東南方) 福德	壬午 田宅	癸未 事業	甲申 人原

投資女　　陽女（屬鼠）

生日：西元 1961 年 1 月　日戌時
農曆：庚子 年十二 月　日戌時

命局：土五局
命宮在：卯　　命主星：文曲
身宮在：亥　　身主星：火星
紫微在：丑
大限在：亥
流年在：子
小限在：戌

流年日期：西元 2008 年 3 月 20 日 21:30 時
戊子 年乙卯（二）月己未（廿三）日乙亥時

115 - 124			65 - 74
太陰 5 旺			七 武 殺 曲 4 廟
天鉞 貫流輪 華蓋 虛然			咸天池德 天德 地劫 勁羊 3 5
庚辰 父母			乙酉 遷移

5 - 14			55 - 64
左輔	天府 3		太陽 5 廟
紅鸞 天才			鳳閣 天喜 變殺
己卯 命宮			丙戌 疾厄

15 - 24	25 - 34	35 - 44	45 - 54
文曲 3	天破紫 魁軍微 2 3 1	天機 1	右弼
戀天光鸞 孤天辰月	天空 地空 5	文昌 2 封誥 火鈴	天天天壽巫哭
戊寅 兄弟	己丑 夫妻	戊子 子女	丁亥 財帛（身）

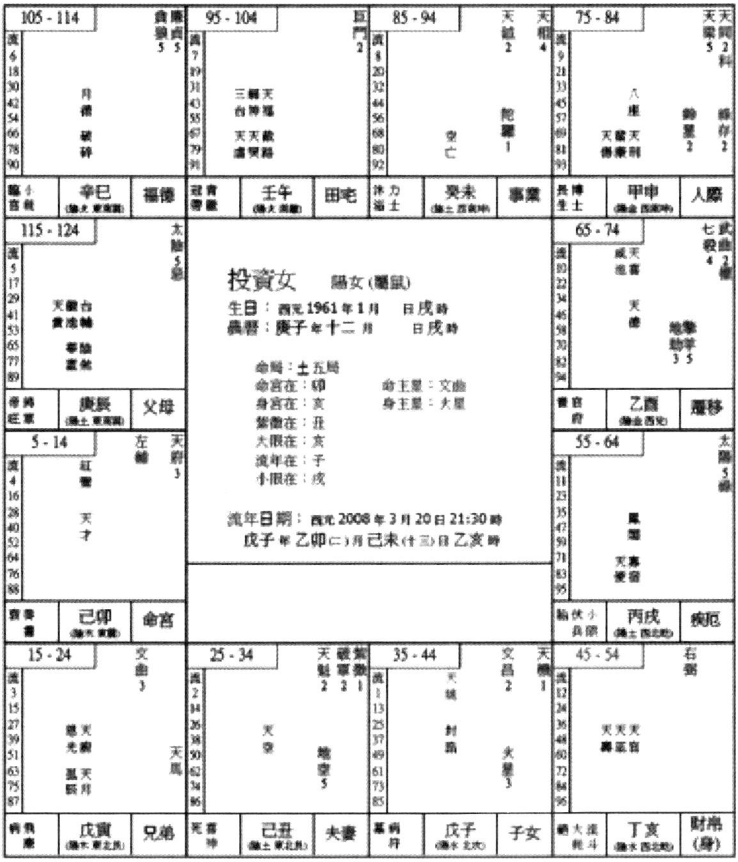

吳老師驗證了她的公公有中風現象，投資女答：「從我的命盤也可以看出跟我也沒血緣關係的人呀！」吳老師答：「這只是驗證妳給的命盤是真的，因為有30.7%的人是錯的。」

投資女說：「我現在的情況是：投資了很多基金，大多是賠錢，不知如何是好？且最近理專又在推薦連動債，投資資訊太多了，該如何做呢？」

吳老師說：「這的確是很多人的問題，但you are not alone！」

吳式黃金三角定律是：外在投資環境＋資產配置＋個人運氣

個人運氣可能是很重要，這才有辦法解釋：「為何股市好時，還是有人賠錢；股市壞時，還是有人賺錢。」投資女說：「那依我的命盤來看，如何？」吳老師一樣低頭看命盤，認真的沉思了一陣子，然後說：「說起投資，買的時間點很重要，跟什麼時候播下這顆種子很有關係，妳必須告訴我，何時開始進行這些投資。」

投資女闡述她種種投資的標的物……及何年投資……又順便問了：「我的財富何時會到達顛峰？」

吳老師屈指算了又算說：「妳的財富最佳顛峰期間在成年晚期。在歷經一生的打拼，中年過後財富已累積到了相當程度，在此時達到顛峰。或許伴隨財富而來的，妳也擁有了一定的社會地位，因此對於此階段的人生規劃，應可開始追求金錢以外的目標，過自己想過的生活。

在多年的職場生涯中，妳應當是一位努力奮發，具備才華的專業人士，到了46—60歲這個階段，妳已擁有自己的事業或在公司達到位高權重的地位。因此若此刻妳還沒有很多儲蓄，也應該開始學習如何管理自己現有的財務資源，合理的分配與使用現有的金錢，一旦妳能學會如何管好一百萬的收入，當妳真的賺到一百萬時，妳才有機會開始累積財富。

有些人工作了一輩子，賺的錢也不少，到退休時卻不知道這些錢跑到哪裡去了？因此財富累積的秘訣就是先學會如何管理現有的金錢。妳能在成年晚期累積相當的金錢，那麼應足以應付退休後的生活，因此只要妳在這之前，持續於職場上充分發揮能力，並且選擇依照自己的生活所需，選擇適合的投資方式，未來擁有豐衣足食的晚年生活，想必是指日可待喔！」

吳老師很有耐心的利用他在華爾街工作過的資深背景以及紫斗理論，一一幫她解套，並告知如果能有些耐心，會有不錯的回收。但由於有一兩支基金實在套牢太深，來找吳老師的時間實在晚了點，但值得慶幸的是，大部分還是救回來了。

資產配置策略是要依需求、依時機等等個人因素而不同，以下是樣本：

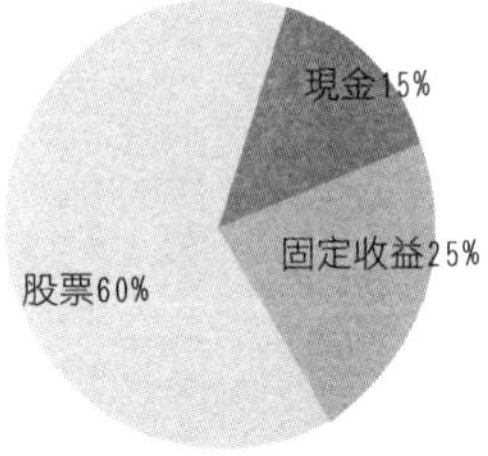

	基金超市組別	核心配置	衛星配置
固定收益型基金	高收益及其他債券	基金名稱	基金名稱
	平衡、組合	基金名稱	基金名稱
	一般債券	基金名稱	基金名稱
股票型基金	環球股票	基金名稱	基金名稱
	已開發國家	基金名稱	基金名稱
	新興市場股票	基金名稱	基金名稱
	產業股票型	基金名稱	基金名稱

約一年後，投資女很高興打電話來，的確與吳老師所規劃的相去不遠，又再預約了一次。——所謂好建言，勝過無數資源浪費……紫斗諮商真好！

案例二、企業發展篇

一席密談，決定了高階主管們的人生發展

對一個董事長而言，在退休之際，面臨了他人生最重要的決定：

一生辛苦的成果，如何永續經營？

近來常有些上市上櫃的董事長，面臨世代交替的困擾，上千億的資產，愁著不知交給哪一個人或哪個經營團隊而傷腦筋。畢竟一個企業的發展，從早一輩的辛苦打拼，一步一步的走過來，經歷過金融風暴，也經歷過上千人的工廠一夜之間火燒成灰，再重新開始，直到有今天的規模。

一個忙碌的星期，吳老師突然接到一位董事長的一通電話，希望請吳老師星期六的下午去他的董事長室密談。

既然董事長有重要的事，吳老師也只好把休假安排的活動暫時擺一邊了。

時間：星期六下午 2:30 PM，秋天的天氣
地點：信義區的某棟58樓
參與人員：兩個only

此董事長一生實實在在做事，長得真像傳說中的財神。吳老師通過嚴密的警衛，依約到達，只見整個公司都沒人，但董事長已經在等待，一身便服，雙方坐下，董事長就深深的嘆了一口氣：「人生努力到此，也是知天命之年，企業的發展最重要的就是人，許多老臣從年輕跟著我一輩子，要交棒給自己的兒子，不知他是否可以擔當？也不知未來可有重要的幹部會忠心的輔助他？真叫人擔心！」

吳老師被邀請來的目的當然是幫一位白髮蒼蒼的董事長分憂解勞！

吳老師也就請董事長報上他的生辰如下：

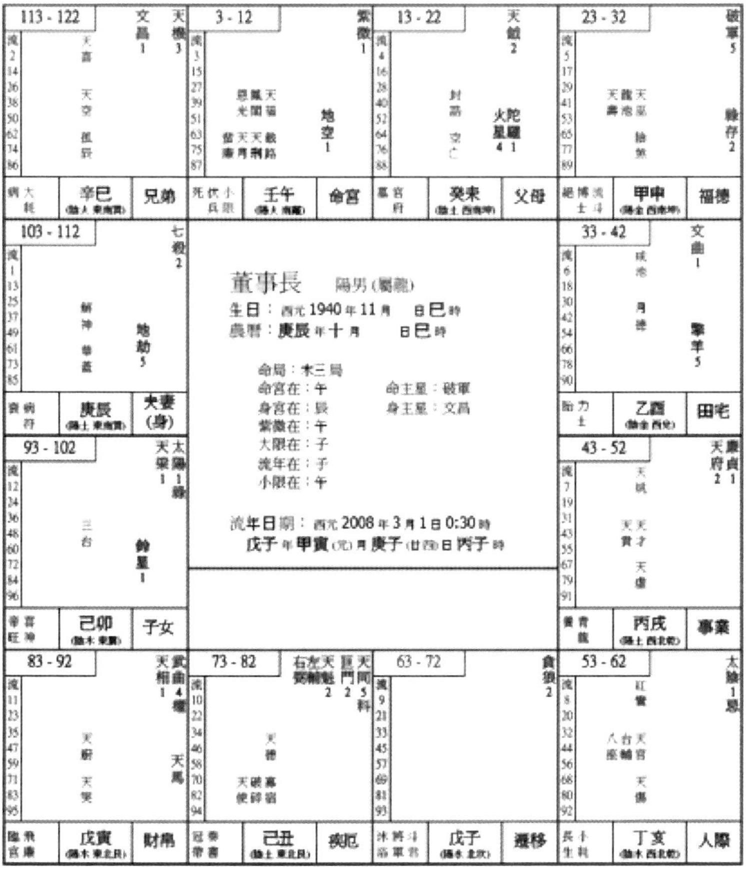

紫微坐命，古時候的皇帝星是也。地空也坐命宮，一生雖然波折多，但終有成就，不至於晚年淒涼，皆下去呢？

董事長有三個兒子，都有其特別的性格：三個命盤一個一個排出來。當然吳老師皆未見過面，因董事長個性很爽快，因此吳老師也就直言了。

老大：也是紫微坐命，個性上的衝動及霸道，應是眾人皆知，很需要有良臣在旁，時時提醒他，才能衝勁中帶穩，畢竟衝動跟衝勁是很不一樣的。

老二：天機坐命，一個留美的博士，但內心好勝，非外人能清楚，應是很好的研究人員。對老大的接班有微詞，需要有其密友去抒解，或由其太太去緩和。

老三：經常在國外出差，文昌坐命，應是一位能詩能文的君子，精通電腦系統。對於接班應較沒興趣，但其太太似乎有過敏性的體質。

董事長豎起拇指對吳老師說道：「真是太神奇了，連過敏性的體質也知道，真準！那我身邊的重要幹部如何安排與我老大相處呢?老二及老三如何一起協助呢？」

吳老師說：「可有其他高階主管的生辰？」董事長一臉有困難的樣子：「有的有，有的沒有，這些沒有給的主管，怕被知道秘密。」吳老師說：「沒關係，有完整的生辰是最好，如同是電視的解析度的高低；若沒有的話，也可以用主管的出生年來推敲，但解析度較低，但也不會太離譜。」

這下董事長才放心從人事檔案，一一給了六位主管的出生年。這對吳老師來說是一種較大些的工程，很傷腦筋，畢竟對一個企業集團是何等重要的事。

吳老師小心翼翼的說出並畫了一張表：

主管	年次	建議事項
1	50	應是賠錢的事業單位，需要暫時調換內勤較好。
2	58	是零件供應商，是可搭配的人才。
3	56	是單位執行長，但恐跟財務長不合，宜中間人調解。
4	47	是個高階主管，跑業務出身，很可信賴。
5	51	財務上有美化的疑慮，請會計師查看看。
6	51	同樣是51年次，但是服務導向的人。
依董事長的命盤，這兩個51年次的人，可能在某個程度上有較密切的配合。		

答案揭曉，董事長有再次豎起拇指：「完全如此，而且這兩個51年次的以前在同一家公司工作，後來一起來我這裡工作，他們兩個很談得來。一個管財務的，一個是管服務的，尤其是大客戶，很有可能帳務美化而我不知。」

急性子的董事長不顧假日，馬上打一通電話到會計師那裡……

當董事長在講電話時，吳老師內心中也暗驚：「同一個出生年的人，在某種程度是有關係的，無論是好是壞。紫微斗數的神奇，無窮無盡……」

案例三、風水篇

「真有風水這回事？」

流傳千年的風水，有很多人相信，也很有多人不相信。「風水」對我們的行運，到底有沒有影響力？

不可否認的事實是：一個好的環境，面海背山，四面採光，人人喜歡；屋內潮濕，髒亂老舊，人人避之。只是風水之學，在深入研究許多古今文獻後，才知道不是一般人想像的簡單。

很多事情是先在有開放的心態後，再去瞭解，才會產生信任，才知道如何使用風水的優點，為自己所用，但也不可否認的是：越有財富的人，越會去測試風水的效用，進而用盡各種方法去保護既有的財富或權力。

一位身材異於常人的年輕女子，因她的朋友的介紹而來。她的朋友在一次的聊天場合聊到紫微斗數在風水地理的應用，深感好奇，抱著半挑戰及半請教的態度而來，這位風水女本身家庭有著家傳的風水地理專業，從來沒聽說過「紫微斗數風水學」。

坐上位子後，還沒喝口茶，風水女即丟出她的命盤，說到：「聽我好友說，吳老師你可以從命盤看出風水？特來請教！」吳老師很客氣的說：「不敢不敢，只是提供個人一些體驗，不知妳有何需要知道的地方。」風水女談到：「談談我現在住的狀況。」一副不太相信的樣子…

吳老師因來者為客，也簡述說明風水女的居家：「右邊有條水溝，南邊偏西應是空氣流通的，但北邊偏西卻是潮濕的。」說到一半，風水女已經嚇到臉色鐵青，並顫抖的說：「你不用羅經嗎？紫微斗數命盤也沒寫方位啊？你怎麼看的？」

吳老師嘆了一口氣：「台上10分鐘，台下10年功，豈非三言兩語可說明其原理。」

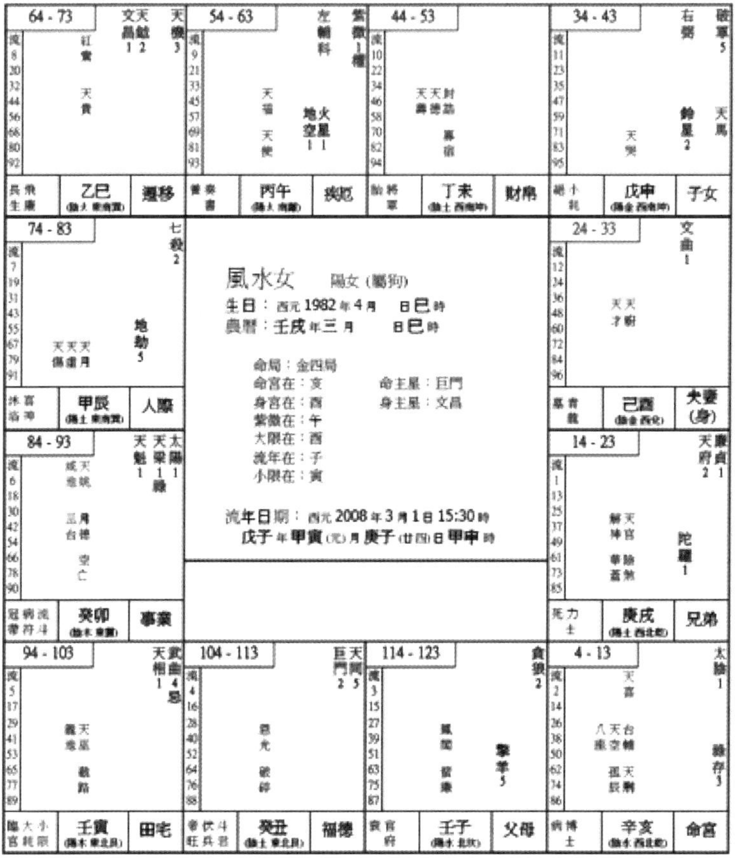

並進一步說：「妳的書房可以**坐西北面東南**，先確定房間的窗戶與門口的位置，再擺設書桌。**坐西面南**也是一個很好的方角，溫暖但不炎熱。

方位的選擇並非死板的八個方角，而是依照實際情況，考量房間動態之後再找尋適宜的位置。坐北面東是一個很好的方角，溫暖但不炎熱；不過要注意背後的房間格局，不應於背後開窗，否則寒冷的北風吹過，受風著涼的可能性很大，反而在專心讀書之前就被打垮了，得不償失。

書桌不宜正對窗戶與房間大門，以防注意力為外界所吸引。書桌的擺設除了考慮實際的空間配置外，也不應裝飾得過於花俏，而模糊了它應有的功用，反花費更多的心思在書桌的擺飾上。」

此時風水女已經不同於剛才初見面時的態度，反而很認真的追問：「那我工作上該如何調整呢？」

風水女的認真態度感動了吳老師，因此吳老師也越認真的推敲，說道：

「辦公室的位置仍以辦公桌做為立向準則，適合**坐南面北**。但辦公桌之位置**可面對大門或宜背靠牆壁**，取其**開源與靠山**之象徵。辦公室通常也是接待客戶或者迎賓之場所，但同時也是一個競爭的場合，所以桌椅不適合四處挪動，宜固定，穩如泰山。也是一種定心專注在工作、事業上的動力表徵！

根據自己不同行類的差異，擺設物品的種類也有所不同。並非招財樹或風水魚就一定大賺其財。但所考慮的畢竟是以人為主體，做為一位辦公室老闆或者員工心情愉悅，雖有壓力卻能勇往直前，克服困難的情緒，才是辦公室方位的基本考慮原則。當然動線越是通暢，越能取四通八達，暢行無阻的意念。」

又談了一陣子，風水女微笑稱謝，在準備離開時，吳老師半開玩笑的對她說：「妳相不相信，紫微斗數可以看到企業地點或居家的地下埋些什麼東西嗎？」……答案隨著一席話的結束而結束，只好在續緣中揭曉了……

附錄

附錄一、排盤教學

——正確的出生時辰及定盤基本概念

探討一般人學紫斗的動機，不外乎下列種種因素：

1、對課程有興趣，可以更瞭解自己

2、喜歡學習新事物的嚐鮮心情

3、找尋人生希望

4、瞭解更多訊息以幫家人小孩趨吉避禍

5、基於對自身生命命盤的好奇，想要一探究竟

6、瞭解人際相處關係

…… ……

你的準備心態：

在「洞燭機先」、「精打細算」之前……

無論如何，紫微斗數繁複運算之後所體現的深層內涵，幾乎都可以符合上述學習動機。而且基本上紫微斗數幾乎已完全可以解答一個人對於自己生命中種種課題的思考觀點。在進入紫微斗數的世界之前有一些觀念是必須先建立的。

要先瞭解到，每一個人都有一個出生時，反應出一張命盤，亦即一張命盤代表一位當事人。但就比例來說，同一個時辰相當有20多萬人出生（有人出生在印度、美國、台灣……），所以該張命盤是同一群人共同分享的工具，也就是會有共盤的現象。然而，雖有共同性，但細微的好壞程度還是有差別的。紫微斗數表現出來的是一種大環境裡的「溫度」，真正的後續發展取決於每個人的特性而異，所以命理本就是一種相對論，並非絕對論。

如想在紫微斗數的推算能力上更精進有成，除了熟記排盤、看盤等主要先備知識外，透過多收集親朋好友的命盤去練習和解析，並且請當事人驗證，有助於初學者累積看盤心得和功力。以下將學習紫微斗數的必要具足的基礎能力逐章逐節介紹。

如要幫人諮詢，在看盤之前應先記下列當事人資料，以更能了解問題。

決策輔助表

為了您的權益，敬請填寫以下訊息，感謝您！

申請日期：西元：　年　月　日　　會員編號：

姓名：　　性別：　女生　男生　　出生地：

手機：　　電話：　　e-mail：

A．基本資料

生日：西元：　年　月　日　白天／晚上　時　分（有分鐘最好）

農曆：　年　月　日　白天／晚上　時　分（農曆較正確）

身高：　公分　　血型：　　體重約：　公斤

父母的生肖（農曆）出生年（陽曆）【請勿只寫生肖，會有誤差】

父親出生年：生肖屬　年　　母親出生年：生肖屬　年

B．進階資料

家中出生總排行：

同性排行第幾：

婚姻：　單身　　已婚

學歷：

職業：

過去發生的大事（驗盤用）

事件1．

發生：西元：　　年　　月　　日

事件2．

發生：西元：　　年　　月　　日

事件3．

發生：西元：　　年　　月　　日

C．想要了解？

千金難買早知道！

1．

2．

3．

補述

1.

2.

3.

4.

5.

6.

7.

8.

9.

10.

競爭力的原點，在命格！

精確的出生時——命盤的產生方法：

用紫微斗數進行推算的第一步，便是提供正確的出生時間，而出生時的認定要注意下列幾個重要關鍵，否則會有看錯命盤的可能：

（一）以當地出生地點計算

（二）以時區計算（不用調整分鐘）

因出生地不一樣而改出生時：要以當地時間為主，無分鐘之調整，以時間計算而非經緯度。一個時辰的差別，命運卻可能是皇帝或乞丐的不同。

（三）需調整「夏令時間」

註：夏令時間的由來是德國在第二次世界大戰時，美國一九四二年憲法明文規定，台灣是跟美國

走，大陸無夏令時間。

（四）老年人需調整東京時間（民國25年前生的人）

在推論出生時間的問題上，除了上述的夏令時間之外，台灣在日據時代，曾從民國二十六年陰曆十月一日開始，到台灣光復之間，前後八年的時間，時鐘都撥快一小時，以跟隨日本東京時間的紀錄，但是這段歷史卻很少為一般命理研究者所知道。因此為求命盤的推算更貼近當事人真正的出生時間，勢必要做這個部分的調整。

（五）遇到偶數時45分鐘的狀況時：

例如2:45AM介於丑時和寅時，推算時需以前後一個時辰所排出的命盤來合看。主要是因為古代時間（指農曆）和西式時間有可能相差15分鐘（如下表），因此為求推論時之精準，需顧及古今時間的差異因素。

	子	丑	寅	
古代時間	23:00～01:00	01:00～03:00	03:00～05:00	……
西式時間	12:00	01:00	02:00	

（六）有關「日月合塑」問題：

農曆初一的定義，經夏威夷及美國太空總署觀測。應該是這樣的現象：

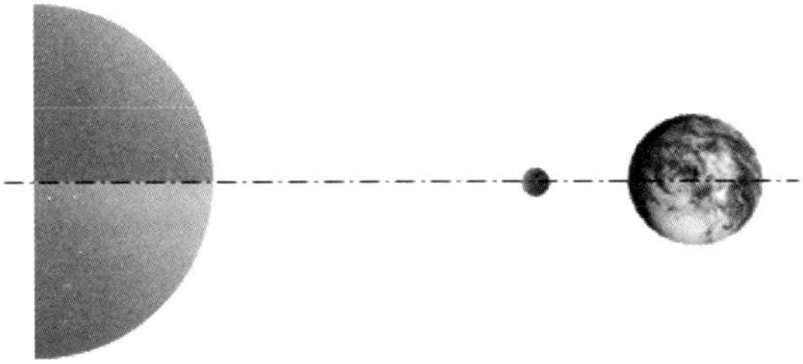

為了處理整數的問題，定大月為30天，小月29天，以日月合朔的日期和時刻來定每月的初一，並將「日月合朔」的日期做為月首（農曆初一）。

這是人定的，所以大小月沒有固定在哪一個月分當中，端賴月亮繞地球運轉的速率而定，如果兩次日月合朔之間有29天，那個月就是小月；若有30天，那個月就是大月。

註：《爾雅・釋訓》：「朔，北方也。」清徐灝《說文解字注箋》：「日月合朔於北，故北方謂之朔方。」

（七）有關「子時」的問題：

子時一律是23:00-01:00而並非坊間所謂早子時晚子時說法。

古人以過子時算是隔天，所以正確來說，如過了23:00之後應視為隔天的子時。

註：紫微生活網中內部系統也是以23:00開始，只要是23:00到24:00，網站上怕困擾使用者，顯示的可能是前一天，但是我們內部系統為求精準會自動調整為隔天的子時。

（八）有關「潤月」問題：

遇潤月時（平均每七年一次），時間定義方法如下分類。

上15日（包含15日）：以上個月計；下15日（包含15日）：以下個月計。

例如：潤7月15日：視為7月15日。潤7月16日：視為8月16日。實際推論時，還是以兩張命盤互看，看較接近哪一張的顯現。

（九）報命盤者說錯：

例如只說7月4日子時，這樣的說法有很大的空間，可能是7月4日晚上12:00之前，或者是7月4日24:00之後，認定上可能因為差了一點而有看錯命盤的可能性。晚上十一點過後就已經算是隔天。

註：如果當事人或代問者不能確定，就得用兩張命盤合看，並且驗證較可能接近哪一張的時間。所以看命盤時，生辰最好可以精準到幾點幾分。

「紫微生活網」（www. ehope. com. tw）紫斗排盤教學（最完整的排盤教學）

排命盤的事前準備

A．工具準備

1、一張A4白紙

2、劃成12格子，如圖。

3、依順時針方向，填寫上子、丑、寅、卯、辰、巳、午、未、申、酉、戌、亥十二地支（地支代表方位），如圖。

（要注意的是：地支在下列格子中的順序是固定不變的。）

方位和生肖都顯示於命盤的固定地支宮中，所以藉由紫斗，的確可以論風水。

<table>
<tr><td>（蛇）
巳</td><td>南
（馬）
午</td><td>（羊）
未</td><td>（猴）
申</td></tr>
<tr><td>（龍）
辰</td><td colspan="2" rowspan="2">姓名：
性別：　　　出生地：
西元：　　年　　月　　日　　時
農曆：　　年　　月　　日　　時</td><td>西
（雞）
酉</td></tr>
<tr><td>東
（兔）
卯</td><td>（狗）
戌</td></tr>
<tr><td>（虎）
寅</td><td>（牛）
丑</td><td>北
（鼠）
子</td><td>（豬）
亥</td></tr>
</table>

4、中間大方塊標示：

a．名字　b．性別　c．出生地

d．出生西元或國曆年、月、日、時　e．出生農曆年、月、日、時

1．國曆出生年＋1911＝西元出生年。

2．不知西元或國曆跟農曆換算者：

a．請查農民曆　b．請上 www.ehope.com.tw 換算

3．不知道出生時間者，要去請教母親。

4．順行逆行：一格子為一宮位，順行為順時鐘方向；逆行為逆時鐘方向。

5．遇到農曆潤月時的排盤方式，前15天歸為前一個月，16號後歸為下一個月。

6．農曆潤月：每幾年就可能遇到一次，舉例2006農曆兩個七月；第一個為正七月，第二個為潤七月。

B．出生年換成天干地支：

排命盤前有幾項基本知識應先知道：

古時候記載年月日時的符號取義於樹木的幹（干）枝（支）而成，相傳是黃帝時代大撓氏所創的。以十天干、十二地支，陽配陽，陰配陰。按序配合而成六十組不同干支組合成的循環，而現代的氣候變化亦是60年一循環。

天干代表時間，地支代表空間。

天干	甲	乙	丙	丁	戊	己	庚	辛	壬	癸		
地支	子	丑	寅	卯	辰	巳	午	未	申	酉	戌	亥
地支代表	鼠	牛	虎	兔	龍	蛇	馬	羊	猴	雞	狗	豬

1．地支在書寫上

a．請注意是「巳」而不是「已」。

b．是「戌」而非「戍」，口訣：「戌點戍中空」（戍字中間有點，戌字無）。

c．一個格子為一個地支宮位，12個地支配12宮位，是固定永遠不變的。

2．天干的應用

a．生年的天干：出生年的天干，如庚申年生，天干即是庚。

b．宮位的天干：每個宮位有地支，也有天干，要「起寅首表」才能確知每個宮位的天干，稍後解釋。

C．出生時間換算成古時候12時辰

如下，請以二小時為一個時辰：

現代時間	12時辰	現代時間	12時辰
午夜11-1	子時	中午11-1	午時
深夜1-3	丑時	下午1-3	未時
深夜3-5	寅時	下午3-5	申時
凌晨5-7	卯時	傍晚5-7	酉時
早上7-9	辰時	晚上7-9	戌時
早上9-11	巳時	晚上9-11	亥時

1．遇整點生的人，如早上9點整生，則算是巳時生，而非辰時，以此類推。

2．生辰以農曆為準，出生時間有遇上日光節約時間者，須換算回真正的出生時間。世界各國政府為了節約能源，實施日光節約時間（或稱夏令時間）皆有所不同；也就是政府將時間撥快一小時，節省電源等。排盤論命是以農曆真正出生時間為準，因此在日光節約時間區間出生者，出生時必須還原回來，即為加回一個小時。請參考以下是台灣歷年所使用之夏令時間表。

歷年使用夏令時間暨日光節約時間一覽表

年代	起訖日期（月/日）	名稱
民國34年至40年	05/01～09/30	夏令時間
民國41年	03/01～10/31	日光節約時間
民國42年至43年	04/01～10/31	日光節約時間

民國44年至45年	04/01~09/30	日光節約時間
民國46年至48年	04/01~09/30	夏令時間
民國49年至50年	06/01~09/30	夏令時間
民國51年至62年	停止夏令時間	
民國63年至64年	04/01~09/30	日光節約時間
民國65年至67年	停止日光節約時間	
民國68年	07/01~09/30	日光節約時間
民國69年起	停止日光節約時間	

註：民國26年10月1日至34年9月30日，抗戰期間，日本政府調整東京及台灣為統一戰線，採用同一時區，不同於現代的東京時間較台灣時間快一小時。若有使用東京時間者，則需還原，即加回一個小時。

D．生日遇到農曆潤月時：

凡閏月出生者，初一至十五日為上月；十六日至三十日為均以下個月分為計算基準。例如 農曆65年潤8月16日午出生，以9月16日推算。

最終目的：要得到正確的農曆生年、月、日、時

（例如：農曆 庚申年 2月14日丑時）

排盤順序如下（以下將一一詳述）

Part 1	**十二事項宮、甲級十四主星**
14**顆**	1、定寅者（依生年天干） 2、起命、生宮 3、排列十二事項宮 4、定五行局 5、起大限、小限及流年 6、起紫微星 7、安甲級十四主星

Part 2	**生年干、生年支、生月、生日、生時五大星系**
52顆	8、安生年干星系
	9、安生年支星系
	10、安生年月星系
	11、安生時星系
	12、安生日星系
Part 3	**長生12星、博士12星、天傷及天使、旬中及空亡**
28顆	13、安長生12星
	14、安生年干博士12星
	15、安天傷及天使星、旬中及空亡星
Part 4	**主要星曜亮度表及命主身主**
	附表1、主要星曜亮度表
	附表2、命主身主
Part 6	**活盤：安大限、流年年干、流年年支星系**
12顆	1、大限宮位天干星系
	2、流年年干星系
	3、流年年支星系
24顆	4、安流年歲前12星
	5、安流年將前12星

附註：1．本命盤：共94顆星　2．算流年：共130顆星

1．定寅首，或稱「起寅首」。（依出生年的天干排。）

寅首表：以命盤的寅宮開頭，寫下五組天干之一在寅宮。

天干	甲己	乙庚	丙辛	丁壬	戊癸
寅首	丙寅	戊寅	庚寅	壬寅	甲寅

註：從寅宮起，無論男女，用十天干順行排滿十二宮位，因10天干配12宮位，因此有兩個天干是重複的，子宮跟寅宮的天干一定一樣；丑宮跟卯宮的天干一定一樣。

📖推算方法，舉例如下：

鄭小姐為1962農曆9/15卯時生人。

(1)1962年−1911=51，所以是民國51年出生。

(2)51÷12=4……3，所以為地支的「寅」，生肖為虎。

(3)故推算民國出生年為古時干支，可利用下表。地支是以民國年除以12的餘數，天干則視民國年的尾數。依照對照表可知鄭小姐的出生年是壬寅年。

天干	民國尾數	地支	餘數
甲	3	亥	0
乙	4	子	1
丙	5	丑	2
丁	6	寅	3
戊	7	卯	4
己	8	辰	5
庚	9	巳	6
辛	0	午	7
壬	1	未	8
癸	2	申	9
		酉	10
		戌	11

◇不傳之秘◇

命盤上的天干地支，剛好會是那一年出生月的天干地支。故隨時間流轉，宮格中也顯示命主出生後一月、二月……天干地支，如同命主的生命開始在命盤中展光未來人生的發展軌跡。故根據其出生時的各月宮位顯示，可以運用於嬰幼兒於出生前的推算，便可以預先知道如何小心照料。

2．起命、身宮（依出生年的月份＋出生時）

生月＼生時	子（命、身）	丑（命）	丑（身）	寅（命）	寅（身）	卯（命）	卯（身）	辰（命）	辰（身）	巳（命）	巳（身）	午（命、身）
1月	寅	丑	卯	子	辰	亥	巳	戌	午	酉	未	申
2月	卯	寅	辰	丑	巳	子	午	亥	未	戌	申	酉
3月	辰	卯	巳	寅	午	丑	未	子	申	亥	酉	戌
4月	巳	辰	午	卯	未	寅	申	丑	酉	子	戌	亥
5月	午	巳	未	辰	申	卯	酉	寅	戌	丑	亥	子
6月	未	午	申	巳	酉	辰	戌	卯	亥	寅	子	丑
7月	申	未	酉	午	戌	巳	亥	辰	子	卯	丑	寅
8月	酉	申	戌	未	亥	午	子	巳	丑	辰	寅	卯
9月	戌	酉	亥	申	子	未	丑	午	寅	巳	卯	辰
10月	亥	戌	子	酉	丑	申	寅	未	卯	午	辰	巳
11月	子	亥	丑	戌	寅	酉	卯	申	辰	未	巳	午
12月	丑	子	寅	亥	卯	戌	辰	酉	巳	申	午	未

子	寅	亥	卯	戌	辰	酉	巳	申	午
亥	丑	戌	寅	酉	卯	申	辰	未	巳
戌	子	酉	丑	申	寅	未	卯	午	辰
酉	亥	申	子	未	丑	午	寅	巳	卯
申	戌	未	亥	午	子	巳	丑	辰	寅
未	酉	午	戌	巳	亥	辰	子	卯	丑
午	申	巳	酉	辰	戌	卯	亥	寅	子
巳	未	辰	申	卯	酉	寅	戌	丑	亥
辰	午	卯	未	寅	申	丑	酉	子	戌
卯	巳	寅	午	丑	未	子	申	亥	酉
寅	辰	丑	巳	子	午	亥	未	戌	申
丑	卯	子	辰	亥	巳	戌	午	酉	未
身	命	身	命	身	命	身	命	身	命
亥		戌		酉		申		未	

起「命、身宮」的重要秘訣：

(1)起命宮（先天）：從寅宮開始，順時針推算農曆出生月＋逆時針推算出生時（逆代表已發生）

(2)起身宮（後天）：從寅宮開始，順時針推算農曆出生月＋順時針推算出生時（順代表未發生）

（一旦掌握命身宮，可以說已抓到重要線索，之後要再推算其他就可以有清楚的脈絡。）

所以起寅首之後，每個宮位的天干地支都確定好了，如同打造房子時的鋼筋水泥都定位，房子的架構已定，之後就要進入起命宮、身宮的部分。

每個人的出生時，其農曆月分剛好等於未來一年農曆的天干地支或者原命盤的十二個宮位。如用鄭小姐為例，農曆九月生的命盤顯示如下：

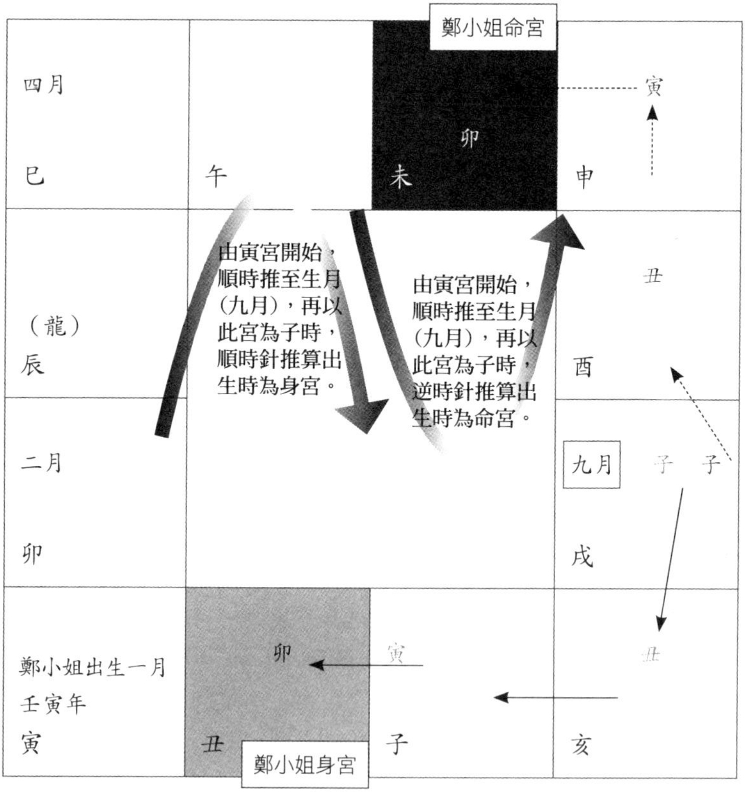

3・排列十二事項宮位

永遠不變的順序，由命宮起逆時鐘排起：命宮、兄弟宮、夫妻宮、子女宮（同時又可代表母親）、財帛宮、疾厄宮、遷移宮、奴僕宮、官祿宮、田宅宮、福德宮、父母宮（同時又代表父親）。無論是個人命盤或者是大限、流年，順序永遠都如此。

(1)以命宮為主，順時（向左數第五宮位）是事業宮，逆時（向右數第五宮位）是財帛宮。

(2)命宮的前一宮位永遠是父母宮，命宮後一宮位永遠是兄弟宮，再後一宮位也就是夫妻宮、子女宮。宮位排序合乎我們人生現實常態，所以可以依常理推理記憶。

(3)或可記簡短口訣：（順）命兄夫子財疾移、奴祿田福父。

事項宮／命宮	兄弟	夫妻	子女	財帛	疾厄	遷移	奴僕	官祿	田宅	福德	父母	身宮
子	亥	戌	酉	申	未	午	巳	辰	卯	寅	丑	身宮可能在宮位：命宮、夫妻宮、財帛宮、遷移宮、官祿宮及福德宮。
丑	子	亥	戌	酉	申	未	午	巳	辰	卯	寅	
寅	丑	子	亥	戌	酉	申	未	午	巳	辰	卯	
卯	寅	丑	子	亥	戌	酉	申	未	午	巳	辰	
辰	卯	寅	丑	子	亥	戌	酉	申	未	午	巳	
巳	辰	卯	寅	丑	子	亥	戌	酉	申	未	午	
午	巳	辰	卯	寅	丑	子	亥	戌	酉	申	未	
未	午	巳	辰	卯	寅	丑	子	亥	戌	酉	申	
申	未	午	巳	辰	卯	寅	丑	子	亥	戌	酉	
酉	申	未	午	巳	辰	卯	寅	丑	子	亥	戌	
戌	酉	申	未	午	巳	辰	卯	寅	丑	子	亥	
亥	戌	酉	申	未	午	巳	辰	卯	寅	丑	子	

4．定五行局（依命宮天干＋命宮的地支）

命宮相當於個性，又分五大類。

註：並非透過某幾局判斷個性。

依鄭小姐命宮在丁未，所以依下列表可以找到水二局。

命宮地支	命宮天干				
	甲、乙	丙、丁	戊、己	庚、辛	壬、癸
子、丑	金四局	水二局	火六局	土五局	木三局
寅、卯	水二局	火六局	土五局	木三局	金四局
辰、巳	火六局	土五局	木三局	金四局	水二局
午、未	金四局	水二局	火六局	土五局	木三局
申、酉	水二局	火六局	土五局	木三局	金四局
戌、亥	火六局	土五局	木三局	金四局	水二局

5·起大限、小限及流年

a·每十年為一大限

b·小限依出生年支排

c·流年依每年的流年地支為其流年宮位

（虛歲為主：虛歲為實歲加1歲）

陽代表奇數，陰代表偶數。

<table>
<tr><td>陽男
陽女</td><td>甲、丙、戊、庚、壬等年出生者的男性稱為陽男，女性稱為陽女</td></tr>
<tr><td>陰男
陰女</td><td>乙、丁、己、辛、癸等年出生者的男性稱為陰男、女性稱為陰女</td></tr>
<tr><td colspan="2">以命宮為起點，陽男陰女為順數，陰男陽女為逆取，起數值為五行局的局數，例如：水二局陽男2—11歲的大限在命宮開始，而12—21歲大限在父母宮，以此類推。</td></tr>
</table>

陽女傾向個性比較陽剛，女子有男狀，有時個性比較兇的多為陽女；陰男表示該男個性較為陰柔，男子有女狀。

大限表：

多半以十年為一個大限，可再切為上、下半年。

大限代表命運即將進行反轉，是代表個人生命運勢發展到另一階段的判斷參考，例如穩定走向波動，或波動走向穩定。

同樣以鄭小姐的例子來看，水二局，壬年生，所以為陽女，命宮是從2—11開始。（請參看下一頁大限表。）至於木三局就是從3歲開始，金四局就是從4歲開始，以此類推。

據筆者猜測，應是古人認為該命主從幾歲開始，指的是智力發展上，智慧開始的歲數，每個人先天材質本有不同。

至於如果命主的先天從6歲開始，要推其6歲以前則一樣依命宮逆推。所以如果看到第一大限、第二大限，相當於每個人的幼年及求學時期，多會紅色煞星的話，則會有成長和求學比較多波折的情況。

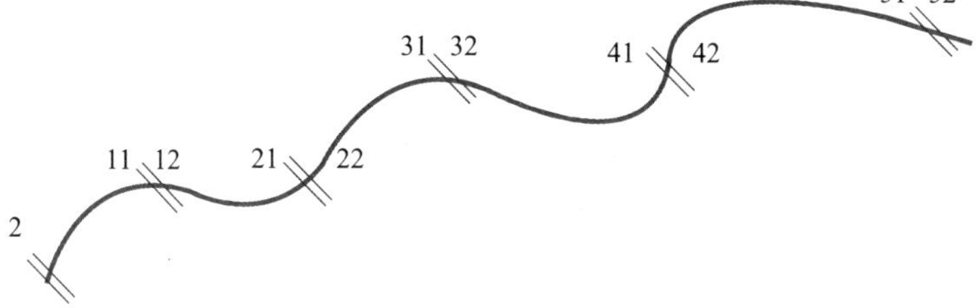

五行局	大限宮＼男女	命宮	兄弟	夫妻	子女	財帛	疾厄	遷移	奴僕	官祿	田宅	福德	父母
水二局	陽男陰女	2–11	112–121	102–111	92–101	82–91	72–81	62–71	52–61	42–51	32–41	21–31	12–21
	陰男陽女	2–｜	12–21	21–31	32–41	42–51	52–61	62–71	72–81	82–91	92–101	102–111	112–121
木三局	陽男陰女	3–｜	113–122	103–112	93–102	83–92	73–82	63–72	53–62	43–52	33–42	23–32	13–22
	陰男陽女	3–12	13–22	23–32	33–42	43–52	53–62	63–72	73–82	83–92	93–102	103–112	113–122
金四局	陽男陰女	4–13	114–123	104–113	94–103	84–93	74–83	64–73	54–63	44–53	34–43	24–33	14–23
	陰男陽女	4–13	14–23	24–33	34–43	44–53	54–63	64–73	74–83	84–93	94–103	104–113	114–123
土五局	陽男陰女	5–14	115–124	105–114	95–104	85–94	75–84	65–74	55–64	45–54	35–44	25–34	15–24
	陰男陽女	5–14	15–24	25–34	35–44	45–54	55–64	65–74	75–84	85–94	95–104	105–114	115–124
火六局	陽男陰女	6–15	116–125	106–115	96–105	86–95	76–85	66–75	56–65	46–55	36–45	26–35	16–25
	陰男陽女	6–15	16–25	26–35	36–45	46–55	56–65	66–75	76–85	86–95	96–105	106–115	116–125

舉例而言，大限走向如為順時，跟夫妻宮等走向相反，代表此人較可能晚婚，因為其生命焦點較放在個人事業發展或學習上，是以婚事可能較晚。

小限表：

現在較少用，參考用性質，不明顯的小事可以看出來。

（相對而言，流年的表現比較明顯。）

生年支	寅午戌	申子辰	巳酉丑	亥卯未
小限	男女	男女	男女	男女
1	辰	戌	未	丑
2	巳卯	亥酉	申午	寅子
3	午寅	子申	酉巳	卯亥
4	未丑	丑未	戌辰	辰戌
5	申子	寅午	亥卯	巳酉
6	酉亥	卯巳	子寅	午申
7	戌戌	辰辰	丑丑	未未
8	亥酉	巳卯	寅子	申午
9	子申	午寅	卯亥	酉巳
10	丑未	未丑	辰戌	戌辰
11	寅午	申子	巳酉	亥卯
12	卯巳	酉亥	午申	子寅

6．起紫微星：定紫微星，眾星奔馳！（依個人生辰資料按表填入）

生日	五行局				
農曆	水二局	木三局	金四局	土五局	火六局
1	丑	辰	亥	午	酉
2	寅	丑	辰	亥	午
3	寅	寅	丑	辰	亥
4	卯	巳	寅	丑	辰
5	卯	寅	子	寅	丑
6	辰	卯	巳	未	寅
7	辰	午	寅	子	戌
8	巳	卯	卯	巳	未
9	巳	辰	丑	寅	子
10	午	未	午	卯	巳
11	午	辰	卯	申	寅
12	未	巳	辰	丑	卯
13	未	申	寅	午	亥
14	申	巳	未	卯	申
15	申	午	辰	辰	丑
16	酉	酉	巳	酉	午
17	酉	午	卯	寅	卯
18	戌	未	申	未	辰
19	戌	戌	巳	辰	子
20	亥	未	午	巳	酉
21	亥	申	辰	戌	寅
22	子	亥	酉	卯	未
23	子	申	午	申	辰
24	丑	酉	未	巳	巳
25	丑	子	巳	午	丑
26	寅	酉	戌	亥	戌
27	寅	戌	未	辰	卯
28	卯	丑	申	酉	申
29	卯	戌	午	午	巳
30	辰	亥	亥	未	午

7．安甲級十四主星（依紫微星開始排列在不同宮位）

1	紫微	子	丑	寅	卯	辰	巳	午	未	申	酉	戌	亥
2	天機	亥	子	丑	寅	卯	辰	巳	午	未	申	酉	戌
3	太陽	酉	戌	亥	子	丑	寅	卯	辰	巳	午	未	申
4	武曲	申	酉	戌	亥	子	丑	寅	卯	辰	巳	午	未
5	天同	未	申	酉	戌	亥	子	丑	寅	卯	辰	巳	午
6	廉貞	辰	巳	午	未	申	酉	戌	亥	子	丑	寅	卯
7	天府	辰	卯	寅	丑	子	亥	戌	酉	申	未	午	巳
8	太陰	巳	辰	卯	寅	丑	子	亥	戌	酉	申	未	午
9	貪狼	午	巳	辰	卯	寅	丑	子	亥	戌	酉	申	未
10	巨門	未	午	巳	辰	卯	寅	丑	子	亥	戌	酉	申
11	天相	申	未	午	巳	辰	卯	寅	丑	子	亥	戌	酉
12	天梁	酉	申	未	午	巳	辰	卯	寅	丑	子	亥	戌
13	七殺	戌	酉	申	未	午	巳	辰	卯	寅	丑	子	亥
14	破軍	寅	丑	子	亥	戌	酉	申	未	午	巳	辰	卯

8．安生年干系諸星（對星：一起出現在三方四正的位置時，其影響力較大）

(1)甲級四化星，其中「化」字表現紫斗精神：「轉化、延伸、加強。」

(2)影響力大小的分別是：甲級星，其次是乙，丙、丁……

	甲級四化星				甲級對星			乙級對星		乙級	乙級對星		丙級對星	
本生年干	化祿	化權	化科	化忌	祿存	擎羊	陀羅	天魁	天鉞	天廚	天官	天福	截路	空亡
甲	廉貞	破軍	武曲	太陽	寅	卯	丑	丑	未	巳	未	酉	申	酉
乙	天機	天梁	紫微	太陰	卯	辰	寅	子	申	午	辰	申	午	未
丙	天同	天機	文昌	廉貞	巳	午	辰	亥	酉	子	巳	子	辰	巳
丁	太陰	天同	天機	巨門	午	未	巳	亥	酉	巳	寅	亥	寅	卯
戊	貪狼	太陰	右弼	天機	巳	午	辰	丑	未	午	卯	卯	子	丑
己	武曲	貪狼	天梁	文曲	午	未	巳	子	申	申	酉	寅	申	酉
庚	太陽	武曲	太陰	天同	申	酉	未	丑	未	寅	亥	午	午	未
辛	巨門	太陽	文曲	文昌	酉	戌	申	午	寅	午	酉	巳	辰	巳
壬	天梁	紫微	左輔	武曲	亥	子	戌	卯	巳	酉	戌	午	寅	卯
癸	破軍	巨門	太陰	貪狼	子	丑	亥	卯	巳	亥	午	巳	子	丑

(3)看年干系諸星時，先看曜的分類，依甲以下排影響性，大致來說：

甲級星、乙級星 → 影響本命、大限、流年

丙級星、丁級星、戊級星 → 影響流月、日、時

亮度定吉凶

(4)甲級四化星各出生年所化星曜需記憶，以利推論命盤時的通盤思考。

記憶口訣：以每一組為單位，記簡稱。

生年干＼四化	祿權科忌
甲	廉破武陽
乙	機梁紫陰
丙	同機昌廉
丁	陰同機巨
戊	貪陰右機
己	武貪梁曲
庚	陽武陰同
辛	巨陽曲昌
壬	梁紫左武
癸	破巨陰貪

(5)甲級對星中，順時為擎羊、陀羅，逆時為陀羅、擎羊。

口訣：擎羊如同強盜，陀羅如同小偷。祿存的前後有擎羊、陀羅對命主來說，好的解釋代表前有護衛，後有隨從保護；若是不好的解釋，則代表前有強盜，後有小偷威脅。

(6)化星中，化忌代表不順暢、掛心。

紫斗屬於凶中有吉，吉中有凶。其困難處也就在判斷吉凶。判斷的原則要同時參看其他很多相關條件。

9．安生年支系諸星

亥	戌	酉	申	未	午	巳	辰	卯	寅	丑	子	本生年支	星級
巳	申	亥	寅	巳	申	亥	寅	巳	申	亥	寅	天馬	甲級
辰	巳	午	未	申	酉	戌	亥	子	丑	寅	卯	紅鸞	乙級
戌	亥	子	丑	寅	卯	辰	巳	午	未	申	酉	天喜	對星
卯	寅	丑	子	亥	戌	酉	申	未	午	巳	辰	龍池	乙級
亥	子	丑	寅	卯	辰	巳	午	未	申	酉	戌	鳳閣	對星
申	未	午	巳	辰	卯	寅	丑	子	亥	戌	酉	天德	乙級
辰	卯	寅	丑	子	亥	戌	酉	申	未	午	巳	月德	對星
未	申	酉	戌	亥	子	丑	寅	卯	辰	巳	午	天哭	乙級
巳	辰	卯	寅	丑	子	亥	戌	酉	申	未	午	天虛	對星
寅	亥	亥	亥	申	申	申	巳	巳	巳	寅	寅	孤辰	乙級
戌	未	未	未	辰	辰	辰	丑	丑	丑	戌	戌	寡宿	對星
丑	子	亥	辰	卯	寅	未	午	巳	戌	酉	申	蜚廉	乙級雜曜
酉	丑	巳	酉	丑	巳	酉	丑	巳	酉	丑	巳	破碎	
未	戌	丑	辰	未	戌	丑	辰	未	戌	丑	辰	華蓋	
子	卯	午	酉	子	卯	午	酉	子	卯	午	酉	咸池	
子	亥	戌	酉	申	未	午	巳	辰	卯	寅	丑	天空	
由命宮起子，順行，數至本生年支，安天才星。												天才	乙級
由身宮起子，順行，數至本生年支，安天壽星。												天壽	對星

10・安生月系諸星

星級	甲級對星		乙級對星		乙級雜曜			
本生月	左輔	右弼	天刑	天姚	解神	天巫	天月	陰煞
正月	辰	戌	酉	丑	申	巳	戌	寅
二月	巳	酉	戌	寅	申	申	巳	子
三月	午	申	亥	卯	戌	亥	辰	戌
四月	未	未	子	辰	戌	寅	寅	申
五月	申	午	丑	巳	子	巳	未	午
六月	酉	巳	寅	午	子	申	卯	辰
七月	戌	辰	卯	未	寅	亥	亥	寅
八月	亥	卯	辰	申	寅	寅	未	子
九月	子	寅	巳	酉	辰	巳	寅	戌
十月	丑	丑	午	戌	辰	申	午	申
十一月	寅	子	未	亥	午	亥	戌	午
十二月	卯	亥	申	子	午	寅	寅	辰

重要 11．安生時系諸星：（排火星及鈴星需依　出生年支＋出生時）

生年支		生時	子	丑	寅	卯	辰	巳	午	未	申	酉	戌	亥
甲級對星		文昌	戌	酉	申	未	午	巳	辰	卯	寅	丑	子	亥
		文曲	辰	巳	午	未	申	酉	戌	亥	子	丑	寅	卯
甲級對星		地劫	亥	子	丑	寅	卯	辰	巳	午	未	申	酉	戌
		地空	亥	戌	酉	申	未	午	巳	辰	卯	寅	丑	子
甲級對星	寅午戌	火星	丑	寅	卯	辰	巳	午	未	申	酉	戌	亥	子
		鈴星	卯	辰	巳	午	未	申	酉	戌	亥	子	丑	寅
	申子辰	火星	寅	卯	辰	巳	午	未	申	酉	戌	亥	子	丑
		鈴星	戌	亥	子	丑	寅	卯	辰	巳	午	未	申	酉
	巳酉丑	火星	卯	辰	巳	午	未	申	酉	戌	亥	子	丑	寅
		鈴星	戌	亥	子	丑	寅	卯	辰	巳	午	未	申	酉
	亥卯未	火星	酉	戌	亥	子	丑	寅	卯	辰	巳	午	未	申
		鈴星	戌	亥	子	丑	寅	卯	辰	巳	午	未	申	酉
乙級對星		台輔	午	未	申	酉	戌	亥	子	丑	寅	卯	辰	巳
		封誥	寅	卯	辰	巳	午	未	申	酉	戌	亥	子	丑

12．安生日系諸星

乙級對星	三台	由左輔所坐的宮位起初一，順行，數到本日生。
	八座	由右弼所坐的宮位起初一，逆行，數到本日生。
乙級對星	恩光	由文昌所坐的宮位起初一，順行，數到本日生，再退後一步。
	天貴	由文曲所坐的宮位起初一，順行，數到本日生，再退後一步。

13．安長生12星

丙級星													
養	胎	絕	墓	死	病	衰	帝旺	臨官	冠帶	沐浴	長生	星名 順逆	五行
未	午	巳	辰	卯	寅	丑	子	亥	戌	酉	申	陽男陰女	水二局
酉	戌	亥	子	丑	寅	卯	辰	巳	午	未		陰男陽女	
戌	酉	申	未	午	巳	辰	卯	寅	丑	子	亥	陽男陰女	木三局
子	丑	寅	卯	辰	巳	午	未	申	酉	戌		陰男陽女	
辰	卯	寅	丑	子	亥	戌	酉	申	未	午	巳	陽男陰女	金四局
午	未	申	酉	戌	亥	子	丑	寅	卯	辰		陰男陽女	
未	午	巳	辰	卯	寅	丑	子	亥	戌	酉	申	陽男陰女	土五局
酉	戌	亥	子	丑	寅	卯	辰	巳	午	未		陰男陽女	
丑	子	亥	戌	酉	申	未	午	巳	辰	卯	寅	陽男陰女	火六局
卯	辰	巳	午	未	申	酉	戌	亥	子	丑		陰男陽女	

14．安生年干博士12星

丙級星

官府	伏兵	大耗	病符	喜神	飛廉	奏書	將軍	小耗	青龍	力士	博士	星名 順逆	生年干
丑	子	亥	戌	酉	申	未	午	巳	辰	卯	寅	陽男陰女	甲
卯	辰	巳	午	未	申	酉	戌	亥	子	丑		陰男陽女	
辰	巳	午	未	申	酉	戌	亥	子	丑	寅	卯	陰男陽女	乙
寅	丑	子	亥	戌	酉	申	未	午	巳	辰		陽男陰女	
辰	卯	寅	丑	子	亥	戌	酉	申	未	午	巳	陽男陰女	丙
午	未	申	酉	戌	亥	子	丑	寅	卯	辰		陰男陽女	
未	申	酉	戌	亥	子	丑	寅	卯	辰	巳	午	陰男陽女	丁
巳	辰	卯	寅	丑	子	亥	戌	酉	申	未		陽男陰女	
辰	卯	寅	丑	子	亥	戌	酉	申	未	午	巳	陽男陰女	戊
午	未	申	酉	戌	亥	子	丑	寅	卯	辰		陰男陽女	
未	申	酉	戌	亥	子	丑	寅	卯	辰	巳	午	陰男陽女	己
巳	辰	卯	寅	丑	子	亥	戌	酉	申	未		陽男陰女	
未	午	巳	辰	卯	寅	丑	子	亥	戌	酉	申	陽男陰女	庚
酉	戌	亥	子	丑	寅	卯	辰	巳	午	未		陰男陽女	
戌	亥	子	丑	寅	卯	辰	巳	午	未	申	酉	陰男陽女	辛
申	午	未	巳	辰	卯	寅	丑	子	亥	戌		陽男陰女	
戌	酉	申	未	午	巳	辰	卯	寅	丑	子	亥	陽男陰女	壬
子	丑	寅	卯	辰	巳	午	未	申	酉	戌		陰男陽女	
丑	寅	卯	辰	巳	午	未	申	酉	戌	亥	子	陰男陽女	癸
亥	戌	酉	申	未	午	巳	辰	卯	寅	丑		陽男陰女	

15．安天殤及天使星、安旬中及空亡星

(1)安天殤及天使星

此二星每個人均同：天殤必在奴僕宮，天使必在疾厄宮。

(2)安旬中及空亡星（依出生年干＋出生年支）

出生年干	出本年支					
甲	寅	辰	午	申	戌	子
乙	卯	巳	未	酉	亥	丑
丙	辰	午	申	戌	子	寅
丁	巳	未	酉	亥	丑	卯
戊	午	申	戌	子	寅	辰
己	未	酉	亥	丑	卯	巳
庚	申	戌	子	寅	辰	午
辛	酉	亥	丑	卯	巳	未
壬	戌	子	寅	辰	午	申
癸	亥	丑	卯	巳	未	酉
旬中	子	寅	辰	午	申	戌
空亡	丑	卯	巳	未	酉	亥

附件1・主要星曜亮度表

星	星名	子宮	丑宮	寅宮	卯宮	辰宮	巳宮	午宮	未宮	申宮	酉宮	戌宮	亥宮
十六主星	紫微	3	1	1	2	5	2	1	1	2	3	4	2
	天機	1	5	2	2	1	3	1	5	3	2	1	3
	太陽	5	5	2	1	2	2	1	3	4	4	5	5
	武曲	2	1	4	5	1	3	2	1	3	2	1	3
	天同	2	5	4	1	3	1	5	5	2	3	3	1
	廉貞	3	2	1	4	2	5	3	1	1	3	2	5
	天府	1	1	1	3	1	3	5	2	3	5	1	2
	太陰	1	1	4	5	4	5	5	3	3	2	2	1
	貪狼	2	1	3	3	1	5	2	1	3	3	1	5
	巨門	2	2	1	1	3	3	2	5	1	1	2	2
	天相	1	1	1	5	2	3	2	4	1	5	4	3
	天梁	1	2	1	1	2	5	1	2	5	3	2	5
	七殺	2	1	1	5	2	3	2	2	1	4	1	3
	破軍	1	2	5	2	2	4	1	1	5	5	2	3
	祿存	—	—	—	—	—	—	—	—	—	—	—	—
	天馬	—	—	2	—	—	3	—	—	2	—	—	3
六吉星	左輔	—	—	—	—	—	—	—	—	—	—	—	—
	右弼	—	—	—	—	—	—	—	—	—	—	—	—
	文昌	2	1	5	3	2	1	5	3	2	1	5	2
	文曲	1	1	3	2	1	1	5	2	3	1	5	2
	天魁	2	2	—	1	—	—	1	—	—	—	—	2
	天鉞	—	—	2	—	—	2		2	1	1	—	—
六煞星	火星	3	2	1	3	4	2	1	4	5	5	1	3
	鈴星	5	5	1	1	2	2	1	2	2	5	1	1
	擎羊	5	1	—	5	1	—	3	1	—	5	1	—
	陀羅		1	5	—	1	5	—	1	5	—	1	5
	地空	3	5	5	3	5	1	1	3	1	1	5	5
	地劫	5	5	3	3	5	4	1	3	1	3	3	2

註：星的亮度：1為最亮，2為次之，3為一般，4為不亮，5為最不亮

無標示亮度的星曜：表示古時候無記載。

附件2．命主及身主（跟陰宅較有關）

命宮地支	命主星	出生年支	身主星
子	貪狼	子	火星
丑	巨門	丑	天相
寅	祿存	寅	天梁
卯	文曲	卯	天同
辰	廉貞	辰	文昌
巳	武曲	巳	天機
午	破軍	午	火星
未	武曲	未	天相
申	廉貞	申	天梁
酉	文曲	酉	天同
戌	祿存	戌	文昌
亥	巨門	亥	天機

附註：14顆主星中，紫微、天府、太陽、太陰、七殺共5顆星不在其列。

1．大限宮位天干系諸星

	甲級四化星			
宮位天干	限祿	限權	限科	限忌
甲	廉貞	破軍	武曲	太陽
乙	天機	天梁	紫微	太陰
丙	天同	天機	文昌	廉貞
丁	太陰	天同	天機	巨門
戊	貪狼	太陰	右弼	天機
己	武曲	貪狼	天梁	文曲
庚	太陽	武曲	太陰	天同
辛	巨門	太陽	文曲	文昌
壬	天梁	紫微	左輔	武曲
癸	破軍	巨門	太陽	貪狼

3．流年年干及地支星系

	甲級四化星				甲級對星			甲級對星	
流年年干	年祿	年權	年科	年忌	流祿	流羊	流羅	流魁	流鉞
甲	廉貞	破軍	武曲	太陽	寅	卯	丑	丑	未
乙	天機	天梁	紫微	太陰	卯	辰	寅	子	申
丙	天同	天機	文昌	廉貞	巳	午	辰	亥	酉
丁	太陰	天同	天機	巨門	午	未	巳	亥	酉
戊	貪狼	太陰	右弼	天機	巳	午	辰	丑	未
己	武曲	貪狼	天梁	文曲	午	未	巳	子	申
庚	太陽	武曲	太陰	天同	申	酉	未	寅	午
辛	巨門	太陽	文曲	文昌	酉	戌	申	寅	午
壬	天梁	紫微	左輔	武曲	亥	子	戌	卯	巳
癸	破軍	巨門	太陽	貪狼	子	丑	亥	卯	巳

4．流年年支星系

星級	甲級	乙級對星	
流年年支	天馬	紅鸞	天喜
子	寅	卯	酉
丑	亥	寅	申
寅	申	丑	未
卯	巳	子	午
辰	寅	亥	巳
巳	亥	戌	辰
午	申	酉	卯
未	巳	申	寅
申	寅	未	丑
酉	亥	午	子
戌	申	巳	亥
亥	巳	辰	戌

5・安流年歲前12星（以當年流年年支排入命盤，每年年支變動一次）

流年	年支	子	丑	寅	卯	辰	巳	午	未	申	酉	戌	亥
丁級	歲建	子	丑	寅	卯	辰	巳	午	未	申	酉	戌	亥
戊級	晦氣	丑	寅	卯	辰	巳	午	未	申	酉	戌	亥	子
	喪門	寅	卯	辰	巳	午	未	申	酉	戌	亥	子	丑
	貫索	卯	辰	巳	午	未	申	酉	戌	亥	子	丑	寅
	官符	辰	巳	午	未	申	酉	戌	亥	子	丑	寅	卯
	小耗	巳	午	未	申	酉	戌	亥	子	丑	寅	卯	辰
	大耗	午	未	申	酉	戌	亥	子	丑	寅	卯	辰	巳
丁級	龍德	未	申	酉	戌	亥	子	丑	寅	卯	辰	巳	午
戊級	白虎	申	酉	戌	亥	子	丑	寅	卯	辰	巳	午	未
丁級	天德	酉	戌	亥	子	丑	寅	卯	辰	巳	午	未	申
戊級	弔客	戌	亥	子	丑	寅	卯	辰	巳	午	未	申	酉
	病符	亥	子	丑	寅	卯	辰	巳	午	未	申	酉	戌

6．安流年將前12星（以當年流年年支排入命盤，每年年支變動一次）

	流年年支	子	丑	寅	卯	辰	巳	午	未	申	酉	戌	亥
丁級	將星	子	酉	午	卯	子	酉	午	卯	子	酉	午	卯
	攀鞍	丑	戌	未	辰	丑	戌	未	辰	丑	戌	未	辰
	歲驛	寅	亥	申	巳	寅	亥	申	巳	寅	亥	申	巳
戊級	息神	卯	子	酉	午	卯	子	酉	午	卯	子	酉	午
丁級	華蓋	辰	丑	戌	未	辰	丑	戌	未	辰	丑	戌	未
戊級	劫煞	巳	寅	亥	申	巳	寅	亥	申	巳	寅	亥	申
	災煞	午	卯	子	酉	午	卯	子	酉	午	卯	子	酉
	天煞	未	辰	丑	戌	未	辰	丑	戌	未	辰	丑	戌
	指背	申	巳	寅	亥	申	巳	寅	亥	申	巳	寅	亥
	咸池	酉	午	卯	子	酉	午	卯	子	酉	午	卯	子
	月煞	戌	未	辰	丑	戌	未	辰	丑	戌	未	辰	丑
	亡神	亥	申	巳	寅	亥	申	巳	寅	亥	申	巳	寅

7・常見的十二種基本紫斗命盤格式

紫微在子

太陰 巳	貪狼 午	天同巨門 未	武曲天相 申
廉貞天府 辰	1		太陽天梁 酉
卯			七殺 戌
破軍 寅	丑	紫微 子	天機 亥

紫微在丑

廉貞貪狼 巳	巨門 午	天相 未	天同天梁 申
太陰 辰	2		武曲七殺 酉
天府 卯			太陽 戌
寅	紫微破軍 丑	天機 子	亥

紫微在寅

巨門 巳	廉貞天相 午	天梁 未	七殺 申
貪狼 辰	3		天同 酉
太陰 卯			武曲 戌
紫微天府 寅	天機 丑	破軍 子	太陽 亥

紫微在卯

天相 巳	天梁 午	廉貞七殺 未	申
巨門 辰	4		酉
紫微貪狼 卯			天同 戌
天機太陰 寅	天府 丑	太陽 子	武曲破軍 亥

紫微在辰

天梁 巳	七殺 午	未	廉貞 申
紫微天相 辰	5		酉
天機巨門 卯			破軍 戌
貪狼 寅	太陽太陰 丑	武曲天府 子	天同 亥

紫微在巳

紫微七殺 巳	午	未	申
天機天梁 辰	6		廉貞破軍 酉
天相 卯			戌
太陽巨門 寅	武曲貪狼 丑	天同太陰 子	天府 亥

紫微在午

天機 巳	紫微 午	未	破軍 申
七殺 辰	7		酉
太陽天梁 卯			廉貞天府 戌
武曲天相 寅	天同巨門 丑	貪狼 子	太陰 亥

紫微在未

巳	天機 午	紫微破軍 未	申
太陽 辰	8		天府 酉
武曲七殺 卯			太陰 戌
天同天梁 寅	天相 丑	巨門 子	廉貞貪狼 亥

紫微在申

太陽 巳	破軍 午	天機 未	紫微天府 申
武曲 辰	9		太陰 酉
天同 卯			貪狼 戌
七殺 寅	天梁 丑	廉貞天相 子	巨門 亥

紫微在酉

武曲破軍 巳	太陽 午	天府 未	天機太陰 申
天同 辰	10		紫微貪狼 酉
卯			巨門 戌
寅	廉貞七殺 丑	天梁 子	天相 亥

紫微在戌

天同 巳	武曲天府 午	太陽太陰 未	貪狼 申
破軍 辰	11		天機巨門 酉
卯			紫微天相 戌
廉貞 寅	丑	七殺 子	天梁 亥

紫微在亥

天府 巳	天同太陰 午	武曲貪狼 未	太陽巨門 申
辰	12		天相 酉
廉貞破軍 卯			天機天梁 戌
寅	丑	子	紫微七殺 亥

四化星吉凶表：

	化祿	化權	化科	化忌
甲	廉貞	破軍	武曲	太陽
	○	△	△	×
乙	天機	天梁	紫微	太陰
	△	○	○	×
丙	天同	天機	文昌	廉貞
	△	○	○	××
丁	太陰	天同	天機	巨門
	○	△	○	××
戊	貪狼	太陰	右弼	天機
	○	○	△	××
己	武曲	貪狼	天梁	文曲
	◎	△	○	×
庚	太陽	武曲	太陰	天同
	△	△	△	○
辛	巨門	太陽	文曲	文昌
	○	×	△	×
壬	天梁	紫微	左輔	武曲
	△	△	○	××
癸	破軍	巨門	太陰	貪狼
	○	○	○	△

附錄二、紫微生活網認證專利

服務專線：02-2242-1959

網址：www.ehope.com.tw

信箱：service@ehope.com.tw

知天命，少錯誤，多成果！

A、素質最高的經營團隊：

博仕通顧問公司成立紫微生活網www.ehope.com.tw，提供私人及中小企業各項全方位諮詢服務。我們有歐美的碩博士、教授等的成員，專研**天下第一神術——紫微斗數**30餘年，依不同客戶不同命盤，在人生需要決策時，提供一句值千金的功能，引導至美好的方向！

B、專利最多的專業認證：

	A	B	C
服務類型	特別提供你免費使用：一命、二運、三人脈，社會的進步，良好的人際關係，帶你上天堂。多功能的生辰資料庫，能讓你深深的掌握一輩子的好人緣，真正的知己知彼。 名稱：人脈生辰資料庫	統計上，有50.7%的生辰是完全不對的或是不知道出生時間。你的生辰極可能有誤，你是需要幫忙的，以免過錯生日了，變成笑談。 名稱：智慧型定盤	你的紫微命盤及一生境遇跟其他23萬人完全一樣?本專利命盤保證不會。錯誤的命盤，誤導你一生，你需要保存一次的精密命盤，做為傳家之寶。 名稱：567億精密命盤排盤
專利證書	第M312713號	第M316460號	第M307148號

由淺入深的暢銷書：「希望解碼」、「紫微大百科」、「紫微很簡單」、「易經很簡單」、「林劭熹紫微講義」、「紫微葵花秘笈」等數十版津津樂道好書。

附錄三、紫微生活網簡介

紫微生活網　年底慶祝改版活動　www.ehope.com.tw

A、網站：

1、每日的心情曲線圖　2、提供24小時，免費排盤

3、人際關係的個性分析　4、專利使用——人脈生辰資料庫

5、紫微配對等服務

B、年底紫微斗術、命理諮商師訓練等課程：

1、台中地區：林金郎老師　0926-317-080（紫斗及心靈成長課）

2、台北地區：吳孟龍老師（歐美雙碩士、前美林及花旗證券資深顧問）請洽：

大同大學：2585-3851　分機3422　（紫斗及基金理財課）

台北醫學：02-2736-1661　分機2418　（紫斗及基金理財課）

婦聯會：02-2243-9899　（紫斗課）

C、個別諮商約診：健康、感情、事業、理財及子女等盡在命盤中解密。

1、台中：林金郎老師：0926-317-080

2、中小企業及選舉諮商：李蓮雅助理：0939-707-347

每星期只限兩次，每次約2個半小時，可結伴一起，最多5張命盤。

嘖嘖稱奇的諮商過程，鐵定會讓你充滿新的信心及新方向！

紫微生活網歡迎：專案行銷、文稿、美工及PHP程式設計等精英加入！

名額有限，歡迎聯繫！ E-mail：service@ehope.com.tw

國家圖書館出版品預行編目資料

真簡單，這樣就成為紫微斗數專家／吳孟龍著.
第一版——臺北市：知青頻道出版；
紅螞蟻圖書發行，2009.1
面 ； 公分. ——（Easy Quick；92）

ISBN 978-986-6643-56-9

1.紫微斗數
293.11 97021317

Easy Quick 92

真簡單，這樣就成為紫微斗數專家

作　　者／吳孟龍
文字整編／李蓮雅
美術構成／Chris' office
校　　對／周英嬌、楊安妮、李蓮雅
發 行 人／賴秀珍
榮譽總監／張錦基
總 編 輯／何南輝
出　　版／知青頻道出版有限公司
發　　行／紅螞蟻圖書有限公司
地　　址／台北市內湖區舊宗路二段121巷28號4F
網　　站／www.e-redant.com
郵撥帳號／1604621-1 紅螞蟻圖書有限公司
電　　話／(02)2795-3656（代表號）
傳　　真／(02)2795-4100
登 記 證／局版北市業字第796號
數位閱聽／www.onlinebook.com
港澳總經銷／和平圖書有限公司
地　　址／香港柴灣嘉業街12號百樂門大廈17F
電　　話／(852)2804-6687
新馬總經銷／諾文文化事業私人有限公司
新 加 坡／TEL：(65) 6462-6141 FAX：(65) 6469-4043
馬來西亞／TEL：(603) 9179-6333 FAX：(603) 9179-6060
法律顧問／許晏賓律師
印 刷 廠／鴻運彩色印刷有限公司
出版日期／2009年1月 第一版第一刷

定價320元 港幣107元

ISBN 978-986-6643-56-9 Printed in Taiwan